全国高等会计职业教育系列规划教材

行业会计实务

第二版

主　编　周列平　王艳霞　胡晓霞
副主编　黄佳佳　张　静　杨　婷　宁一萍

WUHAN UNIVERSITY PRESS
武汉大学出版社

图书在版编目(CIP)数据

行业会计实务/周列平,王艳霞,胡晓霞主编.—2版.—武汉:武汉大学出版社,2014.8(2017.1重印)
全国高等会计职业教育系列规划教材
ISBN 978-7-307-14000-4

Ⅰ.行… Ⅱ.①周… ②王… ③胡… Ⅲ.部门经济—会计—高等职业教育—教材 Ⅳ.F235

中国版本图书馆CIP数据核字(2014)第181977号

责任编辑:柴　艺　　责任校对:鄢春梅　　版式设计:马　佳

出版发行:**武汉大学出版社**　(430072　武昌　珞珈山)
　　　　　(电子邮件:cbs22@whu.edu.cn　网址:www.wdp.com.cn)
印刷:湖北恒泰印务有限公司
开本:787×1092　1/16　印张:17.75　字数:416千字　插页:1
版次:2011年8月第1版　　2014年8月第2版
　　　2017年1月第2版第4次印刷
ISBN 978-7-307-14000-4　　　定价:32.00元

版权所有,不得翻印;凡购买我社的图书,如有质量问题,请与当地图书销售部门联系调换。

全国高等会计职业教育系列规划教材编委会

主　任：田家富
副主任：孔祥银　黄超平　周列平　戴年昭
委　员：（按姓氏笔画为序）
　　　　孔祥银　田家富　兰　霞　刘海燕　何忠谱
　　　　张　萍　陈家旺　国燕萍　周列平　黄超平
　　　　章理智　程亚兰　蒲　萍　戴年昭

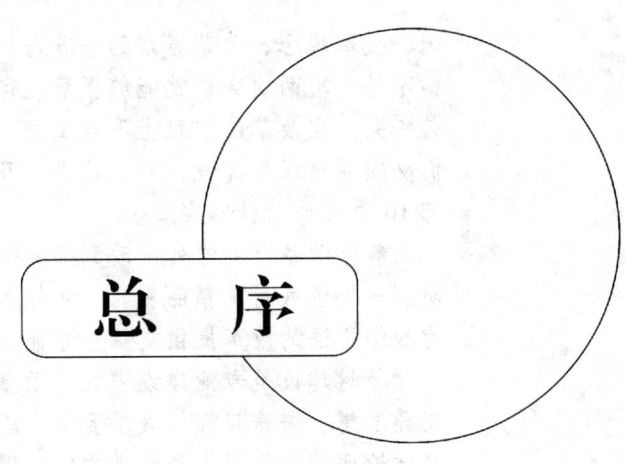

总 序

我国高等职业教育经过十年的发展，取得了举世瞩目的成就。特别是经过三年的示范建设，我们在校企合作、工学结合、人才培养模式改革、师资队伍建设、课程建设、教材建设等方面取得了一定的成绩，但也存在一些不尽如人意的地方。作为高职战线的一线工作者，我们一直在实践，一直在思考，一直在探索。

高职教育发展到今天，必须进行改革，这是大家的共识，改革的路径怎么选择？就是按照教育部2006年16号文件《关于全面提高高等职业教育教学质量的若干意见》(以下简称教育部16号文件)的精神和高职教育"十二五"发展规划的要求进行。但怎么改？只有靠我们一线从事高职教育的老师去实践，去探索，不能人云亦云，不能断章取义，不能望文生义，不能浅尝辄止，更不能玩花架子。我们要把老师的心思真正用在教学改革上，要把老师的时间、精力真正用在教学改革上。改革不可能一蹴而就，改革是要付出代价的，改革是要有点精神的！

教学改革的依据是什么？我个人认为，我们必须充分考虑以下四个问题：一是高等教育大众化的背景；二是教学对象的实际(现有认知结构)；三是产业结构的调整与发展；四是科学技术的发展，在教育上就是现代教育技术手段的应用。只有将这四个问题研究透了，分析透了，我们的教学改革才能落到实处，才能有成效。

教学改革的目标是什么？提高教学质量！我们一切工作的出发点和落脚点就是提高教学质量，这是永恒的主题！提高教学质量的关键是教师。换句话说，改革的意识、改革的观念、改革的思路必须在一线的教师中真正生根发芽，必须由一线的教师认真地加以实践，只有这样改革才能成功。不依靠一线教师而进行的改革，是形式主义，是空中楼阁。由此看出，对一线教师改革意识、改革观念、改革思路的培养与提高就显得非常重要。教育部16号文件精神不是一次两次会议就能够理解透彻的。我们必须在理解文件精神的实质上下苦工夫，在改革的实践上下苦工夫，在改革的系统工程上下苦工夫。因此，我们必须通过课程建设、教材建设以及其他平台，让教师在实践中深刻理解教育部16号文件精神的实质。

教学改革改到深处，改到痛处，是课程改革，是教材改革。我们只有真正研制出特色教材、精品教材，才能为人才培养模式改革与创新提供支撑，才能为教学方法的改革提供支撑，才能为精品课堂提供支撑。

教材建设是专业建设中的一项基本建设，我们必须高度重视。教材是教学指导思想、培养目标、教学要求、教学内容的具体体现。教师通过教材全面、具体地理解教学要求与教学内容，以它为依据进行讲授并组织教学活动。学生以它为依据进行学习，通过教材掌握规定的知识和技能。实践证明，选一本好教材对提高教学质量至关重要。我们现在搞的课程建设与改革或者说精品课程建设，最终还是体现在教材建设上。同时，教材建设也是把精品课程转化为精品课堂的关键环节。

教材是什么？这个问题似乎有点老套！但最近对教材的讨论和争议比较多，有不同的观点！"教材是道具"这是我个人的观点。道具好一些，精一些，演出效果会好一些，这是毋庸置疑的。教师上课依纲据本固然没错，但我认为要是把教材看成是死板的、没有生命力的、单纯为完成教学目标而使用的一种介质就有问题了。著名的教育家叶圣陶老先生曾经说过："教材无非是个例子。"作为教师是用教材教，而不是教教材。我们一定要注意这个问题。从这个角度讲，教材一定要经典，不是花里胡哨，不是加这个，加那个，搞得五花八门。

高职高专教材建设的现状令我们不是很满意。纵观我国高职教育十年的发展，配套教材可以说是百花齐放，五花八门，既涌现了一批优秀的、有特色的教材，也出现了一批粗制滥造、滥竽充数的教材。具体存在以下问题：

1. 功利性太强，作者队伍参差不齐。最大的功利性表现在纯粹是为了评职称而参加教材的编写。有些作者对教育部16号文件精神和高职教育改革的最新理论成果一知半解，生搬硬套，贴标签；还有些作者对一些基本概念、基本知识和基本技能把握不准。这反映了高职教育十年的快速发展，导致师资队伍不能满足高职发展和改革的需要。

2. 教材版本一是多，二是乱，不成体系，不配套，导致我们无法选出顺手的、满意的教材。近年来，我们选用教材换了多种版本，总是看起来花哨，但是错误和漏洞百出。有的是教材没有配套的习题和技能训练，有的虽有习题和技能训练，但与教材内容又不配套，让我们非常苦恼。导致这个现状的原因主要有两个：一是出版社的问题，对一套教材的编写缺乏规划，缺乏专业编辑，缺乏科学的组织，缺乏资金的投入。二是学校的问题，缺乏对教师参加教材编写的统筹、组织与协调。教师参加教材的编写基本上停留在个人行为上，甚至出现大量的作者只参加教材的编写、学校不使用教材的现象。这样是不可能写出高质量的教材的。

3. 教师参加教材编写的积极性不高或者积极性没有得到充分发挥。一是虽然职称评审需要编写教材，但不是考核的主要指标。现在对高职教师职称的评审主要关注教师的企业工作经历和课程建设情况，但没有教材编写也不行。因此，有些老师不愿意在教材编写上下太大的工夫，不愿意投入时间和精力。二是作者的劳动报酬与投入的时间、精力不匹配，觉得不划算。一本高质量的教材，往往需要作者或者一个教学团队数年甚至数十年的努力和积累，才能够研制出来。

4. 片面理解"教学做一体化"。教育部16号文件明确指出"改革教学方法和手段，融'教、学、做'为一体，强化学生能力的培养"。结果，有些地方、有些老师对这句话进行了片面理解，有的甚至认为将习题与技能训练放在教材每章的后面就是教学做一体化了，甚至认为在人才培养方案中将实训课程单独列出来没有体现教学做一体化！这样，一方面人才培养方案不伦不类，另一方面教材不伦不类，弱化了学生的训练次数，严重降低了教学质量。

"融'教、学、做'为一体"，应该有多方面的理解。一是在人才培养方案中怎么体现？二是在课程中怎么体现？三是在教材中怎么体现？四是在教学方法上怎么体现？五是在教学模式上怎么体现？六是在教学组织形式上怎么体现？七是在不同的专业上应该怎么体现？

在高职会计专业教材建设中，我们必须以会计专业的人才培养目标为依据。高职会计专业的培养目标是：以各类中小企业及其他经济组织会计岗位（群）的任职能力要求为目标，培养德、智、体、美、劳全面发展，掌握会计专业基本知识和职业技能，具备良好职业道德和操作规范、严谨细致的会计职业素养，在校期间取得会计从业资格证书，毕业后能够采用手工或者利用电子计算机技术从事中小企业的出纳岗位工作、会计核算岗位工作、财务管理岗位工作、涉税业务处理岗位工作和会计监督岗位工作，并具有可持续发展能力的高素质技能型人才。这个目标始终是纲，不能动摇，不能降低！降低了就不是会计专业了，就变成"收银员"培训班了。如果这样，放在培训机构就可以了，就不需要学校教育了。

我个人认为在高职会计专业教材建设中，以下几个问题必须认真抓好：

1. 按照工作过程系统化来开发课程和研制教材。第一，职业特征的课程或教材都来源于工作过程。知识来源于实践，人类知识是在长期的实践中不断总结的成果。第二，系统化就是一个加工过程，用时髦的话讲就是将行动领域转化为学习领域的过程。这个系统化的方法选择太重要了！以前，我们的课程和教材也是一种系统化，决不能说这种系统化的方法不科学，只是这种方法适合于抽象思维能力强的人群，而相对于高等教育大众化后抽象思维能力弱的高职学生来讲，这个系统化的方法要重新选择。这就是我们课程改革、教材改革的重点和难点。第三，会计工作过程系统化的重点和难点在哪里？在会计核算基本技术这门课程上！实际上，我们以前的财务会计、财务管理、审计、出纳业务、会计信息化等课程就是按照工作过程进行系统化设计的，或者说是按照岗位来设计的。我们没有必要把前人的经验全部推翻！

2. 校企合作共同开发教材。在教材的研制过程中，我们坚持"从实践中来，到实践中去"，就必须依靠行业、企业专家。只有这样，我们的教材内容、所采用的实训素材才能真正来源于社会实际生活，才能与社会实际生活相符。在此基础上，我们再进行提炼，做到来源于生活但又高于生活，从而达到理论和实践的完美结合。

3. 必须与行业标准和职业资格接轨。会计的行业标准，就是财政部制定的标准，不管怎么改革，我们必须围绕这个标准来做，否则，就是瞎折腾！

研制出一套能全面准确地阐述和把握会计专业最新的发展动态和理论成果，充分吸收本专业国内外前沿研究成果，科学系统地归纳知识点的相互联系与发展规律，反映高职学生的心理特点和认知规律的会计系列教材，是我们广大会计教育工作者义不容辞的责任和义务。基于此，2010年12月底，在武汉大学出版社和襄樊职业技术学院经济管理学院的大力支持下，我们组织了全国34所高职院校和部分本科院校的会计系主任、会计教研室主任和会计专业教师60多人，齐聚湖北襄阳，从讨论会计专业课程标准入手，共商编写一套体系完整、内容翔实、特色鲜明、质量上乘的会计系列教材。经过无数次的讨论、碰撞与磨合，我们取得了共识，并开始着手教材的编写工作。这些教材是老师们几十年教学经验的积累，是长期致力于教学改革的成果。有的课程是国家级精品课程，有的是教育部教指委精品课程，有的是省级精品课程，有的是院级精品课程。这次出版可共享教学改革的成果，同时也起到抛砖引玉的作用，希望后人能够不断创新，研制出更好的会计教材。

尽管我们在编写这套系列教材过程中进行了不懈的探索，付出了艰辛的劳动，并取得了一定的成果，但我们深感做得还很不够，需要我们改革的地方，需要我们突破的地方，需要我们创新的地方还很多，任重道远。加之时间仓促以及认识水平上的差异，这套系列教材不可避免地存在一些缺点和不足，我们恳请广大读者和同行不吝赐教。

一套精品教材，必须经过多次磨合、反复修改，才能逐步完善。路漫漫其修远兮，吾将上下而求索。在下一次修订出版时，我们会做得更好！

田家富

教育部高职高专工商管理教指委财务会计分委会委员

会计核算基本技术国家级精品课程负责人

国家级精品课程评审专家

湖北省高职学会财经教学组副组长

襄樊职业技术学院经济管理学院教授、院长

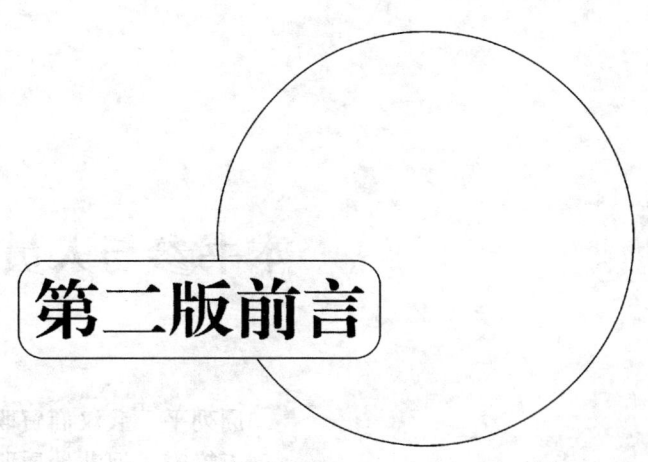

第二版前言

本书在第一版基础上,对商业企业、旅游餐饮服务企业、金融企业、施工企业、交通运输企业、房地产企业、行政事业单位的会计业务核算举例进行了更正和更新,包括改正错误的会计分录和计算结果,更新过时的内容。此外,对语言表述不当之处进行了修改。

本书由周列平、王艳霞、胡晓霞任主编,黄佳佳、张静、杨婷、宁一萍任副主编。

由于作者水平有限,书中难免存在错误和疏漏之处,敬请读者批评指正。

编 者
2014 年 6 月

本书参与人员所在院校

周列平　武汉商贸职业学院
王艳霞　河北地质职工大学
胡晓霞　湖北工业职业技术学院
黄佳佳　武汉商贸职业学院
张　静　襄阳职业技术学院
杨　婷　汉口学院
宁一萍　襄阳职业技术学院

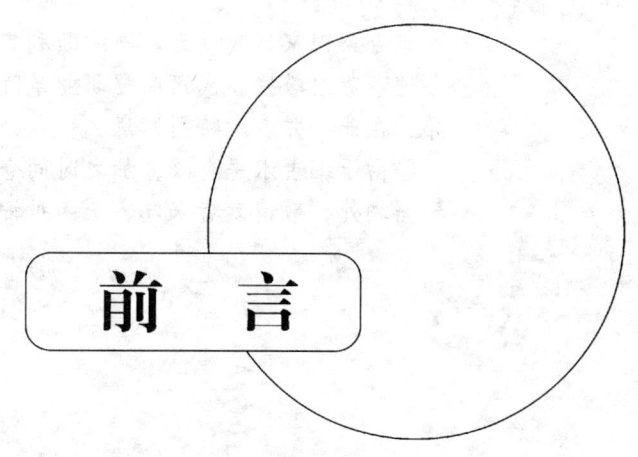

前 言

  现代高等职业教育突出以就业为目标,高等职业教育强调学生动手能力的培养和职业素养的提升,定位于培养高素质技能型人才。同时,社会用人单位希望毕业生能够快速适应本单位的财务工作。这要求学生不仅熟悉工业企业的会计工作流程和方法,还要懂得不同行业单位的会计工作流程和方法。为适应社会用人单位的需求,培养学生将会计基本原理应用于不同行业的能力,本书在对会计基本知识简单阐述的基础上,结合各个行业的发展强化了会计核算的方法,配以大量丰富的例题,使读者通过实务的解析提升自身适应不同行业会计核算的能力。

  本书基于工作任务来驱动整个教学环节,设置了七大学习情境,每个学习情境都列明了任务描述、能力目标和知识目标,力求在教学中让学生带着任务、带着目标去学习。每个学习情境又分别设计了工作任务,这些工作任务的选取既是长期活跃在教学一线的教师的辛勤积淀,同时也是企业的实践专家多年实战经验的结晶,体现了工作过程和学习过程的一体化。全书内容涉及各类行业,各校可根据专业、课程目标及学生的具体情况选取和组织相关内容进行模块化教学。

  为更好地服务教与学,遵循"学中做、做中学",实现"教学做一体化",本书配备了专项练习,提供电子课件、课程资料和题库等资源。

  本书由周列平、乔荣、王艳霞主编并统稿,具体分工如下:钟爱军和吕均刚共同编写学习情境一,乔荣编写学习情境二,郭德松编写学习情境三,廖海燕编写学习情境四,王艳霞编写学习情境五,黄佳佳编写学习情境六,邢颖编写学习情境七。

  在撰写过程中,我们参阅了大量的书籍及网络资源,访问了一些专家和学者,考察了一些中小型企事业单位,在此表示最诚挚的感谢。国家级精品课程评审专家田家富教授为本书的顺利完成做了大量指导工作,湖北省会计学会常务理事彭浪教授和武汉商贸职业学院的吴华清总会计师也为本书提供了业务指导,在此一并表示特别谢意。

由于编者水平有限,加之时间仓促,且涉及内容较多,书中难免有错误或不当之处,敬请读者来电、来函批评指正。

编 者

2011 年 6 月

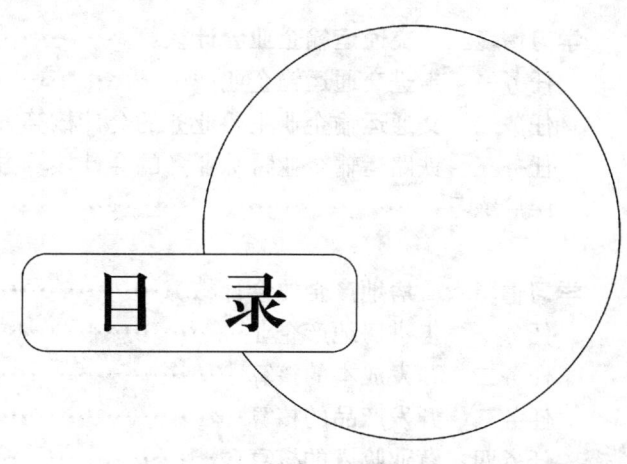

目 录

学习情境一　商业企业会计核算 …………………………………………………… 1
　任务一　走进商业企业 …………………………………………………………… 1
　任务二　商品流通业务核算的基本方法 ………………………………………… 5
　任务三　商品流通企业主要业务的会计核算方法 ……………………………… 7
　课后练习 …………………………………………………………………………… 40

学习情境二　旅游餐饮服务企业会计核算 …………………………………… 44
　任务一　走进旅游餐饮服务企业 ………………………………………………… 44
　任务二　旅游服务企业主要业务的会计核算方法 ……………………………… 45
　任务三　餐饮服务企业主要业务的会计核算方法 ……………………………… 52
　课后练习 …………………………………………………………………………… 63

学习情境三　金融企业会计核算 ……………………………………………… 68
　任务一　走进金融企业 …………………………………………………………… 68
　任务二　金融企业主要业务的会计核算方法 …………………………………… 70
　课后练习 …………………………………………………………………………… 138

学习情境四　施工企业会计核算 ……………………………………………… 143
　任务一　走进施工企业 …………………………………………………………… 143
　任务二　施工企业主要业务的会计核算方法 …………………………………… 146
　课后练习 …………………………………………………………………………… 171

学习情境五　交通运输企业会计核算 175
任务一　走进交通运输企业 175
任务二　交通运输企业主要业务的会计核算方法 177
任务三　铁路运输企业特殊业务的会计核算方法 191
课后练习 202

学习情境六　房地产企业会计核算 205
任务一　走进房地产企业 205
任务二　开发成本的核算 207
任务三　开发产品的核算 214
任务四　营业收入的核算 219
课后练习 222

学习情境七　行政事业单位会计核算 226
任务一　走进行政事业单位 226
任务二　行政事业单位收入核算 231
任务三　行政事业单位支出核算 240
任务四　行政事业单位净资产核算 251
任务五　行政事业单位会计报表 255
课后练习 265

参考文献 270

学习情境一

商业企业会计核算

任务描述
掌握商业企业主要业务的会计核算方法。

能力目标
1. 能根据商业企业经济业务发生情况进行会计处理；
2. 初步具备根据商业企业经营管理特点进行会计制度设计的能力；
3. 能根据任务要求制订工作计划、富有成效地开展工作并进行工作评价。

知识目标
1. 熟悉商业企业的主要经济业务内容和资金运动规律；
2. 了解商业企业会计核算的特点；
3. 掌握满足商业企业管理需要的商品存货核算方法。

任务一 走进商业企业

一、商业企业及其主要经营活动

商业，也称"贸易"，是专门从事商品流通的国民经济部门。商业企业是以商品的购进、调拨、储存和销售等经济活动为主营业务，实现商品从流通领域向消费领域转移的经济组织。

商品流通具有两个基本特征：一是商品实物的转移；二是通过货币结算的买卖行为。只有商品实物的转移而无货币交换或只有货币收付而无实物转移都不属于商品流通。

商业企业按照流转区域，可分为国内商业和对外贸易；按照商品流转环节，可分为批发业和零售业。

购进和销售是完成商品流通的两个关键环节。购进过程中，通过购买商品，支付货款及费用，使货币资金转化为商品资金；销售过程中，通过销售商品取得收入，使商品资金又转化为货币资金，并获得增值。随着商品购销业务活动的持续进行，两种资金不断地变化着。调拨、运输、储存等活动都是围绕商品购销展开的。

与其他行业相比较，商业企业的经济业务有三个显著特点：一是其经营活动主要内容是商品购销，二是资金运动的轨迹是"货币—商品—货币"，三是商品存货在商业企业全部资产中占有较大比重，是企业核算和管理的重点内容。

（一）商品购销的范围

为了使会计核算正确地反映商品流通过程，必须首先明确商品购销的范围。

1. 商品购进的范围

商品购进必须同时具备以下两个条件：（1）购进商品的目的是为了销售，如果购进的商品是为了企业自用而不是出售，就不属于商品的购进范围。（2）通过货币结算取得商品所有权。不通过支付货款而得到的商品，均不属于购进范围，如样品、委托加工商品收回、接受捐赠等。概括地说，商品购进的范围是：向工农业生产企业或商业批发企业购进的商品，以及从境外进口的商品。

2. 商品销售的范围

商品销售必须同时具备以下两个条件：（1）销售的是本企业所经营的商品，如果销售的商品不属于本企业的经营范围，就不属于商品的销售范围，如包装用品、周转材料等。（2）通过货币结算转移了商品的所有权。如果发出商品不通过货款结算，也不属于商品的销售范围，如商品移库、赠送样品、拨出委托加工等。概括地说，商品销售的范围是：出售给消费者或其他企业的商品，供应出口的商品。

（二）商品购销中的交接货方式

（1）送货制。送货制是指供货方将商品送到购货方的仓库、卖场或指定地点的交接方式。送货过程中所发生的费用和商品损耗，一般由供货方负担。

（2）提货制。提货制又称取货制，是指购货方到供货方的仓库或指定地点提货的交接方式。提货过程中所发生的费用和商品损耗，一般由购货方负担。

（3）发货制。发货制是指供货方根据合同或要货函件所规定的日期、商品品种、规格、数量等条件，将商品委托运输部门发运到购货方所在地的车站、码头、仓库的一种商品交接方式。当购货方接到运输部门的到货通知后，凭承运部门提货单到车站或码头提货，然后点验入库。在发货过程中，一般规定商品交接以前所发生的费用和商品损耗由供货方负担，商品交接后所发生的费用和商品损耗由购货方负担。

（4）门市收购制。门市收购制是指企业直接在基层设立门市部收购农副产品、回收废旧材料物资等。企业收购农副产品、回收废旧材料物资所发生的运输、仓储费用和商品损耗，一般由收购方负担。

（5）自选商品货款两清制：自选商品货款两清制是指在企业的卖场由消费者自选商品，一手付款、一手交货。

（三）商品购销的入账时间

1. 商品购进的入账时间

商业企业商品购进的入账时间，一般以支付货款的时间作为依据。在货款先付，商品后到的情况下，以支付货款的时间作为商品购进入账时间；在商品先到，货款后付的情况下，收到商品后，暂不入账，等付款时作为商品购进入账时间。

具体有以下几种情况：（1）从本地购进商品，采用现金、支票、本票或商业汇票等结算方式的，支付货款并取得供货方的发货证明，即可作为商品购进入账；假如商品先到并验收入库，而货款尚未支付，月末暂作为购进商品入账，次月初再用红字冲回。（2）从外地购进商品，采用托收承付或委托收款结算方式的，在结算凭证先到，并承付货款时，作为商品购进入账；商品先到，并符合购销合同规定的，验收入库后，暂不作为商品购进入账，待承付货款时，再作为购进入账。如月终尚未付款，则暂作为购进入账，下月初再以红字冲回。（3）如果在商品购进业务中采用预付货款方式，则不能以预付货款的时间作为商品购进的入账时间，因为预付货款不能形成买卖双方的商品交易行为。

2. 商品销售的入账时间

具体有以下几种情况：（1）采用交款提货销售方式，应于货款已收到或取得收取货款的权利，同时已将发票账单和提货单交给购货方时确认收入的实现。（2）采用预收账款销售方式，应于商品已经发出时，确认收入的实现。（3）采用托收承付结算方式，应于商品已经发出，并已将发票账单提交银行、办妥收款手续时确认收入的实现。（4）委托其他单位代销商品的，如果代销单位采用视同买断方式，应于代销商品已经销售并收到代销单位代销清单时，按企业与代销单位确定的协议价确认收入的实现。如果代销单位采用收取手续费方式，应在代销单位将商品销售、企业已收到代销单位代销清单时确认收入的实现。（5）销售合同或协议明确销售价款的收取采用递延方式，实质上具有融资性质的，应当按照应收的合同或协议价款的公允价值确定销售商品收入金额。应收的合同或协议价款与其公允价值之间的差额，应在合同或协议期间内采用实际利率法进行摊销，计入当期损益。

（四）商品购销业务的基本流程

（1）订货。商业企业所属批发部、商场、门店首先将需要的货物填写商品请购单，经批准后将商品请购单交给商品采购配送中心，然后由商品采购配送中心组织进货。订单一般一式两联，一联交配送中心用作进货的依据，另一联用作进货时与货物进行核对。

（2）验货入库。货物运到时，组织验收人员验货，验收人员包括商检人员和实物负责人，验货后填制验收单，并由商检人员和实物负责人签字。商品验收单（商品入库单或收货单）一般一式三份，实物负责人留存一份（用于登记商品账，明确经济责任），交会计部门一份（作为记账的依据），供货方一份（可以作为结算和对账的依据之一）。

（3）销售。为了防止销售不入账，除直运商品销售外，只有入库的商品才可以销售。内部有关报账机构每天应向企业的财务部门报送销售日报和进销存报告。

（4）商品的内部调拨。企业下属各超市或商场、门店、柜组之间可以进行商品调拨，对于商品调拨业务，应该填制商品调拨单，以详细反映商品的具体流向。

（五）商业企业的主要经营方式

1. 商品销售

（1）自营商品销售。商品由企业自行采购并作为企业的存货进行管理。

（2）代销商品销售。零售企业与供应商签订商品代销合同，月末由零售企业向供应商提供商品代销清单。

（3）联营商品销售。商业企业与入场商户签订商品联销合同，约定销售商品的品种、保底销售额、保证金、销售扣款率等条款。销售扣款率即为商业企业的联营收入，联营的商品不作为企业的存货，而由入场商户自行管理。

（4）其他销售。商业企业经营方式灵活多样，部分零售企业可以发挥地理优势，在商场经营健身中心、餐饮及娱乐等项目，对这部分经营一般采用承包方式。

2. 柜台（场地）出租

商品零售企业的柜台（场地）出租分为柜台出租和场地出租，其中，柜台出租较为固定，场地出租一般为临时性的。

二、商业企业会计核算的特点

商业企业会计与其他行业会计之间具有一定的共性，其资产、负债、所有者权益、收入、费用、利润的确认、计量和报告，都应遵循企业会计准则和相关会计制度的规定。同时，商业企业在经营管理上，与其他行业又存在着明显的差别，商业企业的经营活动主要是围绕商品的购销业务进行的，这就决定了商业企业会计核算必须以商品购销业务为中心，以反映和监督商品存货为重点，这是商业企业会计核算区别于其他行业会计的显著特点（见表1-1）。

表1-1　　　　　　　　　　　商业企业会计与其他行业会计的比较

项目	共　性	特　性
商品存货	1. 购进存货：取得存货应当按照成本进行计量 2. 发出存货：以加权平均法、先进先出法、个别计价法等计量发出存货的成本 3. 存货盘存：永续盘存制和实地盘存制 4. 存货的确认范围相同	1. 商品存货在企业全部资产中占有较大比重，周转材料金额较小，无原材料和在产品 2. 经营活动以商品购销为主，无产品生产过程 3. 商品存货的核算有数量进价金额核算、进价金额核算、售价金额核算和数量售价金额核算四种方法 4. 采购商品过程中发生的进货费用，应计入所购商品成本。进货费用金额较小的，也可直接计入当期销售费用

按照商品流转环节，商业企业有批发企业、零售企业和批零兼营企业之分；而按照经营方式，又有自营业务、联营以及委托和受托代理业务之分。按照库存商品的控制管理以及成本核算方法的不同，商品存货的管理涉及是按进价控制还是按售价控制，同时还涉及是否需要进行数量控制。无论如何，商业企业商品存货核算方法无外乎数量进价金额核算法、进价金额核算法、售价金额核算法和数量售价金额核算法这四种方法，其中数量进价金额核算法和售价金额核算法是目前采用最多的两种方法，见表1-2。不同企业应根据库存商品管理要求和信息化处理手段，选用适当核算方法。

表1-2　　　　　　　　　　　商业企业商品存货的核算方法

商品存货的核算方法	适用范围
数量进价金额核算法	批发企业，农副产品收购企业，粮食企业，外贸企业，品种单一、专业性强的零售企业，商品进销存管理采用电子数据处理的一般零售企业
进价金额核算法	售价变化快、实物数量不易控制的鲜活商品

续表

商品存货的核算方法	适用范围
售价金额核算法	一般的零售企业
数量售价金额核算法	小型批发企业和品种单一的专业零售企业 商品进销存管理采用电子数据处理的一般零售企业

任务二 商品流通业务核算的基本方法

一、数量进价金额核算法

数量进价金额核算法，是指对库存商品同时以实物数量和进价金额两种计量单位进行核算，其基本内容包括：

（1）库存商品总账和明细账均按进价记账。

（2）在库存商品总账的控制下，按照商品的编号、品名、规格，分户设置一套完整的商品数量、金额明细账，记载和反映每种库存商品的数量、进价金额的增减变动与结存情况。

（3）为了考核大类商品的进销存情况，经营品种繁多的企业，可以在总账与商品明细账之间设置类目账（二级账），记载大类商品进销存金额，对三级账实行逐级控制，定期核对，以便加强商品管理。

（4）企业应采用适当方法随时或定期结转商品销售成本。

采用数量进价金额核算法，便于从数量和金额两方面实行双重控制，可以满足业务部门开展购销业务、会计部门加强资金管理、保管部门明确责任的需要，并且有利于保护商品的安全。但是，每笔购销业务都要填制凭证，并登记按类别、品种设置的商品明细账，核算工作量较大。因此，数量进价金额核算法适用于商业批发企业、农副产品收购企业、外贸企业。对于经营品种不多、可取得销售商品品种数量金额的零售企业，也可以采用这种核算方法。经营品种虽多，但采用商品进销存管理信息系统的零售企业，也可以采用这种核算方法。

二、数量售价金额核算法

数量售价金额核算法，是以实物数量和售价金额两种计量单位，反映商品进、销、存情况的一种核算方法。其基本内容包括：

（1）财会部门的库存商品总账和明细账均以售价记账，明细账同时反映数量。业务部门和仓库设置的商品账只记数量，不记金额。

（2）按商品的品名、规格、等级等进行明细核算。

（3）以商品大类分户设置库存商品类目账进行核算。

（4）设置"商品进销差价"账户，记载含增值税的售价金额和进价金额之间的差额，定期分摊已售商品进销差价，计算已销商品进价成本和结存商品的进价金额。

数量售价金额核算吸取了售价金额核算和数量进价金额核算的优点。按商品品名、规格、等级设置库存商品三级明细分类账，对库存商品实行数量和售价双重控制。该方法适用于小型批发企业和专业性较强、经营品种单一、贵重的零售企业。

三、售价金额核算法

售价金额核算法也称售价记账、实物负责制，是按照售价金额核算企业库存商品的增减变动和结存情况的一种方法。其基本内容包括：

（1）售价记账，金额控制。

（2）设置"商品进销差价"科目核算商品售价与进价之间的差额，用来调整库存商品记录的售价金额，以正确反映库存商品的实际成本。

（3）建立实物负责制。

（4）建立库存商品盘点制度。

（5）加强价格管理，健全业务手续制度。

售价金额核算法的优点主要是：按商品品名设置的库存商品明细账户改为按实物负责人设置的明细账户，简化了销货手续和记账工作，既方便了顾客，又可以提高劳动效率和服务质量。缺点主要是：账面上不能提供各种商品的购进、销售及结存数量，不便于确定商品溢缺和货款长短的性质和原因。

对于经营品种繁多且还没有实现会计信息化的零售企业，售价金额核算法是一种简便有效的核算方法。售价金额核算法对连锁经营商业企业一般不太适用，因为它不能及时提供商品的结存数量，不利于随时了解商品销售情况，不便确定商品的溢缺和货款长短。

四、进价金额核算法

进价金额核算法又称为"进价记账、盘存计销"，是指对库存商品的总分类核算和明细分类核算都按进价金额记账，而不反映实物数量的一种核算方法。其特点是：

（1）建立实物负责制，按实物负责人分户设置库存商品明细账。

（2）库存商品的总账和明细账都按商品进价记账，不记数量，不设"商品进销差价"科目。

（3）商品销售后按实收销货款登记销售收入，平时不结转商品销售成本，售出的商品也不从"库存商品"科目随即转出，而是分批或定期结转。

（4）商品发生溢余、损耗、售价变动、等级变化等，一般不作账务处理。但对发生的事故损失，应查明原因，及时入账。发生商品内部调拨业务时，如果库存商品没按门市部或柜组设置明细账，可不作账务处理。

（5）定期根据实际盘存商品数量，按最后进货单价或原进价计算库存商品结存金额，倒挤商品销售成本。商品销售成本的计算公式为：

期末库存商品结存金额＝期末盘点结存数量×实际进价（或最后进价）

商品销售成本＝期初库存商品金额＋本期购进商品金额－期末库存商品结存金额

进价金额核算法一般适用于鲜活商品的核算，这是由鲜活商品的特点所决定的。第一，鲜活商品在经营过程中，一般需要经过清选整理，分等分级，按质论价；第二，商品的销售价格随着商品的鲜活程度的变化需随时进行调整，价格变动比较频繁，由此而产生早晚时价不同；第三，鲜活商品交易频繁，且数量零星，往往随进随出；第四，鲜活商品季节性强、上市时间集中、容易腐烂变质、不易保管、损耗数量难以掌握。

库存商品明细账平时结存金额不反映实物负责人所负责的商品金额，只有结转商品销售成本后，库存商品明细账的金额才反映实物负责人所负责的库存商品的进价金额。进价金额核算法手续简便，商品损耗和差错事故不易被发现，掩盖了经营管理中存在的问题。因此，采用这种方法应加强管理，防止发生漏洞。

任务三　商品流通企业主要业务的会计核算方法

一、商品购进业务的核算

（一）批发业务核算

1. 账户设置

"在途物资"账户，用以核算货款已付、尚未验收入库的在途商品的采购成本，明细账可按供货单位和商品品种设置。

"库存商品"账户，用以核算企业库存的各种商品的实际成本、计划成本或售价，明细账根据商品的品种和规格设置。

2. 商品购进的具体核算

由于商品的发运时间和结算凭证的传递时间不一致，通常会出现单证与商品同时到达、单证先到、商品后到，商品先到、单证后到三种情况，这三种情况与制造企业购进材料的账务处理相同，在此不再赘述。

（1）拒付货款和拒收商品的核算。企业购进商品后拒付货款时，对采用托收承付或委托收款结算的，应在规定的承付期限内提出充分的理由，填制"拒绝付款理由书"，拒付全部或部分款项。由于拒付货款时企业的资金未发生变化，故不作账务处理。

商品购进拒收的核算，分三种情况：

①先拒付货款，后拒收商品。企业收到银行转来的托收凭证，发现所附增值税专用发票与购销合同不符，拒付货款。等商品到达后，再拒收商品。由于先拒付货款，后拒收商品，无需作账务处理，只需将拒收商品记入"代管商品物资"备查簿。

②先拒收商品，后拒付货款。企业收到商品时，发现商品与购销合同不符，可拒收商品，将拒收商品记入"代管商品物资"备查簿，等银行转来托收凭证时，再拒付货款。

③先承付货款，后拒收商品。企业收到银行转来的托收凭证，将所附增值税专用发票与购销合同核对相符后，承付货款。等商品到达验收时，发现商品与购销合同不符，企业应将已支付货款及增值税额从"在途物资"和"应交税费"科目，转入"应收账款"科目，并将拒收商品记入"代管商品物资"备查簿，待与供货方协商解决后，再作相应账务处理。如经协商，企业同意原价购进的，则按商品购进正常程序，从"在途物资"科目转入"库存商品"科目，将增值税额记入"应交税费"科目，同时冲减"应收账款"

科目;如供货方同意退货,收到供货方退还的货款时,借记"银行存款"科目,贷记"应收账款"科目。作上述账务处理时,均应冲减"代管商品物资"备查簿。

【例1-1】A公司是一家从事商品批发销售的企业(下同),11月2日从B公司购进光波炉200台,单价100元;电饭煲200个,单价150元;货款50 000元,增值税额8 500元。接到银行转来的委托收款结算凭证和增值税专用发票,审核无误后,承付货款,作会计分录:

  借:在途物资——光波炉   20 000
    在途物资——电饭煲   30 000
    应交税费——应交增值税(进项税额)   8 500
    贷:银行存款   58 500

6日商品到达,验收时发现光波炉、规格、质量与合同不符,全部予以拒收。经与供货方联系,同意商品退回。购货方从当地主管税务机关取得开具红字增值税专用发票通知单送交供货方,将已支付的货款及增值税额转入"应收账款"科目,作会计分录:

  借:库存商品——电饭煲   30 000
    应收账款——B公司   23 400
    应交税费——应交增值税(进项税额)   3 400
    贷:在途物资——光波炉   20 000
      在途物资——电饭煲   30 000

同时,将拒收商品记入"代管商品物资"备查簿。

10日,收到B公司退还的货款,作会计分录:

  借:银行存款   23 400
    贷:应收账款——B公司   23 400

同时,在"代管商品物资"备查簿中记录减少。

(2)商品购进中发生溢余和短缺的核算。商品购进中发生溢缺的,未查明原因或经批准才能转销时,先记入"待处理财产损溢"科目,待查明原因后进行处理。商品溢余属于自然升溢的,则借记"待处理财产损溢"科目,贷记"管理费用"科目;商品溢余是供货方多发,收到供货方补来的增值税专用发票并补付货款时,按补付的货款借记"应付账款"科目,按增值税额借记"应交税费"科目,按支付的款项贷记"银行存款"科目,同时,借记"待处理财产损溢"科目,贷记"应付账款"科目;若购货方不同意购进多发商品,则借记"待处理财产损溢"科目,贷记"库存商品"科目,并将溢余商品记入"代管商品物资"备查簿。

【例1-2】A公司11月7日收到从C公司购进的电池800支,单价1.50元,货款1 200元,款项已支付。商品运到,实收电池900支,溢余100支,原因待查。后与C公司联系,溢余100支,系C公司多发,A公司同意购进,12日收到C公司补来的增值税专用发票,货款150元,增值税额25.50元,电汇支付货款。

7日A公司收到从C公司购进的电池,实收900支,溢余100支,作会计分录:

  借:库存商品——电池   1 350
    贷:在途物资——电池   1 200
      待处理财产损溢——待处理流动资产损溢 150

溢余100支经查明，系供货方多发商品，A公司同意购进，12日收到C公司补来的增值税专用发票，并补付货款，作会计分录：

  借：待处理财产损溢——待处理流动资产损溢   150
    应交税费——应交增值税（进项税额）   25.50
   贷：银行存款   175.50

企业购进商品发生短缺的，待查明原因后，分别按下列不同情况处理：属于应由供货方、运输单位、保险公司或其他过失人负责赔偿损失的，借记"应付账款"、"其他应收款"等科目，贷记"待处理财产损溢"科目；属于自然灾害等非正常原因造成损失的，应将扣除残料价值和保险公司或过失人赔偿后的净损失，借记"营业外支出"科目，贷记"待处理财产损溢"科目；属于管理不善等原因造成无法收回的其他损失，报经批准后，借记"管理费用"科目，贷记"待处理财产损溢"科目。

企业购进商品发生被盗、丢失、霉变等非正常损失，其增值税进项税额应予转出，借记"待处理财产损溢"科目，贷记"应交税费——应交增值税（进项税额转出）"科目。

假定7日A公司收到从C公司购进的电池，实收700支，短少100支，作会计分录：

  借：库存商品——电池   1 050
    待处理财产损溢——待处理流动资产损溢   150
   贷：在途物资——电池   1 200

短少100支经查明，系供货方少发商品，C公司同意退还货款，12日收到C公司开具的红字增值税专用发票，并收到退还货款，作会计分录：

  借：银行存款   175.50
    应交税费——应交增值税（进项税额）   25.50
   贷：待处理财产损溢——待处理流动资产损溢   150

假定短少100支经查明，属运输单位过失造成，作会计分录：

  借：其他应收款   175.50
   贷：待处理财产损溢——待处理流动资产损溢   150
    应交税费——应交增值税（进项税额转出）   25.50

（3）进货退回的核算。企业购进商品在验收入库时可能因商品质量、规格不符等问题而发生进货退回业务。企业发生的进货退回存在两种情况：

①企业进货后尚未支付货款且未作账务处理，此时发生退货，购货方须将收到的增值税专用发票的发票联和抵扣联退还供货方，供货方将退回的发票联、抵扣联连同记账联注明"作废"字样，作为扣减当期销项税额和进行账务处理的凭证。在未收到购货方退回的增值税专用发票前，供货方不得扣减当期销项税额。

②企业进货后已支付货款或虽未支付货款但已作账务处理，原增值税专用发票的发票联和抵扣联已无法退还，此时发生退货，购货方必须取得当地主管税务机关出具的开具红字增值税专用发票通知单送交供货方，作为供货方开具红字增值税专用发票的合法依据，供货方在未收到证明单以前，不得开具红字增值税专用发票，收到证明单后，根据退回货

物的数量、金额向购货方开具红字增值税专用发票。其记账联作为供货方扣减当期销项税额和进行账务处理的凭证，发票联、抵扣联作为购货方扣减进项税额和进行账务处理的凭证。

【例1-3】A公司11月12日从D公司购进微波炉400台，单价150元；电水壶200个，单价75元；货款75 000元，增值税额12 750元，D公司代垫运费1 000元（运费可抵扣增值税），收到D公司发票账单。商品已验收入库，审核后电汇支付货款。

收到D公司发票账单，作会计分录：

借：在途物资——电水壶	15 000
在途物资——微波炉	60 000
应交税费——应交增值税（进项税额）	12 820
销售费用——运杂费	930
贷：银行存款	88 750

商品入库时，作会计分录：

借：库存商品——电水壶	15 000
库存商品——微波炉	60 000
贷：在途物资——电水壶	15 000
在途物资——微波炉	60 000

18日发现电水壶质量与合同不符，经协商同意退货，并取得D公司开具的红字增值税专用发票，办妥退货手续，作会计分录：

借：应收账款——D公司	17 550
应交税费——应交增值税（进项税额）	2 550
贷：库存商品——电水壶	15 000

收到D公司退还的货款，作会计分录：

借：银行存款	17 550
贷：应收账款——D公司	17 550

（4）购进商品退补价的核算。企业购进商品验收入库后，由于供货方价格计算错误或发货时按暂估价结算等原因，可能发生进货退价或补价业务。进货退、补价业务只涉及商品价格，不涉及商品数量。

如果退价时购进商品尚未售出或虽已售出，但尚未结转销售成本，收到供货方开来的红字增值税专用发票和销货更正单，按退回的货款借记"银行存款"科目，按多计的增值税额和进价贷记"库存商品"、"应交税费——应交增值税（进项税额）"科目；如果退价时购进商品已全部或部分售出，并已结转销售成本，按退回的货款借记"银行存款"科目，按多计的增值税额和进价贷记"主营业务成本"、"应交税费——应交增值税（进项税额）"科目。发生进货补价时，区别不同情况作相反的会计分录。

【例1-4】A公司10月30日从E公司购进护眼台灯200台，单价130元，商品已验收入库。11月12日收到E公司情况说明，由于结算人员失误，误将每台135元错记为130元，现开来销货更正单及增值税发票，应补付货款1 000元，增值税额170元。

12 日收到 E 公司开具的销货更正单和增值税专用发票，假定该护眼灯尚未销售，货款尚未支付，作会计分录：

借：库存商品——护眼灯　　　　　　　　　　　　　　　　1 000
　　应交税费——应交增值税（进项税额）　　　　　　　　　170
　　　贷：应付账款——E 公司　　　　　　　　　　　　　　　　　1 170

假定该护眼灯已销售 100 台，并已结转销售成本，其会计分录为：

借：库存商品——护眼灯　　　　　　　　　　　　　　　　　500
　　主营业务成本　　　　　　　　　　　　　　　　　　　　500
　　应交税费——应交增值税（进项税额）　　　　　　　　　170
　　　贷：应付账款——E 公司　　　　　　　　　　　　　　　　　1 170

（5）购货折让和现金折扣的核算。

①购货折让，是指企业购进的商品，因品种、规格和质量不符等原因，销货方所给予的价格上的减让。购货方在得到供货方的销售折让时，应以商品的买价扣除购货折让后的净额入账。

【例 1-5】A 公司 11 月 13 日从 F 公司购进电暖手宝 100 个，单价 10 元，货款 1 000 元，增值税额 170 元，货款尚未支付。16 日验收时，发现商品质量不符，经与对方联系，同意给予 10% 的折让。公司已从当地主管税务机关取得开具红字增值税专用发票通知单送交供货方，并收到 F 公司开具的红字增值税专用发票，货款 100 元，增值税额 17 元。

16 日收到从 F 公司购进的电暖手宝，作会计分录：

借：库存商品——电暖手宝　　　　　　　　　　　　　　　1 000
　　应交税费——应交增值税（进项税额）　　　　　　　　　170
　　　贷：应付账款——F 公司　　　　　　　　　　　　　　　　　1 170

因商品质量不符，供货方同意给予 10% 的折让，收到 F 公司开具的红字增值税专用发票，作会计分录：

借：应付账款——F 公司　　　　　　　　　　　　　　　　 117
　　应交税费——应交增值税（进项税额）　　　　　　　　　 17
　　　贷：库存商品——电暖手宝　　　　　　　　　　　　　　　　 100

②现金折扣，是指购货方在赊购商品后，因及时清偿赊购货款而从供货方得到的债务扣除。企业赊购商品，发生现金折扣时，应采用总价法核算。

【例 1-6】A 公司 11 月 14 日从 G 公司购进电热水器 80 台，单价 1 500 元，货款 120 000 元，增值税额 20 400 元。G 公司给予的付款条件是 2/10、1/20、n/30，25 日，电汇支付货款。

14 日从 G 公司购进电热水器，验收入库，作会计分录：

借：库存商品——电热水器　　　　　　　　　　　　　　120 000
　　应交税费——应交增值税（进项税额）　　　　　　　 20 400
　　　贷：应付账款——G 公司　　　　　　　　　　　　　　　　140 400

25 日支付 G 公司货款，获得 1% 的现金折扣，可冲减财务费用 120 000 × 1% = 1 200（元）（不考虑增值税），作会计分录：

借：应付账款——G公司 140 400
  贷：银行存款 139 200
    财务费用 1 200

（二）零售业务核算

1. 账户设置

实行售价金额核算法的企业，除设"库存商品"账户外，还需设置"商品进销差价"账户。

"库存商品"账户的核算内容和登记方法，与实行数量进价金额核算法的企业的不同点是：（1）对库存商品的增减变动和结存情况按售价记录。这里的售价，包含按规定应向购买者收取的增值税额。（2）库存商品的明细账按实物负责人分户，只记金额，不记实物数量。

"商品进销差价"账户是库存商品的调整账户，用以核算商品售价与进价之间的差额。其贷方登记购进商品的售价大于进价的差价和其他原因增加的进销差价，借方登记购进商品的售价小于进价的差额、核销已销商品应分摊的进销差价和其他原因使库存商品售价大于进价的差额减少的数额；其余额一般在贷方，反映期末库存商品应保留的进销差价。该账户应按商品类别或实物负责人设置明细账。该账户记录的商品售价与进价之间的差额包括两部分：一是不含税的售价与不含税的进价之间的差额，二是应向购买者收取的增值税额。

2. 商品购进的具体核算

（1）本地商品购进的核算。企业收到结算凭证时，按商品进价、增值税额，分别借记"在途物资"、"应交税费"科目，贷记"银行存款"、"应付账款"、"应付票据"等科目；商品验收入库时，借记"库存商品"科目，贷记"在途物资"、"商品进销差价"科目。

【例1-7】甲商场是一家从事商品零售的企业（下同），设有电器、服装、副食和化妆品四个柜组，11月2日从乙公司购进电饭煲200个，单价150元，货款30 000元，增值税额5 100元，含税售价234元/台，商品已验收入库，货款已转账付讫。

购入时，作会计分录：
借：在途物资——电饭煲 30 000
  应交税费——应交增值税（进项税额） 5 100
  贷：银行存款 35 100

入库时，作会计分录：
借：库存商品——电器柜 46 800
  贷：在途物资——电饭煲 30 000
    商品进销差价——电器柜 16 800

若该商场为小规模纳税人，则账务处理如下：

收到结算凭证，支付货款，按商品购进发票金额入账：
借：在途物资——电器柜 35 100
  贷：银行存款 35 100

商品验收入库，作会计分录：

借：库存商品——电器柜　　　　　　　　　　　　　　　　　　　　46 800
　　贷：在途物资——电器柜　　　　　　　　　　　　　　　　　　35 100
　　　　商品进销差价——电器柜　　　　　　　　　　　　　　　　11 700

（2）异地商品购进的核算。具体如下：

①单证与商品同时到达的核算。单证与商品同时到达的核算与本地商品购进的核算基本相同，在商品发运过程中发生的运杂费应根据购销合同和商品采购成本确定的有关规定进行处理。

【例1-8】甲商场11月3日从丙公司购进微波炉400台，单价150元，丙公司代垫运费1 000元。托收凭证已到，增值税发票上注明的货款为60 000元，增值税额10 200元。商场开出面值为71 200元、期限为6个月的银行承兑汇票结算货款。微波炉含税售价为234元/台。假定结算凭证与商品同时到达，其会计分录为：

收到发票账单时：

借：在途物资——微波炉　　　　　　　　　　　　　　　　　　　60 000
　　应交税费——应交增值税（进项税额）　　　　　　　　　　　 10 270
　　销售费用——运杂费　　　　　　　　　　　　　　　　　　　　930
　　贷：应付票据——丙公司　　　　　　　　　　　　　　　　　 71 200

商品到达验收入库时：

借：库存商品——微波炉　　　　　　　　　　　　　　　　　　　93 600
　　贷：在途物资——微波炉　　　　　　　　　　　　　　　　　 60 000
　　　　商品进销差价——电器柜　　　　　　　　　　　　　　　 33 600

②单证先到、商品后到的核算。企业先收到有关结算凭证时，按商品进价借记"在途物资"科目，按应支付的增值税额借记"应交税费——应交增值税（进项税额）"科目，按应支付的运杂费借记"销售费用"科目，按应付款项贷记"银行存款"、"应付账款"、"应付票据"等科目；商品到达验收时，按含税的售价借记"库存商品"科目，按商品进价贷记"在途物资"科目，按含税售价和进价之间的差额贷记"商品进销差价"科目。

③商品先到、单证后到的核算。商品先到并已验收入库，但结算凭证尚未到达，平时可暂不入账，待单证到达后一并进行账务处理。月终，对于尚未收到发票账单的已入库商品，需按应付给供应商的货款暂估入账，即按含税的售价借记"库存商品"科目，按暂估的进货原价贷记"应付账款"科目，按含税的售价与暂估价的差额贷记"商品进销差价"科目。下月初再用红字冲回，单证到达后，按单证与商品同时到达的情形进行核算。

承【例1-8】，假定11月3日先收到商品，有关结算凭证尚未到达，商品验收入库后，可不作账务处理。如果11月8日收到有关结算凭证，其会计分录为：

借：库存商品——微波炉　　　　　　　　　　　　　　　　　　　93 600
　　应交税费——应交增值税（进项税额）　　　　　　　　　　　 10 270
　　销售费用——运费　　　　　　　　　　　　　　　　　　　　　930
　　贷：应付票据——丙公司　　　　　　　　　　　　　　　　　 71 200
　　　　商品进销差价——电器柜　　　　　　　　　　　　　　　 33 600

假定有关结算凭证至月末尚未到达，根据商品购销合同，其会计分录为：
借：库存商品——微波炉　　　　　　　　　　　　　　　93 600
　　贷：应付账款——丙公司　　　　　　　　　　　　　　60 000
　　　　商品进销差价——电器柜　　　　　　　　　　　　33 600
下月初用红字冲回，作会计分录：
借：库存商品——微波炉　　　　　　　　　　　　　　　93 600
　　贷：应付账款——丙公司　　　　　　　　　　　　　　60 000
　　　　商品进销差价——电器柜　　　　　　　　　　　　33 600
假定次月 2 日收到有关结算凭证，应编制的会计分录与 11 月 8 日收到结算凭证的账务处理相同。

（3）商品购进过程中其他业务的核算。具体如下：

①拒付货款和拒收商品的核算。拒付货款和拒收商品的账务处理与前述批发业务的处理相同，详见【例 1-1】。

②购进商品发生溢余和短缺的核算。财务处理与前述批发业务基本相同，详见【例 1-2】。其区别在于：按实收商品的含税售价，记入"库存商品"科目；按溢缺商品的进价金额，记入"待处理财产损溢"科目；含税售价与进价之间的差额，记入"商品进销差价"科目。

【例 1-9】甲商场 11 月 9 日收到从戊公司购进的电池 800 支，单价 1.50 元，货款 1 200 元，款项已支付。商品运到，实收电池 900 支，溢余 100 支，原因待查，含税售价 2.34 元/支。后与戊公司联系，溢余 100 支系戊公司多发，商场同意购进，12 日收到戊公司补来的增值税专用发票，货款 150 元，增值税额 25.50 元，电汇支付货款。

9 日收到电池，实收 900 支，溢余 100 支，进价 1.50 元/支，含税售价 2.34 元/支，其会计分录为：
借：库存商品——电器柜　　　　　　　　　　　　　　　2 106
　　贷：在途物资——电池　　　　　　　　　　　　　　　1 200
　　　　待处理财产损溢——待处理流动资产损溢　　　　　　150
　　　　商品进销差价——电器柜　　　　　　　　　　　　　756
溢余 100 支经查明系供货方多发商品，商场同意购进，12 日收到戊公司开具的增值税专用发票，补付货款，作会计分录：
借：待处理财产损溢——待处理流动资产损溢　　　　　　　150
　　应交税费——应交增值税（进项税额）　　　　　　　　25.50
　　贷：银行存款　　　　　　　　　　　　　　　　　　　175.50

③进货退回的核算。企业购进商品后，发现商品的品种、规格或质量等不符合要求，如果不愿通过退补价等方式处理，应及时与供货方联系，经其同意后，由供货方开出退货的红字增值税专用发票，办理退货手续，然后将商品退回供货方，作进货退回处理。

【例1-10】甲商场11月12日从己公司购进电水壶200个，单价75元，货款15 000元，增值税额2 550元，含税售价117元/个，收到己公司增值税专用发票，商品已验收入库，审核后以电汇支付。18日，发现电水壶质量不符合合同要求，经协商，己公司同意退货，退货手续已办妥，货款尚未收到。

12日收到电水壶，支付货款，作会计分录：

  借：库存商品——电器柜   23 400
    应交税费——应交增值税（进项税额）   2 550
   贷：银行存款   17 550
    商品进销差价——电器柜   8 400

18日发现电水壶质量与合同不符，经协商同意退货，并取得税务机关出具的开具红字增值税专用发票通知单，办妥退货手续，作会计分录：

  借：应收账款——己公司   17 550
    商品进销差价——电器柜   8 400
    应交税费——应交增值税（进项税额）   2 550
   贷：库存商品——电器柜   23 400

收到己公司退还的货款，作会计分录：

  借：银行存款   17 550
   贷：应收账款——己公司   17 550

④进货退补价的核算。企业购进商品后，有时会出现由于供货方计价错误、商品品种、等级错发或发货时按暂估价结算等原因，而发生进货退补价的情形。发生进货退补价业务时，购货方应根据供货方填制的增值税专用发票及"销货更正单"，进行账务处理。

第一，只更正购进价格的核算。供货方开来更正发票时，只更正购进价格，不影响商品的零售价格，因此，核算时只调整"商品进销差价"或"主营业务成本"科目，而不用调整"库存商品"科目。

【例1-11】甲商场10月30日从庚公司购进护眼台灯200台，单价130元，商品已验收入库，货款已全部结清。11月12日收到庚公司情况说明，由于结算人员失误，误将每台135元错记为130元，现开来销货更正单及增值税发票，应补付货款1 000元，增值税额170元，货款尚未支付。

收到庚公司销货更正单及增值税发票，该护眼灯尚未销售，作会计分录：

  借：商品进销差价——电器柜   1 000
    应交税费——应交增值额（进项税额）   170
   贷：应付账款——庚公司   1 170

如果该护眼灯已全部销售并已结转成本，作会计分录：

  借：主营业务成本——电器柜   1 000
    应交税费——应交增值额（进项税额）   170
   贷：应付账款——庚公司   1 170

第二，购进价格和零售价格同时更正的核算。供货单位由于商品品种、等级错发等原因而开错价格，事后开来更正发票需要更正购进价和零售价，如因更正价格而供货单位应补收货款，应根据其开来的更正发票增加商品购进成本或商品销售成本和增值税进项税额，其核算方法与只更正购进价格的核算方法基本相同，同时还要增加库存商品的售价金额和进价成本。按更正后售价金额与原入账售价金额的差额，借记"库存商品"科目；按补收货款数额贷记"在途物资"科目，按更正后进销差价与原入账进销差价的差额贷记"商品进销差价"科目。

如因更正价格而供货单位应退还货款，应根据更正增值税专用发票冲减商品购进成本或商品销售成本和增值税进项税额，其核算方法与只更正购进价格的核算方法基本相同，同时还要冲减库存商品的售价金额和进价成本，按应退货款的数额借记"在途物资"科目，并按照更正后进销差价与原入账进销差价的差额借记"商品进销差价"科目，按更正后售价金额与原入账售价金额的差额贷记"库存商品"科目。

（三）鲜活商品核算

零售企业除经营工业品外，也经营蔬菜、瓜果、禽、蛋、肉、鱼、海产品等鲜活商品。第一，鲜活商品一般需要经过清选整理，分等分级，按质论价；第二，商品的销售价格随着商品的鲜活程度的变化需随时进行调整，价格变动比较频繁，由此形成早晚时价不同；第三，鲜活商品交易频繁，数量零星，往往随进随出；第四，鲜活商品季节性强、上市时间集中、容易腐烂变质、不易保管、损耗数量难以掌握。因此，鲜活商品一般采用进价金额核算法。

企业购进鲜活商品，各实物负责人或柜组（门市部）验收商品后，填制一式多联的"收货单"，将其中一联连同供货单位的发票一并送交财会部门。财会部门审核后，根据发票和转账支票存根联，借记"在途物资"和"应交税费"科目，贷记"银行存款"科目；根据"收货单"，借记"库存商品"科目，贷记"在途物资"科目。库存商品明细分类账一般按各经营类别的实物负责人进行设置。

企业购进农产品，除取得增值税专用发票或海关进口增值税专用缴款书外，应按照农产品收购发票或者销售发票上注明的农产品买价和13%的扣除率计算进项税额。

$$进项税额 = 买价 \times 扣除率$$
$$购进商品的成本 = 买价 - 进项税额$$

【例1-12】11月5日A农产品贸易公司向B水果专业合作社购进苹果50 000千克，单价6元，香梨60 000千克，单价5.50元，销售发票注明的货款630 000元。货款已付，商品尚未验收入库，其会计分录为：

```
借：在途物资——苹果                                    261 000
    在途物资——香梨                                    287 100
    应交税费——应交增值税（进项税额）                    81 900
    贷：银行存款                                       630 000
```

11月8日收到商品，验收入库，作会计分录：

```
借：库存商品——苹果                                    261 000
    库存商品——香梨                                    287 100
```

贷：在途物资——苹果　　　　　　　　　　　　　　　　　　　　　261 000
　　　　在途物资——香梨　　　　　　　　　　　　　　　　　　　　　287 100

二、商品销售业务的核算

(一) 批发业务核算

1. 账户设置

"主营业务收入"账户，用来核算企业确认的销售商品等主营业务的收入，该账户可按主营业务的种类进行明细核算。

"主营业务成本"账户，用来核算企业确认销售商品等主营业务收入时应结转的成本，该账户可按主营业务的种类进行明细核算。

2. 商品销售的具体核算

（1）本地商品销售的核算。本地商品销售一般采用提货制和送货制。企业销售商品确认收入时，应按已收或应收的合同或协议价款，加上应收取的增值税额，借记"银行存款"、"应收账款"、"应收票据"等科目；按确定的收入金额，贷记"主营业务收入"科目；按应收取的增值税额，贷记"应交税费"科目。

【例1-13】 11月15日A公司销售给B超市电饭煲150台，单价200元，货款30 000元，增值税额5 100元，款已收到存入银行。

15日公司销售电饭煲，收到货款，作会计分录：

借：银行存款　　　　　　　　　　　　　　　　　　　　　　　　　　35 100
　　贷：主营业务收入　　　　　　　　　　　　　　　　　　　　　　　30 000
　　　　应交税费——应交增值税（销项税额）　　　　　　　　　　　　　5 100

已知电饭煲的进价为150元/台，则结转商品销售成本，作会计分录：

借：主营业务成本　　　　　　　　　　　　　　　　　　　　　　　　22 500
　　贷：库存商品——电饭煲　　　　　　　　　　　　　　　　　　　　22 500

在实际工作中，由于商品种类繁多，每天计算商品销售成本工作量很大，为了简化核算手续，主营业务成本一般在期末集中结转。结转商品销售成本时，按照销售商品进价，借记"主营业务成本"科目，贷记"库存商品"科目。

如果售出商品不符合收入确认条件，则不应确认收入，已经发出的商品，应通过"发出商品"科目进行核算。

假定15日A公司销售电饭煲时，得知B超市资金周转发生困难，货款回收存在较大不确定性，但公司为了减少商品积压，仍将商品发往B超市，并开具增值税专用发票，此时发出商品的成本应通过"发出商品"科目核算。已知电饭煲的进价为150元/台，售价为200元/台，则发出商品的账务处理为：

借：发出商品——B超市　　　　　　　　　　　　　　　　　　　　　22 500
　　贷：库存商品——电饭煲　　　　　　　　　　　　　　　　　　　　22 500

同时，将增值税专用发票上注明的增值税额转入应收账款。

借：应收账款——B超市　　　　　　　　　　　　　　　　　　　　　　5 100
　　贷：应交税费——应交增值税（销项税额）　　　　　　　　　　　　　5 100

注意：如果销售该商品的增值税纳税义务尚未发生，则不作该笔分录，待纳税义务发生时再作应交增值税的会计分录。

3个月后如果B超市经营情况逐渐好转，承诺近期付款，作会计分录：

借：应收账款——B超市　　　　　　　　　　　　　　　　　　30 000
　　贷：主营业务收入　　　　　　　　　　　　　　　　　　　　30 000
借：主营业务成本　　　　　　　　　　　　　　　　　　　　　22 500
　　贷：发出商品　　　　　　　　　　　　　　　　　　　　　　22 500

收到B超市支付的货款，作会计分录：

借：银行存款　　　　　　　　　　　　　　　　　　　　　　　35 100
　　贷：应收账款——B超市　　　　　　　　　　　　　　　　　35 100

（2）异地商品销售的核算。异地商品销售一般采用发货制，通过托收承付或委托方式结算货款。供货方代垫运费时，应通过"应收账款"科目进行核算，然后连同销货款、增值税额一并通过银行向购货方办理托收。

【例1-14】11月16日A公司销售给C公司微波炉300台，单价200元，货款60 000元，增值税额10 200元，商品已发出，代垫运杂费800元，托收手续已办妥。

16日公司销售微波炉，办妥托收手续，作会计分录：

借：应收账款——C公司　　　　　　　　　　　　　　　　　　71 000
　　贷：主营业务收入　　　　　　　　　　　　　　　　　　　　60 000
　　　　应交税费——应交增值税（销项税额）　　　　　　　　　10 200
　　　　银行存款　　　　　　　　　　　　　　　　　　　　　　　 800

（3）分期收款销售商品的核算。延期收取的货款具有融资性质，其实质是企业向购货方提供免息的信贷，在符合收入确认条件时，企业应当按照应收的合同或协议价款的公允价值确定收入金额。应收的合同或协议价款的公允价值，通常应当按照其未来现金流量现值或商品现销价格计算确定。应收的合同或协议价款与其公允价值之间的差额，应在合同或协议期限内，按应收款项的摊余成本和实际利率计算确定的摊销金额，冲减财务费用。基于重要性要求，应收的合同或协议价款与其公允价值之间的差额，按照应收款项的摊余成本和实际利率进行摊销与采用直线法进行摊销结果相差不大的，也可采用直线法进行摊销。

如甲公司2014年1月1日采用分期收款方式向乙公司销售大型设备一套，协议约定：从销售当年末分5年分期收款，每年1 000万元，合计5 000万元。该大型设备成本为3 000万元，不考虑增值税。假定现销方式下，该大型设备的销售价格为4 000万元，若实际利率为7.93%，则2014年1月1日甲公司发出商品，应编制会计分录：

借：长期应收款——乙公司　　　　　　　　　　　　　　　50 000 000
　　贷：主营业务收入　　　　　　　　　　　　　　　　　　40 000 000
　　　　未实现融资收益　　　　　　　　　　　　　　　　　10 000 000

同时结转商品销售成本，作会计分录：

借：主营业务成本　　　　　　　　　　　　　　　　　　　30 000 000
　　贷：库存商品　　　　　　　　　　　　　　　　　　　　30 000 000

2014 年 12 月 31 日收取货款和增值税额，作会计分录：
借：银行存款　　　　　　　　　　　　　　　　　　　　　　　　11 700 000
　　贷：长期应收款——乙公司　　　　　　　　　　　　　　　　　10 000 000
　　　　应交税费——应交增值税（销项税额）　　　　　　　　　　 1 700 000
应摊销未实现融资收益＝40 000 000 ×7.93%＝3 172 000（元）
借：未实现融资收益　　　　　　　　　　　　　　　　　　　　　 3 172 000
　　贷：财务费用　　　　　　　　　　　　　　　　　　　　　　　 3 172 000
其余年份的账务处理略。

（4）委托代销商品的核算。具体如下：

①视同买断方式。如果委托方和受托方之间的协议明确规定，受托方在取得代销商品后，无论是否能够卖出、是否获利，均与委托方无关，那么，委托方和受托方之间的代销商品交易，与委托方直接销售商品给受托方没有实质区别，在符合销售商品收入确认条件时，委托方应确认相关销售商品收入。

【例 1-15】11 月 17 日 A 公司委托 D 公司销售电热水器 50 台，协议价 1 800 元/台，增值税率 17%。代销协议约定，D 公司取得代销商品后，无论是否卖出、是否获利，均与 A 公司无关。该商品已经发出，增值税专用发票已开具，货款尚未收到。

根据代销协议，D 公司无论是否售出商品或获利，均与委托方无关，因此，发出商品、开具增值税专用发票时，应确认销售收入。

借：应收账款——D 公司　　　　　　　　　　　　　　　　　　　 105 300
　　贷：主营业务收入　　　　　　　　　　　　　　　　　　　　　　90 000
　　　　应交税费——应交增值税（销项税额）　　　　　　　　　　　15 300
假定电热水器的进价为 1 500 元/台，结转商品销售成本时：
借：主营业务成本　　　　　　　　　　　　　　　　　　　　　　　 75 000
　　贷：库存商品——电热水器　　　　　　　　　　　　　　　　　　75 000

②收取手续费方式。如果委托方和受托方之间的协议明确规定，将来受托方没有将商品售出时可以将商品退回给委托方，或受托方因代销商品出现亏损时可以要求委托方补偿，那么，委托方在交付商品时不确认收入，受托方也不作购进商品处理，受托方将商品销售后，按实际售价确认销售收入，并向委托方开具代销清单，委托方收到代销清单时，再确认销售收入。受托方应在商品销售后，按合同或协议约定的方法计算手续费确认收入。

"委托代销商品"账户，用以核算企业委托其他单位或个人代销的商品。企业将商品交付受托方代销时记借方；企业收到受托方已售代销商品清单时记贷方；余额在借方，表示企业尚有委托代销商品的数额。该账户应按受托单位进行明细分类核算。

"受托代销商品"账户，用以核算企业接受其他单位委托代销的商品。企业收到代销商品时记借方；接受代销商品销售后，结转其销售成本时记贷方；余额在借方，表示企业尚未销售的代销商品数额。该账户应按委托单位进行明细分类核算。

"受托代销商品款"账户，用以核算企业接受代销商品的货款。企业在收到代销商品时记贷方；销售代销商品时记借方；余额在贷方，表示尚未销售的代销商品的货款。该账户应按委托单位进行明细分类核算。

假定 A 公司与 D 公司签订委托代销协议，约定 D 公司应按 2 000 元/台对外销售电热水器，A 公司按不含增值税售价的 10% 支付 D 公司手续费。本月 30 日，D 公司销售电热水器 20 台，开出的增值税专用发票上注明的价款为 40 000 元，增值税额 6 800 元，款项已收到。A 公司收到 D 公司开具的代销清单时，向 D 公司开出一张相同金额的增值税专用发票。电热水器的成本为 1 500 元/台，A 公司发出商品时纳税义务尚未发生，不考虑其他因素。

A 公司的账务处理为：
发出商品：
借：委托代销商品——D 公司　　　　　　　　　　　　　　　　30 000
　　贷：库存商品——电热水器　　　　　　　　　　　　　　　　　30 000
收到代销清单：
借：应收账款——D 公司　　　　　　　　　　　　　　　　　　46 800
　　贷：主营业务收入　　　　　　　　　　　　　　　　　　　　　40 000
　　　　应交税费——应交增值税（销项税额）　　　　　　　　　　6 800
借：主营业务成本　　　　　　　　　　　　　　　　　　　　　　30 000
　　贷：委托代销商品——D 公司　　　　　　　　　　　　　　　　30 000
借：销售费用　　　　　　　　　　　　　　　　　　　　　　　　4 000
　　贷：应收账款——D 公司　　　　　　　　　　　　　　　　　　4 000
收到 D 公司支付的货款：
借：银行存款　　　　　　　　　　　　　　　　　　　　　　　　42 800
　　贷：应收账款——D 公司　　　　　　　　　　　　　　　　　　42 800

D 公司的账务处理为：
收到商品：
借：受托代销商品——A 公司　　　　　　　　　　　　　　　　　40 000
　　贷：受托代销商品款——A 公司　　　　　　　　　　　　　　　40 000
对外销售：
借：银行存款　　　　　　　　　　　　　　　　　　　　　　　　46 800
　　贷：应付账款——A 公司　　　　　　　　　　　　　　　　　　40 000
　　　　应交税费——应交增值税（销项税额）　　　　　　　　　　6 800
收到增值税专用发票：
借：应交税费——应交增值税（进项税额）　　　　　　　　　　　6 800
　　贷：应付账款——A 公司　　　　　　　　　　　　　　　　　　6 800
借：受托代销商品款　　　　　　　　　　　　　　　　　　　　　40 000
　　贷：受托代销商品　　　　　　　　　　　　　　　　　　　　　40 000
支付货款并计算代销手续费：
借：应付账款——A 公司　　　　　　　　　　　　　　　　　　　46 800
　　贷：银行存款　　　　　　　　　　　　　　　　　　　　　　　42 800
　　　　其他业务收入　　　　　　　　　　　　　　　　　　　　　4 000

(5) 直运商品销售的核算。直运商品销售是指企业购进商品后,不经过本企业仓库储备,直接从供货单位发运给购货单位的一种销售方式。采用直运商品销售,可以不通过"库存商品"科目,而直接在"在途物资"科目核算。直运商品销售成本可以按照实际进价成本,分销售批次随时进行结转。

【例 1-16】11 月 18 日 A 公司从 E 公司购进燃具 400 台,单价 150 元,商品直运 F 公司,售价为 200 元/台,E 公司代垫运杂费 800 元,运杂费由 F 公司负担。购进、销售的增值税率均为 17%。A 公司已收到 E 公司托收凭证,经审核无误后,货款以电汇支付。A 公司对 F 公司也已办妥托收手续,货款尚未收到。

18 日 A 公司收到 E 公司托收凭证,支付货款,作会计分录:

借:在途物资——E 公司 60 000
　　应交税金——应交增值税(进项税额) 10 200
　　应收账款——代垫运费 800
　贷:银行存款 71 000

从 E 公司购进燃具直销 F 公司,办妥托收手续,作会计分录:

借:应收账款——F 公司 94 400
　贷:主营业务收入——燃具 80 000
　　　应交税金——应交增值税(销项税额) 13 600
　　　应收账款——代垫运费 800

同时结转商品销售成本,作会计分录:

借:主营业务成本——燃具 60 000
　贷:在途物资——E 公司 60 000

(6) 商品销售涉及商业折扣、现金折扣销售折让的核算。企业在对销售商品收入进行计量时,应注意区别商业折扣、现金折扣和销售折让。

商业折扣是指企业为促进商品销售而在商品标价上给予的价格扣除。商业折扣通常用百分数表示,如 5%、10% 等。企业应收货款入账金额应按扣除商业折扣以后的发票金额确认。

现金折扣是指债权人为鼓励债务人在规定的期限内早日付款,而向债务人提供的债务扣除。现金折扣一般用符号"折扣/付款期限"表示。如 1/10,表示买方在 10 天内付款可按售价给予 1% 的折扣;n/30,表示在 30 天内付款,则不给予折扣,可见现金折扣只有债务人在折扣期内支付货款时才予以确认。

【例 1-17】11 月 19 日 A 公司向 G 公司销售电水壶 200 个,售价 100 元/个,货款 20 000 元,增值税额 3 400 元。为及时收回货款,A 公司规定现金折扣条件为 2/10、1/20、n/30,31 日 A 公司收到 G 公司支付的货款。

19 日 A 公司销售电水壶,作会计分录:

借:应收账款——G 公司 23 400
　贷:主营业务收入——电水壶 20 000
　　　应交税费——应交增值税(销项税额) 3 400

31 日收到 G 公司货款,G 公司可享受的现金折扣为 20 000×1% = 200(元)(不考虑增值税），作会计分录：

  借：银行存款   23 200
    财务费用   200
    贷：应收账款——G公司   23 400

  销售折让是指企业因售出商品的质量不合格、规格不符合协议或合同要求等原因而在商品价格上给予的减让。销售折让可能发生在企业确认收入之前，也可能发生在企业确认收入之后。若为前者，就相当于商业折扣，可采用与商业折扣相同的方法进行处理。若销售折让发生在企业确认收入后，应区别情况进行处理：如果已确认销售收入的售出商品发生销售折让，且不属于资产负债债表日后事项的，应在发生时冲减当期"主营业务收入"，按允许扣减的增值税额，冲减"应交税费——应交增值税（销项税额）"；如果销售折让发生在确认销售收入后，且属于资产负债表日后事项的，应按资产负债表日后事项处理。

  假定19日A公司销售给G公司的电水壶存在商品质量问题，G公司要求给予20%的销售折让，经协商，A公司同意折让，账务处理为：

  借：应收账款——G公司   4 680
    贷：主营业务收入   4 000
      应交税费——应交增值税（销项税额）   680

  假定21日退还G公司支付的货款，实收款为23 400-4 680=18 720（元），作会计分录：

  借：银行存款   18 720
    贷：应收账款——G公司   18 720

  （7）销货退回的核算。销货退回是指企业销售的商品因品种、规格、质量不符合要求等原因而发生的购货方退货。销货退回应分别按下列情况处理：

  ①对于未确认收入的售出商品发生退回的，企业应按记入"发出商品"科目的商品成本金额，借记"库存商品"科目，贷记"发出商品"科目。

  ②对于已确认收入的售出商品发生退回的，企业应取得开具红字增值税专用发票通知单，据此开出红字增值税专用发票。销售退回无论是当年发生的，还是以前年度发生的，均应在发生时冲减退回当期的商品销售收入，同时冲减退回当期的商品销售成本。

  ③已确认收入的售出商品发生销售退回属于资产负债表日后事项的，应按照资产负债表日后事项的有关规定进行处理。

  （8）购货方拒付货款和拒收商品的核算。在商品销售中，购货方发现商品的数量、品种、规格、质量、价格等与合同不符时，就会拒付货款和拒收商品。销货方接到购货方提出的"拒绝付款理由书"时，暂不作账务处理，应由业务部门及时查明原因，在未查明原因或未批准解决前，购货方拒付货款部分仍应保留在"应收账款"科目。查明原因解决后，再根据不同情况进行处理：

  ①对于商品计价错误，应由业务部门填制红字增值税专用发票，据以作销货退价处理。
  ②对于商品少发，如果购货方要求补发商品，在商品发运后，仍按原发票货款进行结

算；若购货方不再要求补发商品，则由业务部门填制红字增值税专用发票，作销售退回处理。

③对于因商品质量不符，或因商品品种、规格错发，购货方要求退货的，作销售退回处理。

④对于商品运输过程中发生的短缺，且购货方不再要求补发商品的，则先要按短缺商品的货款冲销"主营业务收入"、"应交税费"和"应收账款"科目，然后再根据具体情况进行账务处理，如属于本企业储运部门责任，应由其填制"财产损失报告单"，将商品短缺金额转入"待处理财产损溢"科目，经批准后，再转入相关科目；若是外部运输单位的责任，应将损失转入"其他应收款"科目。

如果购货单位支付了部分货款，同时又拒付部分货款，应将收到的货款借记"银行存款"科目，对于尚未收到的货款仍然保留在"应收账款"科目内，待与对方协商解决后再予以转销。

【例1-18】11月22日A公司向H公司销售护眼灯150台，售价180元/台，货款27 000元，增值税额4 590元。代垫运杂费410元。托收手续已办妥。28日银行转来收账通知，H公司支付货款29 894元，同时收到"拒绝付款理由书"，拒付10台护眼灯的货款及增值税额共2 106元。

22日向H公司销售护眼灯，作会计分录：
借：应收账款——H公司　　　　　　　　　　　　　　　　　32 000
　　贷：主营业务收入　　　　　　　　　　　　　　　　　　27 000
　　　　应交税费——应交增值税（销项税额）　　　　　　　 4 590
　　　　银行存款　　　　　　　　　　　　　　　　　　　　　 410

28日收到H公司支付的部分货款，作会计分录：
借：银行存款　　　　　　　　　　　　　　　　　　　　　29 894
　　贷：应收账款——H公司　　　　　　　　　　　　　　　29 894

假定出现质量问题的护眼灯，H公司要求退货，并取得当地主管税务机关出具的开具红字增值税专用发票通知单，A公司收到H公司退回的商品，并开具红字增值税专用发票，则A公司的账务处理为：

借：应收账款——H公司　　　　　　　　　　　　　　　　　2 106
　　贷：主营业务收入　　　　　　　　　　　　　　　　　　 1 800
　　　　应交税费——应交增值税（销项税额）　　　　　　　　 306

假定出现质量问题的护眼灯，H公司要求给予10%折让，作会计分录：

借：应收账款——H公司　　　　　　　　　　　　　　　　　210.60
　　贷：主营业务收入　　　　　　　　　　　　　　　　　　　180
　　　　应交税费——应交增值税（销项税额）　　　　　　　 30.60

12月2日收到H公司支付折让后的货款，作会计分录：

借：银行存款　　　　　　　　　　　　　　　　　　　　　　　　　1 895.40
　　贷：应收账款——H公司　　　　　　　　　　　　　　　　　　　　1 895.40
假定护眼灯出现质量问题，是运输单位造成的商品损坏，则收到货款，作会计分录：
借：银行存款　　　　　　　　　　　　　　　　　　　　　　　　　29 894
　　其他应收款——某运输公司　　　　　　　　　　　　　　　　　　2 106
　　贷：应收账款——H公司　　　　　　　　　　　　　　　　　　　32 000

(9) 商品销售退补价的核算。企业在商品销售后，由于商品规格错发、等级不符，以及货款计算错误或先按暂定价结算后又正式定价等原因，需要向购货方退还或补收货款。发生退补价时，应由业务部门填制红、蓝字增值税专用发票，同时填制"销货更正单"，财会部门审核后据以办理退补价手续。由于退补价是销售金额的调整，不涉及商品数量，只需增加或减少"主营业务收入"、"应交税费"科目的金额，不调整"库存商品"、"主营业务成本"科目的金额。

【例1-19】 11月25日A公司向I公司销售电取暖器150台，售价260元/台，货款39 000元，增值税额6 630元，商品已发出，货款已收到。30日，复核销售发票时，发现单价填开错误，每台多开10元，开出红字增值税专用发票，退还I公司货款1 500元，增值税额255元。

25日A公司向I公司销售电取暖器，收到货款，作会计分录：
借：银行存款　　　　　　　　　　　　　　　　　　　　　　　　　45 630
　　贷：主营业务收入　　　　　　　　　　　　　　　　　　　　　　39 000
　　　　应交税费——应交增值税（销项税额）　　　　　　　　　　　6 630
30日A公司复核发票时发现每台多开10元，开出红字增值税发票，退还货款，作会计分录：
借：主营业务收入　　　　　　　　　　　　　　　　　　　　　　　1 500
　　贷：银行存款　　　　　　　　　　　　　　　　　　　　　　　　1 755
　　　　应交税费——应交增值税（销项税额）　　　　　　　　　　　255
假定A公司在复核发票时发现每台少开10元，开出增值税发票，补收货款，作会计分录：
借：应收账款——I公司　　　　　　　　　　　　　　　　　　　　　1 755
　　贷：主营业务收入　　　　　　　　　　　　　　　　　　　　　　1 500
　　　　应交税费——应交增值税（销项税额）　　　　　　　　　　　255

（二）零售业务核算

1. 商品销售一般业务的核算

企业在进行商品销售核算时，首先要考虑商品销售是否符合收入确认条件，不符合收入确认条件但商品已发出的情况下，应将发出商品通过"发出商品"等科目进行核算。

(1) 商品销售的业务程序。零售企业销货主要是收取现金、通过信用卡结算，也有少量采用转账结算的。不论采用哪一种收款方式，每日营业终了都必须将销货款清点后缴存到银行。解缴货款的方式有集中解缴和分散解缴两种。

集中解缴是每天营业结束后，由各门店（柜组）或收款员按其所收货款，填制"内部交款单"及"商品进销存日报表"连同所收的货款，一并送交财会部门，财会部门将各门店或柜组的销货款集中汇总后填制"缴款单"送存银行,取得银行缴款单回单。

分散解缴是在每天营业结束后,由各门店(柜组)或收款员按其所收的销货款填制"缴款单",将现金直接缴存银行,取得银行缴款单回单后,填制"内部交款单"、"商品进销存日报表",并送交财会部门。

"内部交款单"由缴款人填制,通常一式两联,一联缴款单位留存,另一联上交财会部门,作为入账依据。内部交款单见表1-3。

表1-3　　　　　　　　　　　　　　内部交款单

缴款部门：　　　　　　　　　　　年　月　日　　　　　　　　　字第（　）号

项目	摘要	金额			备注
		应交	实收	长短款	
销货款	现金				
	支票				
合计					
大写					

实物负责人：　　　　　　　复核：　　　　　　　　制单：

商品进销存日报表一式两份,一份留存,另一份连同内部交款单或银行缴款单回单、商品验收单、商品调价单、商品内部调拨单、长短款报告单和其他有关凭证一并送交财会部门,经审核无误后,作为编制记账凭证、登记账簿的依据。商品进销存日报表见表1-4。

表1-4　　　　　　　　　　　　　**商品进销存日报表**

柜组名称：　　　　　　　　　　　年　月　日　　　　　　　　　编号：

项目		金额	项目		金额	备注
昨日库存				本日销售		
增加	本日购进		减少	本日调出		
	本日调入			变价减值		
	变价增值			商品损耗		
	商品溢余					
				合计		
	合计			本日结存		
合计			合计			
本月销售计划			销售完成累计			

实物负责人：　　　　　　　复核：　　　　　　　　制表：

(2) 商品销售的一般核算。企业的库存商品是按售价反映的,其售价与进价及增值税额的差额在"商品进销差价"科目中反映。因此,当已销商品在"库存商品"科目中转销后,理应同时转销这部分已销商品的进销差价,从而求得商品的销售成本。由于逐笔计算已销商品进销差价的工作量很大,所以在实际工作中,平时不转销已销商品的进销差价,月末采用一定方法计算出全月已销售商品实现的进销差价额后,一次转销"商品进销差价"和"主营业务成本"科目。

【例1-20】11月30日A商场各柜组商品销售及货款收入见表1-5,信用卡结算手续费为2%。

表1-5　　　　　　　　　　　商品销售及货款收入汇总表
2010年11月30日　　　　　　　　　　　单位:元

柜组	销售额	现金	信用卡签单	转账支票	合计
电器柜	54 780	17 800	28 200	8 780	54 780
服装柜	45 680	23 420	16 210	6 050	45 680
副食柜	95 480	56 970	27 190	11 320	95 480
化妆柜	78 450	34 540	26 370	17 540	78 450
合计	274 390	132 730	97 970	43 690	274 390

根据各柜组的缴款,应编制会计分录:
借:库存现金　　　　　　　　　　　　　　　　　　　　　　　132 730
　　银行存款　　　　　　　　　　　　　　　　　　　　　　　139 700.60
　　财务费用——手续费　　　　　　　　　　　　　　　　　　1 959.40
　　贷:主营业务收入——电器柜　　　　　　　　　　　　　　54 780
　　　　主营业务收入——服装柜　　　　　　　　　　　　　　45 680
　　　　主营业务收入——副食柜　　　　　　　　　　　　　　95 480
　　　　主营业务收入——化妆柜　　　　　　　　　　　　　　78 450
将现金集中存入银行,取得解款单回单,作会计分录:
借:银行存款　　　　　　　　　　　　　　　　　　　　　　　132 730
　　贷:库存现金　　　　　　　　　　　　　　　　　　　　　132 730
月末计算已销商品的销项税额,账务处理如下:
不含销售额=含税销售额÷(1+增值税率)
　　　　　=274 390÷(1+17%)=234 521.37(元)
销项税额=不含税销售额×增值税率=234 521.37×17%=39 868.63(元)
借:主营业务收入　　　　　　　　　　　　　　　　　　　　　39 868.63
　　贷:应交税费——应交增值税(销项税额)　　　　　　　　39 868.63
转销库存商品,作会计分录:

借：主营业务成本——电器柜	54 780
主营业务成本——服装柜	45 680
主营业务成本——副食柜	95 480
主营业务成本——化妆柜	78 450
贷：库存商品——电器柜	54 780
库存商品——服装柜	45 680
库存商品——副食柜	95 480
库存商品——化妆柜	78 450

期末，再根据商品进销差价调整主营业务成本。

（3）商品销售收入的调整。采用售价金额核算法的零售企业平时按含税的销售额进行账务处理，定期或月末将含税的销售额调整为不含税的销售额，再计算销项税额。

将电器柜含税的销售额调整为不含税的销售额，其计算过程如下：

不含税的销售额=含税的销售额÷（1+增值税率）
$$= 54\,780÷（1+17\%）= 46\,820.51（元）$$

销项税额=不含税的销售额×增值税率=46 820.51×17%=7 959.49（元）

根据以上计算结果，编制调整会计分录：

| 借：主营业务收入 | 7 959.49 |
| 　　贷：应交税金——应交增值税（销项税额） | 7 959.49 |

（4）商品销售成本的计算与结转。平时按含税售价转销库存商品，结转商品销售成本，月末需计算已销商品应分摊的进销差价，调整"主营业务成本"和"商品进销差价"科目余额，以正确计算库存商品价值和商品销售业务的经营成果。

计算已销商品进销差价的方法有综合差价率计算法、分类（或柜组）差价率计算法和盘点商品实际进销差价计算法三种。

综合差价率计算法是根据月末调整前"商品进销差价"科目余额和"库存商品"、"受托代销商品"科目余额及本月商品销售额（含税），计算综合差价率，并按商品的存销比例，分摊商品进销差价的方法。

$$综合差价率 = \frac{月末分摊前商品进销差价账户余额}{月末库存商品账户余额 + 月末受托代销商品账户余额 + 本月商品销售额（含税）} \times 100\%$$

本月销售商品应分摊的进销差价=本月商品销售额（含税）×综合差价率

月末应保留的进销差价 = 月末分摊前商品进销差价账户余额 − 本月销售商品应分摊的进销差价

【例1-21】11月末"商品进销差价"账户余额为131 406元，"主营业务收入"账户贷方净发生额为274 390元，"库存商品"账户余额为345 840元，"受托代销商品"账户余额为36 800元，计算11月已销商品应分摊的进销差价，根据上述经济业务编制相关会计分录。

综合差价率=131 406/（274 390+345 840+36 800）×100%=20%

本月已销商品应分摊的进销差价=274 390×20%=54 878（元）

| 借：商品进销差价 | 54 878 |
| 　　贷：主营业务成本 | 54 878 |

分类（或柜组）差价率计算法是按商品大类或营业柜组分别计算综合差价率，据以计算各大类或柜组销售商品应分摊的进销差价，并汇总计算全部销售商品应分摊的进销差价的方法。采用这种方法，"商品进销差价"、"库存商品"、"主营业务收入"和"主营业务成本"等科目，均应按商品大类或柜组分户设置明细账。其计算方法与综合差价率法基本相同。

采用这种方法，计算的结果较综合差价率计算法准确，但是由于同类（或柜组）商品不同品种的进销差价可能不一致，存销比例也不尽相同，所以，仍与已销商品应分摊的实际进销差价有一定差距。为了真实反映库存商品和销售商品的进销差价，正确核算盈亏，年终应采用盘点商品实际进销差价计算法对商品的进销差价进行一次核实调整。

盘点商品实际进销差价计算法又称实际差价率计算法，是根据库存商品实际盘点的结果，先求出库存商品实际应保留的进销差价，然后倒挤求出销售商品应分摊的进销差价的方法。其计算公式为：

$$\text{期末库存商品应保留的进销差价} = \text{全部库存商品实际含税售价总金额} - \text{全部库存商品实际进价总金额}$$

$$\text{销售商品应分摊的进销差价} = \text{分摊前商品进销差价账户余额} - \text{期末库存商品应保留的进销差价}$$

假定A商场平时采用分类（或柜组）差价率计算法计算已销商品应分摊的进销差价，年终盘点后根据"商品盘点表"计算库存商品应保留进销差价为145 800元，"商品进销差价"科目月末余额为142 900元，比实际应保留的商品进销差价少2 900元，说明平时多转了商品进销差价，少计了商品销售成本，应予以调整。该商场应编制会计分录：

借：主营业务成本　　　　　　　　　　　　　　　　　　　　　　2 900
　　贷：商品进销差价　　　　　　　　　　　　　　　　　　　　　2 900

如果核实的商品进销差价小于"商品进销差价"科目的余额，说明平时少转了进销差价，多计了主营业务成本，应作与上述相反的会计分录。

2. 商品销售特殊业务的核算

（1）受托代销商品的核算。主要包括：

①视同买断方式。受托方收到代销商品时，按含税售价借记"受托代销商品"科目，按不含税接收价贷记"受托代销商品款"科目，按其差额贷记"商品进销差价"科目。代销商品售出后，按含税售价，借记"银行存款"或"库存现金"科目，贷记"主营业务收入"科目。结转商品销售成本时，按含税售价，借记"主营业务成本"科目，贷记"受托代销商品"科目。收到委托单位开来的增值税专用发票，借记"应交税费——应交增值税（进项税额）"科目，按不含税接收价借记"受托代销商品款"科目，按不含税接收价和税款之和贷记"应付账款"科目。支付代销商品款时，借记"应付账款"科目，贷记"银行存款"科目。月末计算结转代销商品的销项税额时，借记"主营业务收入"科目，贷记"应交税费——应交增值税（销项税额）"科目。月末，已销代销商品应与自营商品一并分摊商品进销差价，借记"商品进销差价"科目，贷记"主营业务成本"科目。

【例1-22】甲超市为增值税一般纳税人，10月接受乙公司委托，代销电吹风300个，接收价70.20元，零售价117元，本月代销170个。

收到电吹风，作会计分录：

借：受托代销商品——电吹风　　　　　　　　　　　　　　　　　　35 100
　　贷：受托代销商品款　　　　　　　　　　　　　　　　　　　　　　18 000
　　　　商品进销差价　　　　　　　　　　　　　　　　　　　　　　　17 100

售出 170 件，货款存入银行，作会计分录：

借：银行存款　　　　　　　　　　　　　　　　　　　　　　　　　　19 890
　　贷：主营业务收入　　　　　　　　　　　　　　　　　　　　　　　19 890

同时按售价结转销售成本，作会计分录：

借：主营业务成本——代销商品成本　　　　　　　　　　　　　　　　19 890
　　贷：受托代销商品——电吹风　　　　　　　　　　　　　　　　　　19 890

向委托方开具代销清单，收到委托公司开具的增值税专用发票，作会计分录：

借：受托代销商品款　　　　　　　　　　　　　　　　　　　　　　　10 200
　　应交税费——应交增值税（进项税额）　　　　　　　　　　　　　　1 734
　　贷：应付账款　　　　　　　　　　　　　　　　　　　　　　　　　11 934

按接收价与委托方结算代销商品款，作会计分录：

借：应付账款　　　　　　　　　　　　　　　　　　　　　　　　　　11 934
　　贷：银行存款　　　　　　　　　　　　　　　　　　　　　　　　　11 934

月末计算结转代销商品的销项税额，作会计分录：

销项税额 = 19 890÷（1+17%）×17% = 2 890（元）

借：主营业务收入　　　　　　　　　　　　　　　　　　　　　　　　2 890
　　贷：应交税费——应交增值税（销项税额）　　　　　　　　　　　　2 890

②收取手续费方式。受托方在收到代销商品时，按代销商品的售价，借记"受托代销商品"科目，贷记"受托代销商品款"科目。代销商品销售后，受托方按价税合计收取的款项借记"银行存款"科目，按实现的销售收入贷记"应付账款"科目，按收取的增值税额贷记"应交税费"科目，同时注销代销商品，借记"受托代销商品款"科目，贷记"受托代销商品"科目。收到委托方开具的增值税专用发票时，借记"应交税费"科目，贷记"应付账款"科目；按扣除手续费后的金额支付代销商品款时，借记"应付账款"科目，贷记"银行存款"和"其他业务收入"（受托方收取的手续费属于劳务收入）科目。

【例1-23】甲超市接受丙电器公司委托，代销电饭煲 100 个，每个售价 120 元，增值税率 17%。本月售出 50 个。委托代销合同规定代销手续费为销售额的 10%，每月末结算一次。

收到委托代销的电饭煲，作会计分录：

借：受托代销商品——丙电器公司　　　　　　　　　　　　　　　　　12 000
　　贷：受托代销商品款——丙电器公司　　　　　　　　　　　　　　　12 000

本月售出 50 个，将收到的货款 6 000 元和增值税额 1 020 元存入银行：

借：银行存款　　　　　　　　　　　　　　　　　　　　　　　　　　7 020
　　贷：应付账款——丙电器公司　　　　　　　　　　　　　　　　　　6 000
　　　　应交税费——应交增值税（销项税额）　　　　　　　　　　　　1 020

同时,注销已售代销商品:
  借:受托代销商品款——丙电器公司   6 000
    贷:受托代销商品——丙电器公司   6 000
月末,收到丙电器公司开来的增值税专用发票,货款6 000元,增值税1 020元:
  借:应交税费——应交增值税(进项税额)   1 020
    贷:应付账款——丙电器公司   1 020
根据代销合同,扣除代销手续费600元(6 000×10%)后,支付代销商品款:
  借:应付账款——丙电器公司   7 020
    贷:其他业务收入   600
      银行存款   6 420

(2)商品销售长短款的核算。发生长短款差错,应填写"长(短)款报告单"。在未查明原因前,应记入"待处理财产损溢"科目,待查明原因并经批准核销后,再予以转销,分别记入"其他应收款"、"管理费用"、"营业外支出"等科目,长(短)款报告单见表1-6。

表1-6   长(短)款报告单

实物负责人(收银台):   年 月 日   单位:元   字第( )号

应收金额		实收金额		长款金额		短款金额	
长短款原因				初步意见			
审批意见							

企业主管: 财会: 申请人:

【例1-24】30日甲超市化妆柜销货记录为8 600元,实收8 650元;副食柜销货记录为14 800元,实收14 780元。经查:化妆柜的长款原因不明,转入营业外收入;副食柜短款为收款员张×收款疏忽所致,由其负责赔偿。

反映当日销售收入,作会计分录:
  借:银行存款   23 430
    其他应收款——张×   20
    贷:主营业务收入——化妆柜   8 600
      主营业务收入——副食柜   14 800
      营业外收入   50
转销已销的库存商品:
  借:主营业务成本——化妆柜   8 600
    主营业务成本——副食柜   14 800
    贷:库存商品——化妆柜   8 600
      库存商品——副食柜   14 800

(3)消费奖励积分的核算。企业在销售产品或提供劳务的同时授予客户奖励积分的,应将销售取得的货款或应收货款在商品销售或劳务提供产生的收入与奖励积分之间进行分配，与奖励积分相关的部分首先作为递延收益，待客户兑换奖励积分或失效时，结转计入当期损益。

【例1-25】2013年10月，甲超市进行国庆促销活动，规定购物满100元赠送10个积分，不满100元不送积分，积分可在1年内兑换成与积分相等金额的商品。某顾客购买了价值2 340元（含增值税）的服装，积分为230分，该顾客于2014年1月购买了价值234元（含增值税）的皮鞋，用积分抵扣230元，余额以现金支付。相关会计分录如下：

2013年10月销售时：

借：库存现金   2 340
　　贷：主营业务收入   1 770
　　　　递延收益   230
　　　　应交税费——应交增值税（销项税额）   340

2014年1月，顾客在有效期内兑换积分：

借：库存现金   4
　　递延收益   230
　　贷：主营业务收入   200
　　　　应交税费——应交增值税（销项税额）   34

（4）以旧换新的核算。以旧换新属于以物易物销售方式，销售商品与收购旧货物是两项不同的业务活动，销售额与收购额不能相互抵减。销售的商品应当按照销售收入确认条件确认收入，回收的商品作为购进商品处理。

【例1-26】甲超市对某品牌冰箱采取以旧换新的方式销售，旧冰箱折价500元，新冰箱售价3 510元，当月采用此方法销售冰箱60台。其会计处理为：

借：库存现金   180 600
　　库存商品——旧冰箱   30 000
　　贷：主营业务收入   180 000
　　　　应交税费——应交增值税（销项税额）   30 600

对于金银首饰以旧换新，应按销售方实际收取的不含增值税的全部价款计缴增值税。

（5）赠品促销、返券销售、有奖销售和组合销售的核算。具体如下：

①赠品促销的核算。企业以买一赠一等方式组合销售本企业商品的，不属于捐赠，应将总的销售金额按各项商品的公允价值的比例来分摊确认各项的销售收入。

【例1-27】甲超市11月推出购买羽绒服一件赠送手套一双的买赠活动。该羽绒服进价190元/件，售价327.60元/件；手套进价10元/双，售价23.40元/双，促销当天共售出羽绒服60件，同时赠出手套60双。以上售价均为含税价格。

对于正价销售的商品按照正常销售商品处理，计算应缴增值税额如下：

应交增值税额=327.60÷（1+17%）×17%×60=2 856（元）

确认销售收入时：

借：库存现金   19 656
　　贷：主营业务收入   16 800
　　　　应交税费——应交增值税（销项税额）   2 856

结转正价销售商品成本：

借：主营业务成本　　　　　　　　　　　　　　　　　　　　　　11 400
　　贷：库存商品　　　　　　　　　　　　　　　　　　　　　　　　11 400

本例中的赠品为超市提供，属于超市的销售行为，不属于羽绒服生产商的降价行为，因此，必须计算增值税额。

赠品应交增值税额＝23.40÷（1+17%）×17%×60＝204（元）

赠品的会计处理：

借：主营业务成本　　　　　　　　　　　　　　　　　　　　　　　804
　　贷：库存商品　　　　　　　　　　　　　　　　　　　　　　　　600
　　　　应交税费——应交增值税（销项税额）　　　　　　　　　　　204

②返券销售的核算。企业应在销售实现时将派发的购物券确认为"销售费用"，同时贷记"预计负债"；当顾客使用购物券时，借记"预计负债"，贷记"主营业务收入"等科目，同时结转销售成本；若顾客逾期弃用购物券时，将"销售费用"和"预计负债"予以冲销。

【例1-28】甲超市12月21—27日举行圣诞节大型促销活动，促销期间凡在该商场购物的顾客满100元将获得50元购物返券，购物券只可在促销期间使用，逾期作废。促销当天实现现金销售收入160万元，当日发出购物券80万元，顾客实际使用购物券58.5万元。

发出购物券，作会计分录：

借：销售费用　　　　　　　　　　　　　　　　　　　　　　　800 000
　　贷：预计负债　　　　　　　　　　　　　　　　　　　　　　　800 000

顾客使用购物券，作会计分录：

借：预计负债　　　　　　　　　　　　　　　　　　　　　　　585 000
　　贷：主营业务收入　　　　　　　　　　　　　　　　　　　　　500 000
　　　　应交税费——应交增值税（销项税额）　　　　　　　　　　85 000

促销期满时，经统计共发出购物券总计300万元，收回254万元，作废46万元。

对未使用作废的购物券作冲销分录如下：

借：预计负债　　　　　　　　　　　　　　　　　　　　　　　460 000
　　贷：销售费用　　　　　　　　　　　　　　　　　　　　　　　460 000

③有奖销售的核算。如果赠品由厂家提供且未赠出的赠品也由厂家处理，则此时商家无需进行处理。若赠品由商家提供，则应将赠品计入销售费用，在赠出商品时，借记"销售费用"，贷记"库存商品"等科目。

有些赠品的取得需要满足一定条件，如集齐某些数字或图案方可获得赠品等，赠品的发出处于不确定状态，在商品售出的同时对赠品作"预计负债"处理。当赠品发出时，应借记"销售费用"，贷记"预计负债"；领取赠品时，借记"预计负债"，贷记"主营业务收入"、"应交税费——应交增值税（销项税额）"科目；若赠品没有发出，作相反的分录，将"销售费用"和"预计负债"冲销。

④组合销售的核算。消费者购买正品与赠品是组合在一起不可拆分的，且相互之间有一定内在联系。常见的情况有：购买同一品牌的500克白酒送250克白酒或买牙膏送牙刷

等类似情况。对于组合销售，企业应将总的销售金额按各项商品的公允价值的比例来分摊确认各项的销售收入。

【例 1-29】 甲超市进行的促销活动规定：当月购买洗衣粉买一送一，买 500 克大袋洗衣粉送同一品牌小袋洗衣粉 50 克，即 500 克大袋洗衣粉和 50 克小袋洗衣粉捆绑在一起销售。月末累计销售 10 000 套，一套洗衣粉售价为 5.85 元，单位成本是 3 元/500 克，其会计处理如下：

应交增值税销项税额＝5.85/（1+17%）×17%×10 000＝8 500（元）

确认收入时：

借：库存现金		58 500
贷：主营业务收入——大袋洗衣粉		45 454.55
主营业务收入——小袋洗衣粉		4 545.45
应交税费——应交增值税（销项税额）		8 500

结转成本时：

借：主营业务成本——大袋洗衣粉		30 000
主营业务成本——小袋洗衣粉		3 000
贷：库存商品——大袋洗衣粉		30 000
库存商品——小袋洗衣粉		3 000

（6）联营商品流通的核算。联营商品流通是指由商业企业与商品供应商合作，采取先销售后购货结算的一种商品销售组织形式。在联营方式下，商业企业对商品供应商运达的商品不需进行商品购进及验收入库业务的核算。

【例 1-30】 A 商厦对家电类商品采取"引厂进店"方式进行经营，11 月 20 日家电类商品实现销售额为 320 000 元，其中收取现金 150 000 元，银行卡收款共计 170 000 元，其中工商银行卡 120 000 元、建设银行卡 50 000 元。银行按照 2% 比例收取手续费。根据核对确认后的"销货日报表"、"内部交款单"、"银行进账单回单"等原始凭证，作会计处理如下：

借：银行存款		316 600
财务费用		3 400
贷：主营业务收入		320 000

假定 A 商厦家电类商品本月实现销售额 936 万元，调整后的销售收入及应交增值税额如下：

不含税销售收入＝936/（1+17%）＝800（万元）

增值税销项税额＝936－800＝136（万元）

会计处理如下：

借：主营业务收入		1 360 000
贷：应交税费——应交增值税（销项税额）		1 360 000

A 商厦将本月实现的 936 万元联营家电类商品销售额编制"联营商品返款明细表"交与商品供应商核对并得到确认后，确定应返还供应商的金额为 700 万元，商厦留利额为 236 万元，商厦根据审核无误的"联营商品返款明细表"进行会计处理如下：

借:库存商品		9 360 000
贷:在途物资		7 000 000
商品进销差价		2 360 000
借:在途物资		7 000 000
贷:应付账款		7 000 000
借:主营业务成本		9 360 000
贷:库存商品		9 36 000
借:商品进销差价		2 360 000
贷:主营业务成本		2 360 000

A商厦于12月8日通过开户银行转账支付商品供应商的应返还款700万元,并取得商品供应商开来的上述款项的增值税专用发票。其会计处理如下:

借:应付账款		7 000 000
贷:银行存款		7 000 000
借:应交税费——应交增值税(进项税额)		1 190 000
贷:商品进销差价		1 190 000

(三)鲜活商品核算

当天营业结束后,财会部门根据各柜组(门市部)交来的当日"内部交款单"、"商品进销存日报表"及"银行进账单回单"进行销售的账务处理。

【例1-31】11月10日A农产品贸易公司收到出售水果收入110 000元,货款已存入银行。财会部门根据审核无误的银行回单及"商品进销存日报表",作会计分录为:

借:银行存款		110 000
贷:主营业务收入		110 000

企业取得的销货款是含税销售额,因此,需将含税销售额调整为不含税销售额。其计算公式为:

$$不含销售额 = 含税销售额 \div (1+增值税率)$$

【例1-32】假定11月份A农产品贸易公司累计主营业务收入为994 500元,将含税销售额换算为不含税销售额:

不含税销售额=994 500÷(1+17%)=850 000(元)

销项税额=850 000×17%=144 500(元)

借:主营业务收入		144 500
贷:应交税费——应交增值税(销项税额)		144 500

三、商品储存业务的核算

(一)批发业务核算

1. 库存商品明细账的设置与登记

(1)库存商品明细账的设置。库存商品明细账是指按商品的品名、规格、等级分户设置,用以登记其收发存情况的账簿。批发企业库存商品明细账的设置有以下方法:

三账分设:指业务、保管、会计部门各设一套库存商品明细账,即业务部门设调拨账，仓库设保管账，会计部门设库存商品明细账。

两账合一：指业务和会计部门合并设置一套库存商品明细账，既记录数量又记录金额，提供业务和会计部门所需要的库存商品明细资料；仓库设保管账。

三账合一：指业务、仓库和会计部门合设一套库存商品明细账，记录数量、金额，同时还提供业务、仓库和会计部门所需的库存商品明细资料。

（2）库存商品明细账的格式与登记。库存商品明细账一般采用数量金额式账页，其格式见表1-7。其登记方法与一般明细账有所不同，具体如下：

①商品购进和进货退出，记入该账户借方的数量、单价和金额栏，购进用蓝字，进货退出用红字；

②商品加工收回和溢余，记入该账户借方的其他数量、单价和金额栏；

③购进商品退补价，将退补价款的差额记入该账户借方的单价和金额栏，退价用红字，补价用蓝字；

④商品销售和销货退回，若逐日结转成本，记入该账户贷方的数量、单价和金额栏，若定期结转成本，平时只登记销售数量栏，不登记单价和金额栏，金额在月末一次登记，商品销售用蓝字，销货退回用红字；

⑤商品发出加工和短缺，记入该账户贷方的其他数量、单价和金额栏；

⑥销售商品退补价，将退补价款的差额记入该账户贷方的单价和金额栏，退价用红字，补价用蓝字。

表1-7　　　　　　　　　　　　　　**库存商品明细账**

类别：　　　货号：　　　品名：　　　规格：　　　等级：　　　单位：

年		凭证字	摘要	借方				贷方				结存			存放点及数量	
月	日			数量		单价	金额	数量		单价	金额	数量	单价	金额	甲库	待运
				购进	其他			销售	其他							

2. 库存商品盘点及溢缺的核算

为了保护商品的安全，保证账实相符，企业必须建立健全盘点制度，定期或不定期开展库存商品的盘点，盘点结束，填制"商品盘存表"，以反映清查盘点的结果。如有盘盈、盘亏情况，应填制"商品溢余（短缺）报告单"。

库存商品清查盘盈的，在未查明原因或未经批准之前，借记"库存商品"科目，贷记"待处理财产损溢"科目；按照规定程序批准转销时，借记"待处理财产损溢"科目，贷记"管理费用"等科目。库存商品清查盘亏的，在未查清原因或未批准处理前，借记"待处理财产损溢"科目，贷记"库存商品"科目；库存商品因管理不善造成被盗、丢失、霉烂变质等非正常损失的，按照税法规定，商品购进时所发生的进项税额不能从销项税额中抵扣，应将增值税额予以转出，借记"待处理财产损溢"科目，贷记"应交税费——应交增值税（进项税额转出）"科目。短缺的库存商品按照规定程序批准转销时，应先扣除残料价值、保险公司和过失人的赔款，借记"库存商品"、"其他应收款"等科目，贷记"待处理财产损溢"科目；剩余净损失，属于自然灾害造成的，借记"营业外支出"科目，贷记"待处理财产损溢"科目；属于计量差错和管理不善等原因造成的，借记"管理费用"科目，贷记"待处理财产损溢"科目。记入"待处理财产损溢"科目的库存商品盘盈或盘亏，应于期末前查明原因，按企业管理权限报经企业的管理机构批准后，在期末结账前处理完毕。

【例1-33】11月29日A公司对库存商品进行盘点，盘亏电池10支，金额15元；盘盈电暖手宝10个，金额100元，原因待查。后查明系商品收发过程中差错造成的，经批准予以转销。

盘亏电池10支，金额15元，原因待查，作会计分录：

借：待处理财产损溢——待处理流动资产损溢　　　　　　　　　　15
　　贷：库存商品——电池　　　　　　　　　　　　　　　　　　15

经查明，电池盘亏是收发差错造成的，作会计分录：

借：管理费用　　　　　　　　　　　　　　　　　　　　　　　15
　　贷：待处理财产损溢——待处理流动资产损溢　　　　　　　　15

盘盈电暖手宝10个，金额100元，原因待查，作会计分录：

借：库存商品——电暖手宝　　　　　　　　　　　　　　　　　100
　　贷：待处理财产损溢——待处理流动资产损溢　　　　　　　　100

经查明，电暖手宝盘盈是收发差错造成的，作会计分录：

借：待处理财产损溢——待处理流动资产损溢　　　　　　　　　100
　　贷：管理费用　　　　　　　　　　　　　　　　　　　　　　100

3. 商品跌价的核算

企业应当定期或者至少于每年年度终了，对库存商品进行全面清查，如由于商品遭受毁损、全部或部分陈旧过时或销售价格低于成本等原因，库存商品成本高于可变现净值的，应将库存商品成本高于可变现净值部分计提存货跌价准备，计入当期损益。

4. 商品销售成本的计算与结转

（1）商品销售成本的结转时间。除经营品种单一、商品整批进出并能分清批次的企业和制度明确规定采用按日结转外，一般企业都采用定期结转。定期结转有按月或按季结转两种，商业企业定期结转一般为按月结转。

（2）商品销售成本的结转方法。批发企业商品销售成本的结转方法有分散结转和集中结转两种。

（3）商品销售成本的计算。在数量进价金额核算法下，批发企业可以采用个别计价法、加权平均法、移动加权平均法、先进先出法和毛利率计算法计算销售商品的成本，下面介绍毛利率法。

本月商品销售收入净额=本月商品销售收入-销售折扣与让利

本月商品销售毛利=本月商品销售收入净额×上季度实际毛利率（本季度计划毛利率）

本月商品销售成本=本月商品销售收入净额-本月商品销售毛利

【例1-34】11月30日，结转已销售商品成本，11月公司销售收入为342 700元，假定按上季度毛利率25%结转已销商品成本。

本月商品销售成本=342 700×（1-25%）=257 025（元）

借：主营业务成本　　　　　　　　　　　　　　　　　　　　　　257 025
　　贷：库存商品　　　　　　　　　　　　　　　　　　　　　　　257 025

采用毛利率计算法计算已销商品的成本，可以简化核算工作量，而且计算手续比较简单。该方法一般在每季度的前两个月采用，而在季末采用加权平均法或移动平均法计算出全季度的商品销售成本，再减去前两个月用毛利率计算法计算出的商品销售成本，剩下的就是第三个月的商品销售成本，这样就将前两个月用毛利率法估算的商品销售成本与实际商品销售成本的差额挤到第三个月进行调整，可使得每季度的商品销售成本及季度结存商品的价值接近实际，以提高每季度商品销售成本计算的正确性。

（二）零售业务核算

1. 库存商品盘点溢缺的核算

（1）库存商品盘点溢余的核算。在未查明原因前，先按溢余商品的含税售价借记"库存商品"科目，按进价贷记"待处理财产损溢"科目，同时调整溢余商品应增加的进销差价。待查明原因并经有关部门批准后，再从"待处理财产损溢"科目转入有关科目。

【例1-35】甲超市月末盘点，食品柜实际库存金额大于账面结存金额240元，按上月末分类差价率14%计算，进销差价金额为33.60元，原因待查，作会计分录：

借：库存商品——食品柜　　　　　　　　　　　　　　　　　　　240
　　贷：待处理财产损溢——待处理流动资产损溢　　　　　　　　　206.40
　　　　商品进销差价　　　　　　　　　　　　　　　　　　　　　33.60

经查明，盘盈系商品自然升溢，批准转销，作会计分录：

借：待处理财产损溢——待处理流动资产损溢　　　　　　　　　　206.40
　　贷：管理费用　　　　　　　　　　　　　　　　　　　　　　　206.40

（2）库存商品盘点短缺的核算。在未查明原因前，按短缺商品的进价借记"待处理财产损溢"科目，按含税售价贷记"库存商品"科目，同时调整短缺商品应减少的进销差价。待查明原因并经有关部门批准后，再从"待处理财产损溢"科目转入有关科目。

【例1-36】甲超市食品柜盘点，商品实际库存金额小于账面结存金额180元，按上月末进销价差率15%计算，增值税税率为17%，原因待查，作会计分录：

借：待处理财产损溢——待处理流动资产损溢　　　　　　　　　　175.10
　　商品进销差价　　　　　　　　　　　　　　　　　　　　　　　27
　　贷：库存商品——食品柜　　　　　　　　　　　　　　　　　　180
　　　　应交税费——应交增值税（进项税额转出）　　　　　　　　22.10

经查明，盘亏中有23元为自然损耗，其余部分应由营业员负责赔偿，作会计分录：

借：管理费用——商品损耗　　　　　　　　　　　　　　　　　　　　23
　　　　其他应收款　　　　　　　　　　　　　　　　　　　　　　　152.10
　　　贷：待处理财产损溢——待处理流动资产损溢　　　　　　　　　175.10

2. 库存商品调价的核算

调整某种商品含税售价时，需通过盘点查明应调价商品的数量，计算商品调价金额，填制"商品调价差额调整单"，并据此调整库存商品和商品进销差价账户。调高商品含税售价时，按商品新含税售价与原含税售价的差额，借记"库存商品"科目，贷记"商品进销差价"科目；调低商品含税售价时，作相反会计分录。

【例 1-37】 甲超市根据市场情况将棉毛裤 100 条，原进价 50 元/条，原售价 65 元/条，调整为 55 元/条。财会部门收到商品调价差额调整单，复核后，作如下会计分录：

　　借：商品进销差价　　　　　　　　　　　　　　　　　　　　1 000
　　　贷：库存商品　　　　　　　　　　　　　　　　　　　　　　1 000

3. 商品削价的核算

商品削价时，由有关营业柜组盘点数量后，填制"商品削价报告单"一式数联，报经有关领导批准后，进行削价处理。可变现净值高于成本时，根据削价金额借记"商品进销差价"科目，贷记"库存商品"科目，以调整其账面价值。可变净值低于成本时，除了根据削价金额借记"商品进销差价"科目、贷记"库存商品"科目，还应冲减存货跌价准备。

【例 1-38】 甲超市削价处理羊毛衫 100 件，原进价每件 150 元/件，原售价 265 元/件，因存量过多，削价为 145 元，作会计分录如下：

　　借：商品进销差价　　　　　　　　　　　　　　　　　　　　11 500
　　　　存货跌价准备　　　　　　　　　　　　　　　　　　　　　500
　　　贷：库存商品——羊毛衫　　　　　　　　　　　　　　　　12 000

4. 商品内部调拨的核算

商品内部调拨不作为商品销售处理，也不进行结算，而只是转移各实物负责人所承担的经济责任。在核算时借记调入部门库存商品的明细分类账，贷记调出部门库存商品的明细分类账，"库存商品"账户的总额保持不变。采取分柜组差价率计算法分摊已销商品进销差价的企业，还要相应调整"商品进销差价"账户。

【例 1-39】 甲超市电器柜 11 月 5 日将电取暖器 200 个调入 A 分店，该电取暖器含税售价 200 元，进价 130 元，双方已办妥调拨手续。

财会部门根据转来的"商品内部调拨单"（见表 1-8）编制会计分录：

　　借：库存商品——A 分店　　　　　　　　　　　　　　　　　40 000
　　　贷：库存商品——电器柜　　　　　　　　　　　　　　　　40 000

调整商品进销差价明细账户，其会计分录为：

　　借：商品进销差价——电器柜　　　　　　　　　　　　　　　14 000
　　　贷：商品进销差价——A 分店　　　　　　　　　　　　　　14 000

表 1-8　　　　　　　　　　　　　　商品内部调拨单
调入部门：A 分店　　　　　　　　　20××年 11 月 5 日　　　　　　　　调出部门：电器组

品　名	计量单位	调拨数量	零售价格		购进价格	
			单价	金额	单价	金额
电取暖器	台	200	200	40 000	130	26 000
合计				40 000		26 000

调入部门签章：　　　　　　　　　　　　　　　　　　　调出部门签章：

5. 库存商品明细分类核算

库存商品明细分类账按营业柜组或门市部设置，用以控制各营业柜组或门市部的库存商品总额。由于"商品进销差价"是"库存商品"科目的抵减科目，在发生经济业务时，这两个科目往往同时发生变动，为了便于记账，可以将"库存商品"与"商品进销差价"科目的明细账合在一起，设置"库存商品和商品进销差价联合明细分类账"，格式如表 1-9 所示。

表 1-9　　　　　　　　　　　库存商品和进销差价联合明细账
部门：电器组

年		凭证字		摘要	库 存 商 品					借或贷	余额	商品进销差价		借或贷	余额
					借方			贷方							
月	日	字	号		购进	调入	调价	溢余	销售	调出			借方	贷方		

（三）鲜活商品核算

鲜活商品在储存过程中发生损耗、调价、削价等情况，不需进行账务处理，月末一次性体现在商品销售成本中，但发生责任事故时，应根据不同情况进行处理。属于企业应负担的损失，计入"营业外支出"科目；属于当事人责任的，计入"其他应收款"科目。

【例 1-40】A 农产品贸易公司 11 月 25 日有 200 千克香梨全部腐烂变质，进价 5.50 元/千克，现查明是保管员失职造成的，经审批，企业负担 60%的损失，其余 40%由保管员负责赔偿，其会计分录为：

　　借：营业外支出　　　　　　　　　　　　　　　　　　　　　　660
　　　　其他应收款——保管员　　　　　　　　　　　　　　　　　440
　　　贷：库存商品——香梨　　　　　　　　　　　　　　　　　1 100

月末，对实存商品进行盘点，计算出各种商品的结存金额，然后倒挤出已销商品的销售成本。其计算公式为：

$$\text{本期商品销售成本} = \text{期初结存商品金额} + \text{本期收入商品金额} - \text{本期非销售发出商品金额} - \text{期末结存商品金额}$$

【例1-41】11月30日A农产品贸易公司对水果进行盘点，其中苹果结存400千克，最后进价为6元/千克；香梨结存600千克，最后进价为5.50元/千克，假定11月初苹果、香梨分别结存5 000元、4 000元，本月购进苹果261 000元，香梨287 100元，因保管员失职导致香梨腐烂200千克，金额957元，据此计算并结转已销售商品成本。

苹果期末结存金额=400×6=2 400（元）

香梨期末结存金额=600×5.50=3 300（元）

已销售苹果成本=5 000+261 000−2 400=263 600（元）

已销售香梨成本=4 000+287 100−957−3 300=286 893（元）

结转销售成本，作会计分录：

借：主营业务成本——苹果　　　　　　　　　　　　　　　　　263 600
　　　主营业务成本——香梨　　　　　　　　　　　　　　　　　286 893
　　贷：库存商品——苹果　　　　　　　　　　　　　　　　　　263 600
　　　　库存商品——香梨　　　　　　　　　　　　　　　　　　286 893

课后练习

一、单项选择题

1. 大中型批发流通企业通常采用的商品核算方法是（　　）。
   A. 进价金额核算法　　　　　　　B. 售价金额核算法
   C. 数量进价金额核算法　　　　　D. 售价控制进价核算法
2. 企业在购进商品时，如遇月末商品先到，货款结算凭证尚未到达，则（　　）。
   A. 按实际价入账　B. 按暂估价入账　C. 不入账　　　D. 退回
3. 鲜活商品经营过程中发生的正常损耗（　　）。
   A. 不调整账务　　　　　　　　　B. 随时调整账务
   C. 记入"销售费用"　　　　　　　D. 记入"主营业务成本"
4. 某收购站向水果专业户收购菠萝一批，价款20万元，则该批产品的采购成本为（　　）。
   A. 20万元　　　B. 23.4万元　　　C. 22.6万元　　　D. 17.4万元
5. 企业发放预购定金应借记以下哪个科目（　　）。
   A. 应收账款　　B. 预付账款　　　C. 银行存款　　　D. 预收账款
6. 购入商品在验收入库时发现实收数多于应收数，且查明原因是自然溢余的，则贷方科目记入（　　）。
   A. 在途物资　　B. 库存商品　　　C. 待处理财产损溢　　D. 管理费用
7. 购进商品短缺，如果查明属于运输单位的责任，应借记（　　）科目。
   A. 销售费用　　B. 其他应收款　　C. 营业外支出　　D. 其他应付款

8. 以下哪种已销商品进销差价的计算方法适用于经营商品品种较少的企业(　　)。
   A. 个别差价计算法　　　　　　B. 综合差价率计算法
   C. 分类差价率计算法　　　　　D. 盘点商品实际进销差价计算法
9. 受托单位代购商品应收取的手续费,通过(　　)账户核算。
   A. 其他业务收入　B. 主营业务收入　C. 销售费用　　D. 库存商品
10. 视同买断的代销方式,委托方确认收入应在(　　)。
    A. 发出商品时　　　　　　　　B. 商品出售时
    C. 取得受托方开具的代销清单时　D. 签订合同时

二、多项选择题
1. 购进商品发生退补价,在账户核算上反映(　　)。
   A. 商品销售成本的增加或减少　B. 库存商品的增加或减少
   C. 其他支出的增加或减少　　　D. 财产损失的增加或减少
2. 直运商品销售与仓库商品销售的主要区别是(　　)。
   A. 通过库存商品账户核算　　　B. 不通过库存商品账户核算
   C. 随时结转销售成本　　　　　D. 月末一次结转销售成本
3. 零售企业购进退补价业务,如果商品已经售出,在核算上应调整(　　)账户。
   A. 库存商品　B. 主营业务成本　C. 商品进销差价　D. 本年利润
4. 采用售价金额核算时,下列账户按核定的含税零售价反映的是(　　)。
   A. 库存商品　B. 主营业务收入　C. 主营业务成本　D. 在途物资
5. 采用售价金额核算,月末需要调整的账户有(　　)。
   A. "库存商品"　　　　　　　　B. "商品进销差价"
   C. "主营业务收入"　　　　　　D. "主营业务成本"
6. 购进商品短缺的核算中,以下几种情况还应冲减进项税额,不得抵扣(　　)。
   A. 商品的自然损耗　　　　　　B. 运输途中被盗
   C. 自然灾害造成　　　　　　　D. 运输途中霉烂
7. "商品进销差价"账户的内容包括(　　)。
   A. 不含税售价与不含税进价的差额　B. 向购买者收取的增值税销项税额
   C. 收取的进项增值税额　　　　D. 含税售价与含税进价的差额
8. 购进商品时发生进货补价,假设该批商品已全部出售并已结转成本,则应调增(　　)。
   A. 在途物资　B. 库存商品　C. 应交税费　D. 主营业务成本
9. "商品进销差价"账户的借方登记(　　)。
   A. 购进商品的售价大于进价的差额　B. 购进商品的售价小于进价的差额
   C. 转销已销商品应分摊的进销差价　D. 使商品售价大于进价的差额减少的数额
10. 已销商品进销差价的计算方法有(　　)。
    A. 个别差价计算法　　　　　　B. 综合差价率计算法
    C. 分类差价率计算法　　　　　D. 盘点商品实际进销差价计算法

三、判断题

1. 企业对于符合拒付理由的拒付货款，因未与本单位发生货币支付关系，所以不需要作账务处理。（　　）
2. 进货退价是企业实际支付的进货价低于应支付的进货价，应由供货单位退还多收的价款。（　　）
3. 购进专供本单位自用的商品属于商品购进的范围。（　　）
4. 为收取手续费替其他单位代销的商品不属于商品销售的范围。（　　）
5. "商品进销差价"账户是"库存商品"账户的备抵调整账户。（　　）
6. 采用直运商品销售，可以不通过"库存商品"账户，而直接在"在途物资"账户进行核算。（　　）
7. 售价金额核算的企业发生购进商品退补价时，若只更正购进价格，只需调整"商品进销差价"科目和"应交税费"科目，而不必调整"库存商品"科目。（　　）
8. 售价金额核算的企业购进商品发生短缺或溢余时，应按溢缺商品的售价记入"待处理财产损溢"科目。（　　）
9. 在年终，企业可以根据具体情况采用分柜组差价率推算法或盘点商品实际进销差价计算法计算已销商品进销差价。（　　）
10. 企业在预付货款时，不能作为商品购进，只有在收到商品时才能作为商品购进。（　　）

四、业务题

1. 商品购进的核算。A公司向B公司购入毛巾20 000条，单价2.50元，增值税率17%，价税共计58 500元，供货方代垫运费500元，货款采用托收承付结算方式。假定商品先到，月末按合同价50 000元暂估入账，次月3日收到有关结算凭证，根据上述情况别编制相应的会计分录。

2. 进货退出的核算。A公司8月发生下列经济业务：

（1）7日，向B电器公司购进的电压力锅到达公司，经开箱检验，发现有20台电压力锅质量不符合要求，单价260元，经与供货方联系后同意退货，公司向税务部门申请开出开具红字增值税专用发票证明单一份交给供货方后，收到B电器公司开具的红字增值税专用发票，列明货款5 200元，增值税额884元。

（2）10日，储运部门转来进货退出单，将20台质量不符合要求的电压力锅退还给B电器公司，并收到供货方退还货款及增值税额6 084元。

要求：根据上述经济业务编制相应的会计分录。

3. 购进商品拒付货款和拒收商品的核算。C公司9月发生下列经济业务：

（1）3日银行转来D陶瓷用品公司托收凭证，内附增值税专用发票，列明陶瓷足浴盆100个，单价150元，货款15 000元，增值税额2 550元，运输费300元。经审核无误，予以承付。

（2）8日商品运到，验收时发现，其中有10个陶瓷足浴盆质量不符合同规定，予以拒收，由业务部门与供货方联系解决，合格的90个陶瓷足浴盆已经验收入库。

（3）12 日 D 陶瓷用品公司汇来退货款、增值税额合计 1 755 元，存入银行。

要求：根据上述经济业务编制相应的会计分录。

4. 购进商品折让的核算。E 公司 8 月 5 日从 F 制鞋厂购进运动鞋 500 双，单价 160 元，货款 80 000 元，增值税额 13 600 元。结算凭证已到，商品尚未到达，以电汇支付货款及增值税额 93 600 元。9 日商品到达，验收时发现质量不符合要求，与供货方联系后，同意给予 10% 的购货折让。12 日收到供货方的红字增值税专用发票及退回的折让款 9 360 元。根据上述经济业务编制相应的会计分录。

5. 购进商品发生溢余的核算。G 公司从外地购进白砂糖 2 000 千克，每千克 3 元，计价款 6 000 元，增值税税率 17%，计 1 020 元，另供货方垫付运杂费 190 元，收到银行转来托收凭证，经审核无误，承付货款及运杂费。商品运到，经点验实收数量为 2 050 千克，溢余 50 千克，计价 150 元，原因待查。经查明原因，白砂糖溢余中有 20 千克属自然升溢，30 千克属供货单位多发，经与对方联系，同意补作购进，并收到供货方增值税专用发票，货款已汇出。根据上述经济业务编制相应的会计分录。

6. 购进商品退补价的核算。H 商厦上月从 I 雨具公司购进雨伞 1 000 把，每把购进单价 9.60 元，零售单价 12.50 元，商品已由百货柜验收入库，现收到供货单位更正增值税专用发票，雨伞每把批发单价应为 9.40 元，应退货款 200 元，增值税额 34 元，货款尚未收到。根据上述经济业务编制相应的会计分录。

7. 运用综合差价率计算已销商品进销差价。J 百货商店 11 月末的"库存商品"总账余额为 573 000 元、"受托代销商品"总账余额为 29 000 元、"商品进销差价"总账余额（分摊前）为 164 480 元，11 月"主营业务收入"科目的贷方发生额为 426 000 元。根据上述经济业务，采用综合差价率计算法计算已销商品的进销差价，并编制相应的会计分录。

学习情境二

旅游餐饮服务企业会计核算

📋 任务描述
掌握旅游餐饮服务企业主要业务的会计核算方法。

🎯 能力目标
1. 能够对旅游服务企业的收入、成本进行正确地确认和核算；
2. 能够对餐饮服务企业的原材料、收入、成本进行正确地确认和核算。

📖 知识目标
1. 了解旅游服务企业和餐饮服务企业的主要经营活动和会计核算特点；
2. 掌握旅游服务企业的收入和成本的正确核算方法；
3. 掌握餐饮服务企业的原材料、收入和成本的正确核算方法。

任务一 走进旅游餐饮服务企业

一、旅游餐饮服务企业及其主要经营活动

旅游餐饮服务企业属第三产业，它们是国民经济的重要组成部分。近年来随着我国经济的发展和人民生活水平的提高，它们已得到很大的发展，并且在国民经济中发挥越来越重要的作用。旅游餐饮服务企业均是以服务设施为条件，以向消费者提供劳动服务为特征的服务性行业。

首先，旅游餐饮服务业一般均有开展系统配套的经营业务的特点，如旅游业，除了经营旅游业务外，还可展开客房、餐饮、销售商品、娱乐及其他经营业务；餐饮业除了经营餐饮业务外，还可展开娱乐、销售商品及其他经营业务。为了分别考核各项经营业务的经营成果，就要求分别核算和监督各项经营业务的收入、成本和费用。

其次，旅游餐饮服务企业除了为消费者提供服务外，还生产加工商品和销售商品，这样，旅游餐饮服务业就具有生产、销售和服务三种职能，因此，在会计核算时就需要根据经营业务的特点，采用不同的核算方法。

最后，有的旅游餐饮服务企业既经营自制商品，又经营外购商品。为了分别考核自制商品与外购商品的经营成果，加强对自制商品的管理与核算，需要对自制商品和外购商品分别进行核算。

二、旅游餐饮服务企业会计核算特征

旅游餐饮服务企业会计是企业会计的一个分支，是企业管理的重要组成部分。它以货币为计量单位，采用专门方法，收集处理经济信息，对经济活动进行组织、控制、调节和指导，是谋求优化经济效益的一种管理活动。

企业会计的特点是由会计对象决定的，旅游餐饮服务企业的经营特征决定其会计核算的特点。由于旅游餐饮服务企业属于第三产业，从总体来讲，其经营特点表现为以服务为中心，辅之以生产和商品流通，直接为消费者服务所以旅游餐饮服务业就具有生产、销售和服务三种职能，因此，在会计核算时就需要根据经营业务的特点，采用不同的核算方法。其在会计核算上也具有与生产企业、零售企业和服务企业不同的特点。例如，餐饮业务是根据消费者的需要，加工烹制菜肴和食品，这具有工业企业的性质；然后将菜肴和食品直接供应给消费者，这具有商品流通企业的性质；同时又为消费者提供消费设施、场所和服务，这又具有服务企业的性质。然而餐饮业务的生产、销售和服务在很短的时间内完成，并且菜肴和食品的品种繁多、数量零星，因此不可能像工业企业那样区分产品计算其总成本和单位成本，而是计算菜肴和食品的总成本；销售商品业务则采用商品流通企业的核算方法；而纯服务性质的经营业务，如客房、娱乐、美容等业务只发生服务费用，不发生服务成本，因此采用服务企业的核算方法。另外，餐饮企业经营过程短，投入产出快，产品一般不需要入库管理，因此，资金周转也快。餐饮企业的经营业务收入大多是一手交钱、一手交货的现金收入和使用信用卡刷卡消费收入，这样就形成了对餐饮企业核算上的特殊要求。

任务二　旅游服务企业主要业务的会计核算方法

一、旅游服务企业收入的核算

（一）旅游销售价格的确定及收款方式

1. 旅游销售价格的确定

旅游经营业务收入是旅游企业为旅游者提供服务所取得的收入，制定合理的旅游销售价格是维持企业生存和发展、提高企业竞争力的关键。旅游销售价格标准的确定有两种方法：一是按照旅游的实际支出费用，加上一定的毛利来确定；二是事先确定，是指按旅游团全体人数的往返交通费、游览费、午餐费、住宿费、导游费的开支总和，再加上一定的毛利（一般为10%~15%），然后除以人数得到每位旅游者应负担的开支。

【例2-1】A旅行社组团25人。支出情况为：往返交通费1 000元，游览费3 000元，午餐费1 200元，住宿费600元，导游费400元，外加毛利率10%。试求每位旅游者旅游费金额。

旅游费总金额＝（1 000+3 000+1 200+600+400）×（1+10%）＝6 820（元）

每位旅游者旅游费金额＝6 820÷25＝272.8（元）

2. 旅游费的收款方式

旅游费的收款方式分为两种：一是自行组团，按团体收费；二是个别登记收费。无论是个人或团体报名旅游并交清旅游费后，旅行社当即开出一式数联发票。

（二）旅游经营业务收入的内容及分类

旅游企业的经营业务收入按其性质不同，一般包括以下几方面内容：

（1）综合服务收入，是指接团社向旅游者收取的包括市内交通费、导游翻译费、住宿费、用餐费、文娱活动费、杂费等费用在内的综合服务费。

（2）零星服务收入，是指旅游企业承接零星散客旅游或承办委托服务事项所取得的收入，包括委托收入、导游接送收入、车费收入、托运服务费收入等。

（3）劳务收入，是指旅游企业向其他旅游企业提供当地或全程导游翻译人员所取得的收入。

（4）组团外联收入，是指旅游企业自组外联而收取的旅游者的住宿费、用餐费、交通费、文娱活动费等收入。

（5）票务收入，是指旅游企业代办国际联运客票和国内客票的手续费收入。

（6）地游及加项收入，是指旅游企业接待旅游者某地一日、二日游的小包价和为旅游者提供的额外服务而取得的加项收入。

（7）其他服务收入，是指不属于以上各项的服务收入。

（三）旅游经营业务收入的确认

旅游经营业务收入系劳务收入，在通常情况下，应在劳务完成时，即旅游团队旅游结束返回时确认旅游经营业务收入的实现。如果旅游团的旅游开始和结束分属不同的会计年度，根据企业会计准则的规定，企业在资产负债表日提供劳务交易的结果能够可靠估计的，应当采用完工百分比法确认提供的劳务收入。

完工百分比法是指按照提供劳务交易的完工进度确认收入与费用的方法。提供劳务交易的结果能够可靠估计，是指同时满足下列四个条件：（1）收入的金额能够可靠地计量；（2）相关的经济利益很可能流入企业；（3）交易的完工进度能够可靠地确定；（4）交易中已发生和将发生的成本能够可靠地计量。

旅游企业确定提供劳务交易的完工进度，主要选用下列两种方法：（1）已经提供的劳务占应提供劳务总量的比例；（2）已经发生的成本占估计总成本的比例。

旅游企业应当按照从接受劳务方已收或应收的合同或协议价款确定提供劳务收入总额，但已收或应收的合同或协议价款不公允的除外。

【例 2-2】A 旅行社组织一个 26 人的旅游团去美国旅游 15 天，旅游日程为 2013 年 12 月 22 日至 2014 年 1 月 5 日，已按旅游合同向旅游者收取 600 000 元，按提供的劳务占应提供劳务总量的比例，分别确认该旅游公司应列入 2013 年和 2014 年的经营业务收入如下：

2013 年的经营业务收入 = 600 000/15×10 = 400 000（元）

2014 年的经营业务收入 = 600 000/15×5 = 2 000 000（元）

（四）旅游经营业务收入的核算

1. 组团社经营业务收入的核算

组团社经营业务收入是指组团社根据组团报价为旅游者提供服务所取得的收入。

（1）组织国内旅游者出境游及国内游的核算。组团社组织国内旅游者出境游及国内游，除了旅游目的地在该社附近地区的一日、二日游组团社可以独立完成外，通常需要当地的旅游企业即接团社的配合。组团社的业务程序是：先吸收旅游者的个人报名和企业单位的集体报名，报名时应出示身份证件，组团社当即填制发票，收取全部旅游款，并与旅游者签订旅游合同，然后根据组团的情况，由外联部与旅游目的地的接团社签订接团协议，确定接待的人数、日期、等级、内容、价格和结算方式，在旅游团旅游结束后，凭接团社填制的旅游团费用结算通知单结算账款。

当组团社向旅游者预收旅游款时，借记"库存现金"或"银行存款"账户；贷记"预收账款"账户。当旅游团旅游结束返回时，借记"预收账款"账户；贷记"主营业务收入"账户。

如果旅游者与组团社签订了旅游合同，并预付了旅游款，因故要求退出旅游团时，旅游者将要按合同规定承担一定数额的手续费，组团社收取的手续费也列入"主营业务收入"账户。

【例2-3】A旅行社组织旅游团10月1日去北京旅游，9月15日预交旅游款现金6 000元，9月28日旅游者王女士等4人因故要求退出旅游团，按旅游合同规定扣除10%手续费后，以现金退还其剩余的预交款项。

9月15日收到预付款时的账务处理为：

借：库存现金　　　　　　　　　　　　　　　　　　　　　　　　　6 000
　　贷：预收账款　　　　　　　　　　　　　　　　　　　　　　　　6 000

退出旅游团时的账务处理为：

借：预收账款　　　　　　　　　　　　　　　　　　　　　　　　　6 000
　　贷：主营业务收入——其他收入　　　　　　　　　　　　　　　　600
　　　　库存现金　　　　　　　　　　　　　　　　　　　　　　　5 400

（2）组织国外旅游者入境游的核算。组团社组织国外旅游者入境旅游的业务程序通常是：先由外联部与客源地旅游公司签订组团协议，确定接待人数、时间、等级、内容、价格等，然后给有关接待单位或部门下达接待计划，根据各接待单位或部门填报的"旅行团费用拨款结算通知单"拨付款项，并根据客源地旅游企业确认的函电和接待计划及审核的"旅行团费用拨款结算通知单"填制的结算账单，及时向客源地旅游企业收款。

【例2-4】A旅行社与美国B旅游公司签订协议，由A旅行社承办该社组团30人10月6—15日来华旅游事宜。按协议规定该团应在入境前预付旅游费27 000美元的60%。

10月3日，收到美国B旅游公司电汇的旅游费16 200美元，当日美元的中间汇率为6.2，换算为人民币16 200×6.2=100 440（元），作会计分录如下：

借：银行存款——美元户　　　　　　　　　　　　　　　　　　　100 440
　　贷：预收账款——美国B旅游公司　　　　　　　　　　　　　　100 440

10月16日，游程结束，外联部门根据各接团社填报的"结算通知单"及有关资料进行审核，经审核无误后，确认实现经营业务收入，当即填制结算账单如表2-1所示。

表2-1 **A 旅行社结算账单**
GLOBAL TRAVEL SERVICE SETTLEMENT ACCOUNT

致：B 旅游公司 TO：	填发日期 Date：20××.10.16	编号： NO.：126
	国别/地区　美国 Country/Area	旅游人数 Number of tourists：30
旅行团（者）名称 Name of group or tourists		旅游等级 Tour class
		旅游起讫日期 Tour period：20××.10.6-15
费用内容 Items		金额/美元 Amount（in USD）
1. 综合服务费 Full package service charge		USD 7 690
2. 住宿费 Hotel room charge		USD 8 800
3. 餐费 Meal charges		USD 3 960
4. 城市间交通费 Fare of domestic transportation between cities		USD 6 550
应付我公司总额 The sum total payable to G. T. S.		USD 27 000
已收到 Payment received		USD 16 200
尚须付款 Balance to pay		USD 10 800
备注 Remarks		

根据结算账单开出汇票 10 800 美元，并填写托收申请书，连同汇票、结算账单一并送交银行，办妥向对方托收账款的手续，当日美元的中间汇率为 6.2，换算为人民币，作会计分录如下：

借：预收账款——美国 B 旅游公司　　　　　　　　　　　　　　　100 440
　　应收账款——美国 B 旅游公司　　　　　　　　　　　　　　　　66 960
　　贷：主营业务收入——组团外联收入　　　　　　　　　　　　　16 740

10月26日，收到银行转来的美国B旅游公司结欠的其余40%的旅游费10 800美元，当日美元的中间汇率为6.21，换算为人民币，作会计分录如下：

借：银行存款——美元户　　　　　　　　　　　　　　　　　　　67 068
　　贷：应收账款——美国B旅游公司　　　　　　　　　　　　　　66 960
　　　　财务费用——汇兑收益　　　　　　　　　　　　　　　　　　108

如果组团社组织的旅游团的旅游开始和结束分属不同的会计年度，就应当采用完工的百分比，并按照提供劳务交易的完工进度，确认本年度的经营业务收入，借记"预收账款"账户，贷记"主营业务收入"账户。

2. 接团社经营业务收入的核算

接团社的经营业务收入是根据组团社下达的接待计划，为旅游者提供服务，应向组团社收取的款项。接团社的业务程序是：根据组团社发来的接待计划，制订当地的接待计划，打印出日程表，分发到当地的宾馆、交通部门、旅游景点等接待单位；结合各旅游团的不同特点和要求，配备适当的全陪和地陪；旅游团离开当地后，根据陪同人员填写的"旅游团费用结算报告表"，编制"旅游团费用拨款结算通知单"报组团社办理款项结算。

接团社一般以向组团社发出"旅游团费用拨款结算通知单"时确认经营业务收入的实现，应当借记"应收账款"、贷记"主营业务收入"。

对于业务量较多的旅游企业，为了简化核算手续，可以将"旅游团费用拨款结算通知单"定期予以汇总，编制"旅游费用汇总表"进行核算。

【例2-5】某旅行社根据各组团社10月上旬的旅游费用拨款结算通知单编制的"旅游费用汇总表"如表2-2所示。

表2-2　　　　　　　　　　　　　旅游费用汇总表
　　　　　　　　　　　　　　　20××年10月1—10日　　　　　　　　　　　单位：元

项　目	金　额		
	团　体	其　他	合　计
综合服务费	16 400	1 600	18 000
住宿费	89 600	9 000	98 600
午餐、晚餐费	42 550	4 650	47 200
机、车、船票费	54 000	6 000	60 000
行李托运费	520		520
全程交通费	1 080	120	1 200
游江费	7 200	300	7 500
地方风味费	8 100	720	8 820
全程陪同费用	6 580	680	7 260
合　计	226 030	23 070	249 100

10月10日,根据旅游费用汇总表,作会计分录如下:
借:应收账款——各组团社　　　　　　　　　　　　　　　249 100
　　贷:主营业务收入——综合服务收入①　　　　　　　　　164 320
　　　　主营业务收入——劳务收入　　　　　　　　　　　　7 260
　　　　主营业务收入——地游及加项收入②　　　　　　　　16 320
　　　　主营业务收入——城市间交通费③　　　　　　　　　61 200

10月15日,收到各组团社拨来的账款,作会计分录如下:
借:银行存款　　　　　　　　　　　　　　　　　　　　　249 100
　　贷:应收账款——各组团社　　　　　　　　　　　　　　249 100

"主营业务收入"是损益类账户,用以核算企业确认的销售商品、提供劳务等主营业务收入。企业实现主营业务收入时,记入贷方;冲减主营业务收入和期末将余额结转"本年利润"账户时,记入借方。"主营业务收入"账户可根据管理上的需要采用不同的方法设置二级明细账户。

二、旅游服务企业成本的核算

(一) 旅游经营业务成本的内容及分类

旅游企业为旅游者提供服务的过程中会发生各种直接费用,这些直接费用构成了旅游经营业务成本。按直接费用的内容不同,可分为以下七个大类。

(1) 组团外联成本,是指各组团社组织的外联团、外国旅游团,按规定开支的住宿费、餐饮费、综合服务费、国内城市间交通费等。

(2) 综合服务成本,是指接待由组团社组织的包价旅游团(者),按规定开支的住宿费、餐饮费、车费、组团费和接团费等。

(3) 零星服务成本,是指接待零星散客,委托代办事项等,按规定开支的委托费、手续费、导游接送费、车费、托运服务费及其他支出。

(4) 劳务成本,是指非组团旅游公司为组团社派出的翻译导游人员参加全程陪同,按规定开支的各项费用。

(5) 票务成本,是指各地旅游企业代办国际联运客票和国内客票等,按规定开支的各项手续费、退票费等。

(6) 地游及加项成本,是指各地旅游企业接待的小包价旅游,或因游客要求增加游览项目而按规定开支的综合服务费、超公里费、游江费和风味费等。

(7) 其他服务成本,是指不属于以上各项成本的支出。

(二) 旅游经营业务成本的核算

1. 组团社经营业务成本的核算

---

① 包括综合服务费、住宿费、午餐晚餐费、行李托运费。
② 包括游江费和地方风味费。
③ 包括机、车、船票费和全程交通费。

接团社与组团社的成本和收入有着紧密的联系，组团社的拨付成本就是接团社的营业收入。组团社的经营业务成本由两个部分构成：一部分是拨付支出，即拨付给接团社的综合服务费、住宿费、餐费、车费等支出，属于代收代付；另一部分是为组团而发生的外联费用和全陪人员的部分费用支出，属于组团社的服务性支出。

一般情况下，组团社是先收费后接待，接团社则是先接待后向组团社收费，这样，两者之间就形成了一个结算期。这种结算期经常是跨月的，这给旅游企业准确、及时地核算带来了困难。为了使实现营业收入能与营业成本相配比，应按计划成本先行结转。

【例2-6】A 旅行社（组团社）到了规定的 10 月 30 日结算日仍没接到 B 旅行社（接团社）报来的"旅游团费用拨款结算通知单"。10 月 30 日，按计划成本 38 500 元入账，其中：综合服务成本 32 860 元，劳务成本 2 440 元，地游及加项成本 2 720 元，其他成本 480 元，作会计分录如下：

  借：主营业务成本——综合服务成本   32 860
    主营业务成本——劳务成本   2 440
    主营业务成本——地游及加项成本   2 720
    主营业务成本——其他服务成本   480
    贷：应付账款——B 旅行社   38 500

11 月 2 日，接到 B 旅行社（接团社）报来"旅游团费用拨款结算通知单"，共计金额 38 730 元，其中：综合服务费 33 180 元，全程陪同劳务费 2 440 元，地游及加项费 2 660 元和其他费用 450 元，经审核无误，当即将账款汇付对方，作会计分录如下：

  借：主营业务成本——综合服务成本   320
    主营业务成本——地游及加项成本   60
    主营业务成本——其他成本   30
    应付账款——B 旅行社   38 500
    贷：银行存款   38 730

如果组团社组织的旅游团旅游的开始和结束时间分属不同的会计年度，要采用完工百分比法确认本年度的经营业务收入，同时，还应按照计划成本确认其本年度的经营业务成本。同时借记"主营业务成本"账户；贷记"应付账款"账户。

2. 接团社经营业务成本的核算

接团社经营业务成本是指为了给旅游团提供服务而由各宾馆、饭店、餐馆、车队等接待单位发生的实际支出，这些支出是付给各种接待单位的。一家接待单位有可能为不同旅游团提供相同的服务。因此接团社在与各接待单位办理结算时，要按成本的核算对象加以归集，记入成本明细账。

【例2-7】10 月 15 日，B 旅行社在接待 C 旅游公司过程中，支付宾馆的住宿费 21 000 元，餐饮费 8 600 元，风味小吃费 1 080 元；支付全程陪同费 960 元。作会计分录如下：

  借：主营业务成本——C 旅游公司——综合服务成本   29 600
    主营业务成本——C 旅游公司——劳务成本   960
    主营业务成本——C 旅游公司——地游及加项成本   1 080
    贷：银行存款——建设银行   31 640

同样，各接待单位是先提供服务，后与接团社办理结算，对于结算期较长的款项，接团社也应当按计划成本入账，具体核算方法与组团社相同，不再赘述。

"主营业务成本"是损益类账户，用以核算企业确认销售商品、提供劳务等主营业务时应结转的成本。企业确认应结转的主营业务成本时，记入借方；期末将其余额结转"本年利润"账户时，记入贷方。"主营业务成本"账户应设置与"主营业务收入"账户相对应的二级明细账户。

任务三　餐饮服务企业主要业务的会计核算方法

一、餐饮服务企业存货的核算

（一）餐饮服务企业存货分类

按其来源和用途不同，常分为以下几类：

（1）原材料，指餐饮服务企业购入的各种材料，包括直接用于生产产品的原材料及主要燃料等。

（2）在产品，指餐饮服务企业还没有完成全部生产过程，还不能对外销售的产品，比如餐饮业尚未加工完成的食品。

（3）产成品，指餐饮服务企业已完成全部生产过程，可以对外销售的产品，例如已加工完成等待销售的食品。

（4）物料用品，主要包括：①包装用品，如箱、瓶、坛、袋等；②餐具用品，如锅、碗、盘、盆等；③其他物品，是指除上述物品以外的各种零星物料用品。

（5）低值易耗品，是指使用期限较短，或单位价值较低，能多次使用而不改变实物形态的各种用具和物品，如桌、椅等。

（6）库存商品，是为了销售而购进的商品，如购进准备销售给客户的烟、酒、饮料等。

（二）餐饮制品的原材料

1. 原材料的分类

餐饮企业的原材料可以按不同的标准分类，现分别予以阐述。

（1）按在餐饮制品中所起的作用分类，可分为粮食类、副食类、干货类和其他类。

①粮食类，是指制作主食品的大米、面粉和杂粮等原材料。

②副食类，是指肉、禽、蛋、水产、豆制品及各种时令蔬菜等原材料。副食类的品种繁多，价格高低悬殊。由于副食类材料属鲜活商品，容易变质，应做到随时采购，随时消耗。

③干货类，是指干鱼翅、干海参、干贝、木耳、香菇、贡菜、发菜、红枣、听装食品等。它们一般不易变质，可以储存，采购时可适当考虑一定的库存。

④其他类，是指除粮食类、副食类、干货类以外的各种材料，如食油、食盐、酱、醋、酒、糖、鸡精、香料等。

（2）按原材料的存放地点分类，可分为入库管理和不入库管理。

①入库管理。入库管理适用于购进数量多、能较长时间储存的原材料如粮食类、干货类和其他类材料。在购进时应办理验收入库的手续，由专人保管，设置原材料明细账，建立领料制度，保持合理的储备数量。

②不入库管理。不入库管理适用于购进量少，且不能长时间储存的原材料，如副食类鲜活商品。采取随购随用，购入时直接交厨房验收后使用。

2. 原材料的计价

为了正确地核算原材料的成本，必须对原材料进行合理的计价，原材料的计价分外购原材料的计价和自制原材料的计价两种。

（1）外购原材料计价。该种计价方式下，外购原材料成本由含税价格和采购费用两个部分组成。含税价格由卖价和增值税额两部分组成。采购费用一般由运杂费、运输途中的合理损耗和税金组成。

（2）自制原材料计价。该种计价方式下，自制原材料成本由耗用的原材料成本、人工费用和其他费用组成。委托外部加工材料的实际成本，由被加工的原材料成本、加工费用和加工材料往返的运杂费构成。

（三）原材料内部调拨的核算

原材料内部调拨是指在同一独立核算单位内部各部门之间的原材料转移。它有内部仓库之间的调拨和内部厨房之间的调拨两种形式。

1. 原材料内部仓库之间调拨的核算

餐饮企业内部仓库之间发生原材料调拨时，应由调出仓库填制"原材料内部调拨单"，原材料内部调拨单一般一式三联，调出部门在各联上签章后，连同原材料一并交付调入部门，调入部门验收无误后，在各联上签章，表示原材料已收讫，然后调入与调出部门各留一联，作为原材料转移的依据，另一联送财会部门入账。

【例2-8】A美食城第一分店仓库调拨给第二分店仓库原材料一批，转来原材料内部调拨单如表2-3所示。

表2-3

原材料内部调拨单

调入部门：第二分店仓库　　　　20××年10月10日　　　　调出部门：第一分店仓库

单位：元

材料名称	计量单位	数量	单价	金额	备注
干贝	千克	5	850	4 250	
木耳	千克	10	120	1 200	
合计				5 450	

调入部门签章：　　　　　　调出部门签章：　　　　　　　　　经手人：

原材料内部调拨单经审核无误后,作会计分录如下:

借:原材料——第二分店仓库　　　　　　　　　　　　　　　5 450
　　贷:原材料——第一分店仓库　　　　　　　　　　　　　　　5 450

2. 原材料内部厨房之间调拨的核算

大型餐饮企业设有多个厨房,各厨房往往会发生原材料相互调拨的业务,以调剂原材料的余缺。为了准确地计算各营业点的成本,应及时办理调拨手续,由于厨房的原材料已从"原材料"账户转入"主营业务成本"账户,对"原材料"账户所属明细账户不作调整,仅调整"主营业务成本"账户所属的明细账。

【例2-9】A美食城收到业务部门转来原材料内部调拨单,列明第二厨房调拨给第一厨房草鸡60千克,每千克30元,计金额1 800元,经审核无误后,作会计分录如下:

借:主营业务成本——第一厨房　　　　　　　　　　　　　　　1 800
　　贷:主营业务成本——第二厨房　　　　　　　　　　　　　　　1 800

(四) 委托加工材料的核算

企业从外部购入的原材料,有时在规格和质量上还不能直接满足制作餐饮制品的需要,可以将原材料委托给外单位加工,从而形成了委托加工材料。委托加工材料的所有权仍属企业所有,加工时暂时由加工单位负责保管,加工完毕后再运回本企业验收入库。

委托外单位加工材料时,要由业务部门与加工单位签订合同,填制"委托加工材料发料单"。委托加工材料发料单一式数联,一联交仓库据以发料和登记保管账,其余各联随加工材料送交委托单位签收,签收后退回两联:一联由业务部门留存据以对委托加工材料进行管理,一联转交财会部门入账。

【例2-10】A美食城委托B豆制品厂加工腐竹80千克,发出黄豆600千克,收到委托加工材料发料单如表2-4所示。

表2-4

委托加工材料发料单

接受加工单位:B豆制品厂　　　　2010年10月12日　　　　发料仓库:第一仓库

发料编号:115

材料编号	材料名称及规格	单位	数量	单价	金额	加工后产品		
						名称	单位	数量
	黄豆	千克	600	6.6	3 960	腐竹	千克	80
	合　计				3 960			

(1) 10月12日,收到委托加工材料发料单,经审核无误后,作会计分录如下:

借:委托加工物资——加工腐竹　　　　　　　　　　　　　　　3 960
　　贷:原材料——粮食类　　　　　　　　　　　　　　　　　　3 960

(2) 10月12日,以现金200元支付黄豆发往三金豆制品厂的运杂费,作会计分录如下:

借：委托加工物资——加工腐竹　　　　　　　　　　　　　　　200
　　贷：库存现金　　　　　　　　　　　　　　　　　　　　　　200
(3) 10月15日，以转账支票支付腐竹加工费用1 120元，作会计分录如下：
借：委托加工物资——加工腐竹　　　　　　　　　　　　　1 120
　　贷：银行存款　　　　　　　　　　　　　　　　　　　　　1 120

委托加工材料收回时，由业务部门填制"委托加工材料入库单"，一式两联，一联由仓库验收后留存，另一联交由财会部门入账。

【例2-11】10月16日，腐竹80千克已加工完毕，验收入库，收到委托加工材料入库单如表2-5所示。

表2-5

委托加工材料入库单

收料部门：第一仓库　　　　　　　2010年10月16日　　　　　　　　　　单位：元

收回原材料名称	单位	数量	耗用原材料				加工费用	运杂费	总成本
			名称	单位	数量	金额			
腐竹	千克	80	黄豆	千克	600	3 960	1 120	200	5 280
合　计									5 280

委托加工材料入库单经审核无误后，作会计分录如下：
借：原材料——干货类　　　　　　　　　　　　　　　　　5 280
　　贷：委托加工物资——加工腐竹　　　　　　　　　　　　　5 280

"委托加工物资"是资产类账户，用以核算企业委托外单位加工的各种材料和物资的实际成本。发外单位加工材料和物资、支付加工材料和物资的加工费和运杂费时，记入借方；结转加工材料和物资的实际成本时，记入贷方；期末余额在借方，表示期末尚未完工的委托加工材料和物资的成本。

（五）领用原材料的核算

餐饮企业的厨房根据生产的需要向仓库领用原材料时，应填制"领料单"，列明原材料的名称、数量、单价和金额，领料单经审核无误后，据以借记"主营业务成本"账户；贷记"原材料"账户。各种原材料一般是多批购进，每批购进的单价通常会因采购的地区、季节等原因而各不相同，因此，在发出原材料时应先确定其单价。发出材料的计价方法有个别计价法、移动加权平均法、综合加权平均法、先进先出法等。

（六）原材料的明细分类核算

餐饮企业为了加强对原材料的管理，必须采用数量金额三栏式账页对原材料进行明细分类核算，这有利于对原材料的管理，可以使管理层清楚地了解和掌握各种原材料的收入、发生和结存情况，以便进行账实核对，保证原材料的安全。

餐饮企业原材料明细账有以下两种设置方式：

1. 将原材料三级明细账设置在仓库

餐饮企业将原材料三级明细账设置在仓库,由仓库保管员根据原材料入库单和原材料领料单,登记原材料收入和发出的数量和金额,并在期末结算出各种原材料的结存数量和金额。财会部门仅按原材料的类别设置原材料二级明细账,只登记金额,对原材料三级明细账的金额起控制和监督作用。这种方式可以避免重复劳动,简化核算手续。

2. 财会部门设置原材料三级明细账

餐饮企业的财会部门设置原材料二级及原材料三级明细账,财会部门对仓库原材料的数量和金额实行双重控制。而仓库为了便于对原材料的管理,设置原材料数量明细账,仓库保管员仅登记各种原材料收入和发出的数量,期末结出各种原材料结存的数量,以便与实物和财会部门的三级明细账核对。这种方式有一定的重复劳动,核算的工作量大。

二、餐饮服务企业收入的核算

（一）餐饮经营业务收入的分类

餐饮经营业务收入的种类较多,为了便于管理与控制,将其分为以下四个大类进行明细分类核算。

（1）食品销售收入,是指餐饮企业向消费者提供就餐烹制的各种食品的销售收入。

（2）饮料销售收入,是指餐饮企业向消费者提供的各种自制或外购的饮料收入。饮料包括白酒、黄酒、葡萄酒、啤酒、果汁、可乐、酸奶等。

（3）服务费收入,是指部分餐饮企业按餐饮金额一定比例收取的服务收入。

（4）其他收入,是指餐饮企业收取除上列收入项目以外的收入,如毛巾费、点歌费、小品杂耍表演费等。

（二）餐饮制品销售价格的制定

餐饮企业的餐饮制品花色品种繁多,烹调技术和服务质量各异,各餐饮企业根据其烹调技术水平和服务质量的高低,确定餐饮制品的毛利率,结合原材料的成本,确定餐饮制品的销售价格。具体方法有以下两种：

（1）销售毛利率法,又称内扣毛利率法,是指在确定每种餐饮制品销售毛利率的基础上,用内扣方式确定餐饮制品销售价格的方法。其计算公式如下：

$$销售价格 = 原材料成本 / (1 - 销售毛利率)$$

销售毛利率是指毛利额占销售额的百分比。毛利额是指销售额和成本之间的差额。

【例2-12】 甲餐厅剁椒蒸鱼头每份的配料成本为24.96元,确定销售毛利率为48%,计算每份剁椒蒸鱼头的销售价格如下：

剁椒蒸鱼头销售价格 = 24.96 / (1 - 48%) = 48（元）

（2）成本毛利率法,又称外加毛利率法,是指以餐饮制品的成本为基数,按确定的成本毛利率加成计算销售价格的方法。其计算公式如下：

$$销售价格 = 成本价格 \times (1 + 成本毛利率)$$

$$成本毛利率 = 销售毛利率 / 成本价格 \times 100\%$$

【例 2-13】 乙饭馆酸菜鱼每份的成本为 25 元，如确定其外加毛利率是 80%，计算每份酸菜鱼的售价如下：

酸菜鱼销售价格 = 25×（1+80%）= 45.00（元）

（3）销售毛利率与成本毛利率的换算。采用销售毛利率法计算餐饮制品的销售价格，有利于核算管理，但计算较为麻烦；采用成本毛利率法计算餐饮制品的销售价格，其核算较为简便，但不能满足管理上的需要。为了既满足管理上的需要，又简化计算手续，可采用换算的方法将销售毛利率计算为成本毛利率，其计算公式如下：

成本毛利率 = 销售毛利率/（1−销售毛利率）×100%

如销售毛利率为 48%，将其换算为成本毛利率如下：

成本毛利率 = 48%/（1−48%）×100% = 92%（四舍五入）

为了便于分析比较，根据需要也可将成本毛利率换算为销售毛利率，其换算公式如下：

销售毛利率 = 成本毛利率/（1+成本毛利率）×100%

（三）餐饮企业经营业务收入的结算方式

餐饮企业经营业务收入的结算方式有先收款后用餐、先用餐后付款和一手交钱、一手交货三种。

1. 先收款后用餐结算方式

采取先收款后用餐结算方式的餐饮企业，通常由收款台统一售票，消费者在用餐前先到账台购买专用的小票，然后凭专用小票领取餐饮制品，也可由服务员根据小票的编号和消费者手中的小票副联票核对编号无误后将餐饮制品送至桌上。小票一般一次性使用，因此，要加强和完善回收和领用的手续。小票的格式如表 2-6 所示。

表 2-6

小 票

2010 年 10 月 18 日 编号：381

品　名	数　量	金　额
白斩草鸡	1	38
宫保鸡丁	1	29
大汤黄鱼	1	42
清炒豆苗	1	15
米饭	3	3
合　计		127

收款员：王某

每天营业结束后，收款台收款员要根据小票编制"销货日报表"，经服务员核对后签章确认，并根据收款情况编制"收款日报表"，将其连同营业款和销货日报表一并送交财会部门入账。这种方式适用于小型餐饮企业。

2. 先就餐后付款方式

采取先就餐后付款方式的餐饮企业，消费者入座点菜后，由服务员填写点菜单一式两联，列明品名和数量，其中一联转交厨房作为取菜凭证留存，一联转交收款台，消费者进餐结束后，由服务员从收款台领取结账清单，结账清单上列明品名、数量、单价、金额和合计金额，经消费者确认后，凭该单向消费者收款。营业结束后，收款台与厨房分别结算销售额和发菜额，核对相符后，收款员根据结算清单编制"销货日报表"，并根据收款情况编制"收款日报表"，将其连同营业款和"销货日报表"一并送交财会部门入账。这种方式适用于大、中型餐饮企业。

3. 一手交钱、一手交货结算方式

采取一手交钱、一手交货结算方式的餐饮企业，消费者直接以货币到柜台购买餐饮制品。这种方式仅适用于经营品种简单且规格化的餐饮制品。一手交钱、一手交货方式手续简便，但必须进行数量登记，餐饮制品交服务员销售时，由产销双方登记数量；业务终了时，由服务员进行盘存计销，计算确定销售餐饮制品的数量和金额，其计算公式如下：

销售数量＝上日结存数量＋本日生产或提货数量－本日结存数量

销售金额＝销售数量×单价

【例2-14】丁餐厅对自产自销的粽子采取一手交钱、一手交货的结算方式，10月4日，上日结存鲜肉粽150只，豆沙粽80只，今日生产鲜肉粽2 100只，豆沙粽900只，营业结束时，盘点结存鲜肉粽175只，豆沙粽70只。鲜肉粽每只售价3元，豆沙粽每只售价2.5元，计算鲜肉粽和豆沙粽的销售金额如下：

鲜肉粽销售数量＝150＋2 100－175＝2 075（只）

鲜肉粽销售金额＝2 075×3＝6 225（元）

豆沙粽销售数量＝80＋900－70＝910（只）

豆沙粽销售金额＝910×2.5＝2 275（元）

然后，根据计算的结果编制"销货日报表"，合计销售金额为8 500元，根据收款的结果编制"收款日报表"。这种方式仅适用于外卖的餐饮企业或部门。

（四）餐饮企业销售收入的核算

1. 餐饮企业一般销售收入的核算

餐饮企业财会部门收到收款台交来的"销货日报表"、"收款日报表"、现金和结算凭证，现金由财会部门解存银行，各种凭证经审核无误后，据以入账。有的企业要求收款员自行填制现金解款单，将现金解存银行，将现金解款单向财会部门报账。

【例2-15】10月18日，甲饭店收银台交来"销货日报表"和"收款日报表"如表2-7和表2-8所示。

表 2-7

销货日报表

2013 年 10 月 18 日 单位：元

项　　目	金　　额	（减：）金卡优惠	应 收 金 额
菜肴	15 330	580	14 750
点心	1 480	60	1 420
饮料	3 150		3 150
其他	118		118
合　　计	20 078	640	19 438

制表员：张某

表 2-8

收款日报表

2013 年 10 月 18 日 单位：元

收款方式	应 收 金 额	实 收 金 额	溢 缺 款
现金	14 188	14 185	−3
转账支票	1 250	1 250	
信用卡	4 000	4 000	
合　　计	19 438	19 435	−3

收款员：周某

（1）10 月 18 日，收款部门随同销货日报表、收款报表交来销货现金 14 185 元，转账支票 1 250 元，信用卡签购单 4 000 元，信用卡手续费率为 9‰，短缺现金 3 元，原因待查，经审核无误后，作会计分录如下：

借：库存现金　　　　　　　　　　　　　　　　　　　　　　　　　14 185
　　银行存款　　　　　　　　　　　　　　　　　　　　　　　　　　5 214
　　财务费用手续费　　　　　　　　　　　　　　　　　　　　　　　　36
　　待处理财产损溢——待处理流动资产损溢　　　　　　　　　　　　　3
　贷：主营业务收入——食品销售收入　　　　　　　　　　　　　　16 170
　　　主营业务收入——饮料销售收入　　　　　　　　　　　　　　　3 150
　　　主营业务收入——其他收入　　　　　　　　　　　　　　　　　　118

（2）10 月 18 日，将现金解存银行，作会计分录如下：

借：银行存款　　　　　　　　　　　　　　　　　　　　　　　　　14 185
　贷：库存现金　　　　　　　　　　　　　　　　　　　　　　　　14 185

（3）10 月 19 日，查明短缺现金 3 元，系收款工作中的差错，经批准作为企业损失处理，作会计分录如下：

借：营业外支出　　　　　　　　　　　　　　　　　　　　　　　　　　3
　贷：待处理财产损溢——待处理流动资产损溢　　　　　　　　　　　　3

2. 酒席销售收入的核算

餐饮企业承办酒席，先要填制订单，注明时间、人数和桌数，并应附上菜单。订单一式两份，餐饮企业与消费者双方签字确认后各执一份。预订酒席通常要预收定金，以免消费者取消酒席时，遭受不必要的损失，以维护企业的权益。

酒席的销售价格以桌为计量单位，烟、酒、饮料等按实用数量另行收费。

【例2-16】 丙酒店接受王先生预订3月16日的酒席5桌，每桌1 000元，计金额5 000元。

（1）3月10日，向王先生预收10%的酒席定金1 000元，王先生刷卡消费，将信用卡签购单存入银行，信用卡手续费率为9‰，作会计分录如下：

借：银行存款　　　　　　　　　　　　991
　　财务费用——手续费　　　　　　　　9
　　贷：预收账款——酒席定金　　　　　　　1 000

（2）3月16日，酒席结束，5桌酒席价款5 000元，另收取饮料费500元，共计5 500元，扣除预收定金后，王先生刷卡消费4 500元，将信用卡签购单存入银行，作会计分录如下：

借：银行存款　　　　　　　　　　　　4459.5
　　财务费用——手续费　　　　　　　　40.5
　　预收账款——酒席定金　　　　　　1 000
　　贷：主营业务收入——食品销售收入　　　5 000
　　　　主营业务入——收饮料销售收入　　　500

如果消费者预订的酒席因故而要求停办，则预收的定金则作为对其违约的处罚，不予退回，届时将其转入"主营业务收入——其他收入"账户。

三、餐饮服务企业成本的核算

（一）餐饮制品成本的核算方法

餐饮制品的成本仅指其所耗用的原材料，即组成餐饮制品的主料、配料和调料三大类。由于餐饮制品品种繁多、数量零星、现做现卖、生产和销售紧密相连，一般不能按餐饮制品逐次逐件进行成本计算，所以餐饮制品成本的计算方法应与生产特点和管理要求相适应。餐饮制品耗用原材料的计算方法有永续盘存制和实地盘存制两种。

1. 永续盘存制

永续盘存制是指根据会计凭证逐笔登记各种原材料收入和发出的数量，并随时结出账面结存数量的方法。至于在永续盘存制下，领用原材料的计价方法，有个别计价法、移动加权平均法、综合加权平均法和先进先出法等。

在永续盘存制下，原材料的耗用实行领料制，则所领用的原材料月末不一定全部被耗用，还会有一些在制品和未出售的制成品；同样，月初还会有已领未用的原材料、在制品及尚未出售的制成品。若不考虑这些因素，则会影响成本计算的准确性。因此，企业期末应对未耗用的原材料、在制品和待售制成品进行盘点，并编制厨房原材料、在制品和待售制成品盘存表。并以该表作为退料的依据，来计算实际耗用原材料成本，并据以结转成本。其计算公式如下：

$$\text{耗用原材料成本} = \text{厨房月初结存额} + \text{本月领用额} - \text{厨房月末盘存额}$$

厨房月初结存额和本月领用额,可以从"原材料"或"主营业务成本"账户的有关项目中取得;厨房月末盘存额按盘存表计算。对在制品、制成品,有的要按配料定额和账面价值折合计算。财会部门将"月末剩余原材料、半成品和待售制成品盘存表"代替"退料单",不移动厨房实物,作假退料处理。

【例 2-17】甲饭店厨房 10 月 31 日编制"月末剩余原材料、半成品和待售制成品盘存表"如表 2-9 所示。

表 2-9

月末剩余原材料、半成品和待售制成品盘存表

编制部门:厨房　　　　　　　　2013 年 10 月 31 日　　　　　　　　单位:元

原材料名称	单位	单价	剩余数量	半成品及未出售的制成品					合计	
				甲半成品			乙制成品			材料数量	金额
				数量	消耗定额	定额消耗量	数量	消耗定额	定额消耗量		
		(1)	(2)	(3)	(4)	(3)(4)	(5)	(6)	(5)(6)	(7)	(7)(4)
牛肉	千克	36	50							50	1 800
猪排	千克	28	36							36	1 008
面粉	千克	3.8		30	1	30	50	1.2	60	90	342
猪肉	千克	21		26	2	52				52	1 092
鸡蛋	千克	6.6					80	2	160		1 056
合计		—	—								5 298

(1) 10 月 31 日,财会部门将月末剩余原材料、半成品和待售制成品盘存表审核无误后,作会计分录如下:

　　借:主营业务成本　　　　　　　　　　　　　　　　　　　　　5 298
　　　　贷:原材料　　　　　　　　　　　　　　　　　　　　　　　　5 298

(2) 11 月 1 日,厨房根据月末剩余原材料、半成品和待售制成品盘存表,填制领料单,经审核无误后,作会计分录如下:

　　借:主营业务成本　　　　　　　　　　　　　　　　　　　　　5 298
　　　　贷:原材料　　　　　　　　　　　　　　　　　　　　　　　　5 298

采用这种方法能随时反映原材料的收入、发出和结存的情况,当原材料盘点发生盈亏时,便于及时查明原因,予以转账;其核算手续严密,有利于对原材料的监督和管理,但是核算的工作量大。由于永续盘存制在原材料管理上有明显的优势,餐饮企业通常均采用这种方法。

2. 实地盘存制

实地盘存制是指期末通过对原材料进行实物盘点来确定期末原材料的结存数量，据以推算本期发出原材料数量的方法。在实地盘存制下，领用原材料时，不填制领料单，原材料的账面记录，平时只登记收入的数量和金额，不登记发出的数量。月末将厨房剩余原材料、在制品和制成品的盘点金额加上库存原材料的盘存金额，然后倒挤推算出本月耗用的原材料成本。其计算公式如下：

$$\text{本月耗用的原材料成本} = \text{原材料月初仓库和厨房结存额} + \text{本月收入原材料总额} - \text{原材料月末仓库和厨房盘存总额}$$

【例 2-18】丁餐厅"原材料"账户的 3 月初余额为 20 500 元，本月收入原材料总额为 136 600 元，月末根据盘存表计算仓库和厨房结存原材料总额为 21 820 元。3 月 31 日采用盘存计耗法计算 3 月份耗用的原材料成本如下：

本月耗用的原材料成本 = 20 500+136 600−21 820 = 135 280（元）

根据计算的结果，作会计分录如下：

借：主营业务成本　　　　　　　　　　　　　　　　　　　　　135 280
　　贷：原材料　　　　　　　　　　　　　　　　　　　　　　　　135 280

采用这种方法，虽然手续简便，但是不能在账面上随时反映原材料发出和结存的情况，及时反映原材料管理所需要的各种信息，同时，由于"以存计耗"来倒挤原材料耗用成本，就可能将因原材料的损耗、短缺、盗窃和浪费等原因所造成的损失都隐藏在倒挤的成本中，从而不利于对原材料的监督和管理，影响了成本计算的准确性。这种方法仅适用于小规模的餐饮企业。

（二）**食品净料成本的计算**

食品净料是指原材料经过选ька、宰杀、拆卸分割等初加工处理，可供烹调直接使用的食品材料。食品原料经过初加工后，名称和重量均会发生变化，因此需要重新计算食品净料的成本。食品净料的计算方法有一料一档和一料多档两种。

1. 一料一档的计算方法

一料一档是指原材料经过初加工后，只有一种食品净料。原材料在初加工过程中，会产生下脚料，而下脚料可分为两种：一种是不可作价利用的，另一种则是可作价利用的。

下脚料不可作价利用的食品净料单位成本等于原材料购进的总成本除以加工后食品净料的总重量。其计算公式如下：

$$\text{单位食品净料成本} = \frac{\text{原材料购进总成本}}{\text{加工后食品净料总重量}}$$

【例 2-19】甲饭店厨房购进条虾 12 千克，每千克单价为 54 元，计金额 648 元，经加工后得虾仁 10.75 千克，虾须等下脚料不计价。计算虾仁的单位成本如下：

$$\text{虾仁单位成本} = \frac{648}{10.75} = 60.28 \text{（元/千克）}$$

若有可作价利用的下脚料，则其食品净料的单位成本计算公式如下：

$$\text{单位食品净料成本} = \frac{\text{原材料购进总成本} - \text{下脚料金额}}{\text{加工后食品净料重量}}$$

【例 2-20】王朝大饭店厨房购进活草鸡 20 只，重 36 千克，每千克 27 元，计金额 972 元，经宰杀去内脏后得光草鸡 25 千克，鸡胗 1.20 千克，作价为每千克 15 元，计金额 18 元，鸡血 1 块，作价 6 元，计算草鸡的单位成本如下：

$$光草鸡单位成本 = \frac{972-18-6}{25} = 37.92（元/千克）$$

2. 一料多档的计算方法

一料多档是指原材料经过初加工后，产生两种以上的食品净料。原材料经过初加工后，产生多种食品净料时，应当分别按照净料的质量等级高低确定单位成本。质量好或者部位好的食品净料成本定得高，质量差或者部位差的成本定得低。同时要使各种食品净料成本总和等于加工前原材料的成本。如果几种食品净料成本已确定，再确定一种食品净料时，其计算公式如下：

$$某未定价食品净料单位成本 = \frac{原材料购进总成本 - 其他食品净料成本之和（包括下脚料价款）}{该项食品净料重量}$$

【例 2-21】火腿一只重 3 千克，每千克 84 元，计金额 252 元，经拆卸分割后，得脚爪和脚圈 0.48 千克，每千克 20 元；下方 0.84 千克，每千克 36 元；中方 0.96 千克，每千克 116 元，计算上方的单位成本如下：

$$上方单位成本 = \frac{252-0.48\times20-0.84\times36-0.96\times116}{3-0.48-0.84-0.96} = 140（元/千克）$$

课 后 练 习

一、单项选择题

1. （　　）是指非组团旅游公司为组团社派出的翻译导游人员参加全程陪同，按规定开支的各项费用。

　　A. 综合服务成本　　B. 劳务成本　　C. 零星服务成本　　D. 其他服务成本

2. 如果旅游者与组团社签订了旅游合同，并预付了旅游款后，因故而要求退出旅游团时，旅游者将要按合同规定承担一定数额的手续费，组团社收取的手续费，应列入（　　）。

　　A. 其他业务收入　　B. 主营业务收入　　C. 其他应收款　　D. 综合服务成本

3. 接团社一般以向组团社发出（　　）时确认经营业务收入的实现。

　　A. 旅游团费用结算报告表　　　　B. 旅游团结算账单
　　C. 旅游团费用拨款结算通知单　　D. 签订组团协议

4. （　　）是指旅游企业向其他旅游企业提供当地或全程导游翻译人员所取得的收入。

　　A. 票务收入　　　　　　　　　　B. 地游及加项收入
　　C. 劳务收入　　　　　　　　　　D. 零星服务收入

5. 旅游经营收入通常只有在旅游团队旅游（　　）时才能确认。

  A. 开始时   B. 结束时   C. 旅游途中   D. 旅游结算时

6. (　　)手续简便，但不能在账面随时反映原材料发出和结存的情况。
  A. 永续盘存制 B. 实地盘存制 C. 先进先出法 D. 移动平均法

7. 外购原材料成本由(　　)和采购费用组成。
  A. 粮食   B. 鲜活商品   C. 调味品   D. 干货

8. 不入库管理的原材料是(　　)。
  A. 粮食   B. 鲜活商品   C. 调味品   D. 干货

9. 采用销售毛利率法确定餐饮制品销售价格的计算公式为(　　)。
  A. 销售价格＝成本价×（1+成本毛利率）
  B. 销售价格＝成本价×（1+销售毛利率）
  C. 销售价格＝$\dfrac{原材料成本}{1-销售毛利率}$
  D. 销售价格＝$\dfrac{原材料成本}{1-成本毛利率}$

二、多项选择题

1. 按照旅游企业经营业务的范围不同，可分为(　　)。
  A. 国际旅游企业 B. 国内旅游企业 C. 组团社   D. 接团社

2. 一般情况下，组团社是(　　)，接团社是(　　)。
  A. 先收费后接待 B. 先接待后收费 C. 同时收费   D. 没有先后顺序

3. 如果组团社组织的旅游团和旅游开始和结束分属不同的年度，不仅要采用确认本年度的经营业务收入，同时，还应按照(　　)确认其本年度的经营业务成本。
  A. 计划成本   B. 实际成本
  C. 完工程度百分比   D. 其他类

4. 指旅游企业经营收入主营包括(　　)。
  A. 票务收入 B. 地游及加项收入 C. 综合服务收入 D. 零星服务收入

5. 餐饮企业的厨房根据生产需要领用原材料时，应借记(　　)账户。
  A. 其他业务成本 B. 主营业务成本 C. 原材料   D. 库存商品

6. 原材料按其在餐饮产品中所起的作用可分为粮食类、(　　)等。
  A. 副食类   B. 鲜活商品类   C. 干货类   D. 其他类

7. 自制原材料成本由(　　)构成。
  A. 耗用原材料的成本 B. 人工费用 C. 其他费用 D. 往返运杂费

8. 餐饮经营业务收入可以分为(　　)进行明细分类核算。
  A. 食品销售收入 B. 饮料销售收入 C. 服务费收入 D. 其他收入

9. 餐饮企业销售货款的结算方式有(　　)等。
  A. 预收账款   B. 先收款后用餐
  C. 先用餐后付款   D. 一手交钱、一手交货

10. 原材料内部厨房之间调拨时，对(　　)账户不做调整，仅调整(　　)账户。

A. 其他业务成本　　B. 主营业务成本　　C. 原材料　　D. 库存商品

三、业务题

1. 旅游企业经营业务收入的核算。杭州 A 旅游公司系组团社，12 月份发生下列有关的经济业务。

（1）12 日，公司组织的旅游团本月 18 日去新疆旅游，陆续收取 36 人的旅游费，每人 7 500 元，计 270 000 元，存入银行。

（2）15 日，王先生等 3 人因故要求退出旅游团，今按合同规定扣除其预付旅费 10% 的手续费后，以现金退还其剩余的款项。

（3）20 日，公司组织旅游团本月 26 日去美国旅游 15 日，陆续收取 20 人旅游费，每人 22 500 元，计 450 000 元，存入银行。

（4）25 日，根据旅游合同规定，20 人的旅游团每位应付美国 C 国际旅游公司旅游费 2 200 美元，共计 44 000 美元，并在入境前先预付 60%，今电汇其 26 400 美元。当日美元的中间汇率为 6.2。

（5）30 日，旅游团返回，确认已实现的经营业务收入。

（6）31 日，按提供劳务与应提供劳务总量的比例，确认旅游团本年度实现的经营业务收入。

2. 旅游企业经营业务成本的核算。广州 B 旅游公司系组团社发生下列有关的经济业务。

（1）12 月 28 日，签发转账支票 49 500 元给广州铁路（集团公司），系支付 B756 旅游团车票款。

（2）12 月 31 日，本月 30 日返回的旅游团已到规定的结算日，仍没有接到 C 旅游公司（接团社）报来的"旅游团费用拨款结算通知单"，现按计划成本 173 000 元入账，其中：综合服务成本 150 000 元，劳务成本 11 560 元，地游及加项成本 9 080 元，其他服务成本 2 360 元。

（3）12 月 31 日，本月 26 日出发去美国旅游 15 日的旅游团，其计划旅游成本为 300 080 元，按提供劳务与应提供劳务总量的比例，确认旅游团本年度发生的经营业务成本。

（4）次年 1 月 2 日，接到 C 旅游公司报来的"旅游团费用拨款结算通知单"共计金额 173 120 元，其中：综合服务成本 149 960 元，劳务成本 11 600 元，地游及加项成本 9 300 元，其他服务成本 2 260 元，经审核无误，账款当即全部汇付对方。

D 旅游公司系接团社，发生下列有关的经济业务。12 月 30 日，在接待广州 B 旅游公司旅游团的过程中，共支出 150 380 元。其中：支付宾馆住宿费 61 200 元，餐饮费 27 800 元，车费 30 400 元，风味小吃费 7 800 元，综合服务费 19 800 元，全程陪同费 3 380 元，款项一并以银行存款支付。

要求：根据上述经济业务编制会计分录。

3. 餐饮制品成本的核算。H 饭店对原材料采取实地盘存制，3 月份期初原材料结存情况如下：仓库结存粮食类原材料 7 440 元，其中大米 800 千克，每千克 3.8 元；精白粉

1 100千克，每千克4元；干货类原材料32 200元，其他类原材料6 960元。

发生下列有关的经济业务：

(1) 1日，根据1月31日厨房转来的月末剩余原材料、半成品和待售制成品盘存表的金额20 580元，作为厨房本月领用的原材料入账。

(2) 3日，向A土产公司购进香菇120千克，每千克80元，签发转账支票付清账款。香菇已验收入库。

(3) 5日，向B副食品公司购进牛肉350千克，每千克36元；鸡肉360千克，每千克15元。上述牛肉及鸡肉已由厨房验收，账款当即以3个月到期的商业汇票付讫。

(4) 8日，向C水产公司购进条虾120千克，每千克60元；虾仁60千克，每千克80元，货已由厨房验收，账款签发转账支票付讫。

(5) 12日，向D粮行购进大米1 000千克，每千克3.80元；精白粉1 200千克，每千克4.00元，粮食已验收入库，账款以转账支票付讫。

(6) 18日，向E调味品厂购进鸡精、咖喱粉、食糖等各种调味品一批，共计2 500元，调味品已验收入库，账款以转账支票付讫。

(7) 31日，仓库经过盘点，结存粮食类原材料6 450元，其中大米750千克，每千克3.8元；精白粉900千克，每千克4元；干货类原材料25 100元；其他类原材料7 080元，结转耗用原材料成本。

(8) 31日，厨房经过盘点，转来月末剩余原材料、半成品和待售制成品盘存表，列明盘存金额19 220元，经审核无误后，据以作假退料入账。

要求：编制会计分录。

4. 餐饮企业经营业务收入的核算。上海A饭店4月上旬发生下列经济业务。

(1) 2日，收款台转来"销货日报表"和"收款日报表"如表2-10和表2-11所示，并交来销货现金15 262元，转账支票1 380元，信用卡签购单4 200元，信用卡手续费率为9‰，溢余现金2元，原因待查。

表2-10

销货日报表

20××年4月2日　　　　　　　　　　　　　　　　　　　　　　　　单位：元

项　目	金　额	（减：）金卡优惠	应收金额
菜肴	16 110	612	15 498
点心	1 550	8	1 542
饮料	3 660		3 660
其他	140		140
合　计	21 460	620	20 840

制表员：张×

表 2-11

收款日报表
20××年4月2日　　　　　　　　　　　　　　　　　　单位：元

收款方式	应收金额	实收金额	溢　缺　款
现金	15 260	15 262	+2
转账支票	1 380	1 380	
信用卡	4 200	4 200	
合　　计	20 840	20 842	+2

收款员：李×

（2）2日，将销货现金解存银行。

（3）3日，查明昨日营业溢余款系收款员工作中差错造成，报经批准作为企业收入入账。

（4）4日，接受王先生本月7日的酒席8桌，每桌1 800元，预收10%的酒席定金。

（5）5日，接受李先生预订本月10日的酒席3桌，每桌1 800元，预收10%的酒席定金。

（6）7日，王先生的酒席结束，8桌酒席价款为14 400元外，另收取饮料费1 500元，扣除预收定金后，其余款项王先生以信用卡支付，信用卡手续费率为9‰。

（7）8日，业务部门接受李先生停办酒席要求，今将其预付的定金作为违约金入账。

（8）饭店对自产自销的粽子采取一手交钱、一手交货的结算方式，9日，上日结存鲜肉粽128只，豆沙粽76只；今日生产鲜肉粽2 360只，豆沙粽1 080只；营业结束后，盘点结存鲜肉粽138只，豆沙粽81只。鲜肉粽每只售价3.20元，豆沙粽每只售价2.60元。

要求：编制会计分录，计算确认9日的销售收入。

学习情境三

金融企业会计核算

任务描述
掌握金融企业主要业务的会计核算方法。

技能目标
1. 能准确地开立存款账户、计算存贷款利息；
2. 能根据不同的交易方式选择不同的结算办法；
3. 能根据规定，准确计算各类罚款、租金、收益金和赔偿金等；
4. 能正确处理金融企业往来业务，及时清算资金；
5. 能准确地计算保费收入、保费赔偿支出、各类准备金。

知识目标
1. 了解存款账户的种类和账户管理原则；
2. 了解票据的概念、法律特征和基本制度；
3. 熟悉结算原则、结算纪律和结算责任以及各种结算办法的异同；
4. 了解贷款的种类，贷款与贴现的区别，信托存款与委托存款、信托贷款与委托贷款的区别；
5. 了解融资租赁与经营租赁的区别、总额法与净额法的比较；
6. 了解证券承销的种类和比较；
7. 了解联行往来的概念及核算类型；
8. 了解保险业务的类别和主要内容。

任务一 走进金融企业

一、金融企业及其主要经营活动

（一）金融企业的含义与种类
金融企业是指执行业务需要取得金融监管部门授予的金融业务许可证的企业，包括执业需取得银行业务许可证的商业银行、金融性公司和其他金融机构等。

（1）商业银行是从事资金商业性买卖的金融法人，包括原国有商业银行（工商银行、农业银行、中国银行、建设银行）、股份制商业银行（如交通银行、招商银行、华夏银行、民生银行等）、城乡地方商业银行（城市合作银行、农村合作银行）等。商业银行总行为一级法人，业务上实行垂直领导，各分支机构不具有法人资格，全行统一核算，分级管理。

（2）金融性公司是从事信托、租赁、证券、保险、期货、基金和资产管理等为目的的非银行金融机构，包括信托投资公司、证券公司、租赁公司、财务公司、保险公司、期货公司、基金管理公司、金融资产管理公司等。

（3）其他金融机构包括城乡信用社（中国信合）、典当业、小额贷款公司、农村资金互助社等。

（二）金融企业的主要经营活动

概括地说，金融企业主要从事吸收存款、发放贷款、票据融资、代人理财、办理转账结算、调节货币流通和代保管代发行有价证券等业务。保险企业则是为了应对特定的灾害事故或意外事件，主要从事财产保险业务、人身保险业务、再保险业务、涉外保险业务。

金融企业的主要经营活动表现为信贷资金的运动过程，而信贷资金的运动过程具有二重支付和二重归流的特点：信贷资金由银行通过吸收存款聚集后，首先由供给者（银行）贷放给使用者（企业），这是第一重支付；然后进入流通领域，由使用者转化为经营资金，用于招聘工人、购买原材料和支付生产费用，投入再生产，这是第二重支付。经过再生产过程，信贷资金在完成生产和流通职能之后，又流回到使用者（企业）手中，这是第一重回流；最后使用者将贷款本息归还供给者（银行），这是第二重归流。如此循环往复，周而复始，不断保值和增值，构成金融企业的资金运动。

二、金融企业会计核算的特征

（一）反映情况具有综合性和全面性

金融企业会计所反映的情况不仅是各企业的金融活动状况，而且体现了整个社会资金的流向和国民经济各部门间的经济联系。从社会再生产过程来考察，金融企业会计反映和监督的内容，实际上全面反映了全国的商品生产、流通和分配的综合情况，因而金融企业会计具有"社会公共簿记"的职能作用。

（二）各项业务活动最终由会计实现和完成

工商企业主要进行商品生产和商品流通，其业务活动由生产部门和营销部门直接完成；而金融企业的业务活动基本上是通过货币资金的收付来组织实现的，一切货币资金的收付又必须通过会计来记载和反映，因此，要实现和完成各项业务活动，必须通过会计来具体办理。金融企业会计的核算过程，也就是具体办理金融业务实现其基本职能的过程。

（三）核算方法具有独特性

金融业是经营货币的特殊行业，一切业务活动必须通过货币资金的收付来实现，因而在核算方法上区别于其他行业会计，有其独到之处。例如，会计凭证采用单式凭证形式，大量采用原始凭证代替记账凭证；采用科目日结单会计核算形式；采取"日清月结"核算方式等，具有一整套符合金融业务性质、特点的会计核算方法体系。

（四）具有严密的内部控制制度

金融企业经营的是特殊商品——货币资金，对其每一个工作流程和环节，都必须有严密的内部控制制度，如近亲属回避制度、印压证的分管制度、每日两次的碰库制度等。

任务二　金融企业主要业务的会计核算方法

一、存款业务的核算

存款业务是金融企业的主要负债业务之一，也是商业银行筹集资金的主要手段，存款业务的重要性决定了存款核算在商业银行会计核算中的地位。

（一）存款业务的种类及账户管理

1. 存款业务的种类

存款从不同的角度可进行不同的划分。

（1）按存款产生的顺序分为原始存款和派生存款。原始存款又称现金存款或直接存款，即企事业单位或个人将现金或现金支票送存银行而形成的存款，包括对公存款、私人存款和银行同业存款。派生存款也称为转账存款或间接存款，它是银行通过资产业务用转账的方式创造的存款。商业银行创造派生存款的实质，就是通过非现金的形式增加货币供给量。

（2）按存款人和银行的契约关系分为活期存款和定期存款。

（3）按存款对象分为个人存款和单位存款。

2. 存款账户的管理

（1）存款账户的设置。各单位只有在银行开立有账户，才能够通过银行办理资金收付和款项结算。银行的存款账户是在吸收存款科目下，分为活期存款和定期存款，再按单位及存款种类设置的。这样可使商业银行的负债情况特别是流动负债与长期负债的结构和比例得到直观明了的反映，也便于分析商业银行的偿债能力。单位银行结算存款账户按资金管理的要求，分为基本存款账户、一般存款账户、专用存款账户和临时存款账户。

①基本存款账户。基本存款账户是存款人因办理日常转账结算和现金收付需要开立的银行结算账户，一般指实行独立经济核算或独立预算的企事业单位在银行开立的主要账户，它是单位发生经济往来，进行资金收付的主要账户。其内容包括存款户、预算存款户、经费限额支出户、预算外存款户和其他存款户，其核算对象为单位的间歇流动资金或经费存款。存款人可通过此账户办理日常转账结算和现金收付，存款人的工资、奖金等现金的支取，都只能通过本账户办理。

②一般存款账户。一般存款账户是存款人因借款或其他结算需要，在基本存款账户开户银行以外的银行营业机构开立的银行结算账户。存款人可以通过本账户办理转账结算和现金缴存，但不能办理现金支取。

③专用存款账户。专用存款账户是存款人按照法律、行政法规和规章，对其特定用途资金进行专项管理和使用而开立的银行结算账户。该类账户主要用于办理各项专用资金的收付，如基本建设资金、更新改造资金、粮棉油收购资金等，支取现金由开户银行按规定自主掌握。

④临时存款账户。临时存款账户是存款人因临时需要并在规定期限内使用而开立的银行结算账户。该账户主要用于办理临时机构以及临时经营活动发生的资金收付，同时可以

按照国家现金管理的规定支取现金。

银行账户按存取款的形式可以分为支票户和存折户。支票户是单位在银行开立的凭送款单（缴款单）和支票等凭证办理存取款项的账户，存折户是单位在银行开立的凭存折和存取款凭条办理存、取款项的账户。一般来说，规模较大、信用较好、财务管理制度健全的单位可开立支票户。

（2）存款账户的开立。存款人可凭从当地人民银行取得的开户许可证，自主选择在一家商业银行开立一个基本存款账户，不得在多家金融机构开立基本存款账户，也不得在一家金融机构的几个分支机构开立一般存款账户。

（3）存款账户的管理原则。主要包括：

①自主选择原则。商业银行和客户实行双向选择，平等竞争。

②依法保密原则。商业银行必须为客户的存款种类、余额等保密。

③不动户销户原则。凡是一年以上未发生变动的单位存款，应通知客户在一个月内办理销户手续。否则，转入其他应付款——久悬未取款项，年终经批准转入营业外收入。

④开立或撤销申报原则。客户在银行开立或撤销存款账户，应在7日内向人民银行申报。对三种账户实行准入制度：基本存款账户、临时存款账户（注册验资除外）和预算单位开立的专用存款账户。

⑤不得出租和转让原则。存款人开立的账户只供本单位使用，不得以任何形式（如收取过渡费、好处费等）转给他人使用。

⑥一个单位只能开立一个基本存款账户原则。一般存款账户和其他账户可以多头开户。

（二）单位存款业务的核算

1. 单位活期存款业务的核算

办理单位活期存款业务时，对支票户和存折户分别进行处理。

（1）支票户存取现金的处理。

①存入现金的处理。由单位填写一式三联的现金缴款单，连同现金交出纳部门（或柜员），出纳部门收妥现金后，登记现金日记账，在缴款单上加盖现金收讫戳记和出纳员名章。第一联交客户作回单，第二联通过内部传递交会计部门，第三联由出纳部门留存。会计部门收到第二联现金缴款单并经审查无误后进行账务处理，其会计分录如下：

借：库存现金等
　　贷：吸收存款——本金

②支取现金的处理。支票户单位支取现金时应签发现金支票，盖上预留银行印鉴，在支票背面背书后，送交会计部门审查，银行会计部门应对支票进行严格的审查，审查内容主要包括：支票的出票日期是否为中文大写；是否在有效的处理时间以内，对远期支票或过期支票均不予受理；大小写金额是否相符，支票是否空头支票；付款人账号与户名是否正确；支票印鉴是否与预留银行印鉴相符。另外还需审查支票是否可支取现金，用途是否得当；支票是否用碳素墨水或墨汁填写；支票是否背书等。

审查无误后，交对号单或铜牌给取款人到出纳部门凭以取款，会计部门则以现金支票代现金付出传票作账务处理，其会计分录如下：

借：吸收存款——本金
  贷：库存现金等

登账后，现金支票经内部传递给出纳部门登记现金付出日记簿并叫名对号付款。

(2) 存折户存取现金的处理。存折户在第一次存入现金开立账户时，应将存入金额和来源填入存款凭条，经银行出纳部门审核无误后，收妥款项并根据存款凭条登记现金收入日记账后转交会计部门。会计部门对存款凭条审核无误后编列账号，并以存款凭条代收入传票，作会计分录。以后存款就以存款凭条和存折办理。

存折户支取现金时，应填写"支款凭条"，加盖预留银行印鉴，将凭条与存折一并交给会计部门。会计部门除参照支票户取款手续进行账务处理外，还应登记存折。存折户存取款项的会计分录同支票户存取款的会计分录。

(3) 单位活期存款的利息计算。对于单位活期存款，除保证金存款和临时性存款外，其余的存款都应计付利息。单位活期存款结息日为每季末月 20 日（含）。在结息日前销户的，应于销户时计付利息，连同本金一起支付给存款人。单位活期存款的利息计算方法有三种：账页计息、余额表计息和计算机计息。不论采取哪一种方法，均按实际天数计算，根据下列公式计算：

$$利息 = 计息积数（日）\times 日利率$$
$$计息积数 = 积数和 \pm 调整积数$$

调整积数：

$$应加积数 = 补记贷方（积数）+ 冲记借方（积数）$$
$$应减积数 = 补记借方（积数）+ 冲记贷方（积数）$$

①账页计息。采用账页计息，每当业务发生时，除登记发生额并结出余额外，还需用上日余额乘以实存天数计算出计息积数，记入账户的"积数"栏中。实存天数按照"算头不算尾"的方法计算，但"尾"为结息日时，则应"算头又算尾"。至结息日，将上季度末月 21 日至本季度结息日的积数累计起来，求出全季度的积数和，如遇错账冲正，应调整计息积数，然后再根据上述公式计算出利息。

【例 3-1】某活期存款分户账页记载如表 3-1 所示。

表 3-1

户名：××单位　　　账号：　　　利率：0.4%　　　单位：元

20××年		摘要	借方	贷方	借或贷	余额	日数	积数
月	日							
9	1	开户		2 000	贷	1 000	2	4 000
9	3	存入		3 000	贷	5 000	1	5 000
9	4	支取	1 000		贷	4 000	1	4 000
9	5	补记9.3账		1 500	贷	5 500	2	11 000
9	7	冲正9.4账	1 000		贷	6 500	14	91 000
9	21	结息		1.34	贷	6 501.34		

积数之和=4 000+5 000+4 000+11 000+91 000=115 000
应加积数=1 500×2（补记贷方）+1 000×3（冲记借方）=6 000
计息积数=115 000+6 000=121 000
利息=121 000×0.4%÷360=1.34（元）

利息计算出后，编制两贷一借的特种转账传票，其中一联特种转账借方传票作利息支出借方凭证，一联特种转账贷方传票作活期存款贷方凭证，其会计分录如下：

借：利息支出　　　　　　　　　　　　　　　　　　　　　　　　　1.34
　　贷：吸收存款　　　　　　　　　　　　　　　　　　　　　　　　1.34

另一联特种转账贷方传票代收账通知交收款单位。

②余额表计息。余额表计息是采用计息余额表计算利息。其基本原理与账页计息相同。具体处理方法就是对各存款分户账，每日营业终了不论余额是否变动，均需将当日最后余额填入余额表内，计息时将每天余额进行合计，其每日余额合计数即为基本计息积数，若中间有错账更正的，则对基本计息积数进行调整（调整方法同前）。以调整后的计息积数乘以日利率，即得出本期利息数。

③计算机计息。按照上述原理编制程序，由计算机自动求出。

2. 单位定期存款业务的核算

单位定期存款是指单位将暂时闲置的自由资金，从活期存款账户转出，约定存期，由银行发给存单，到期凭存单一次性转存本息的单位存款。

单位定期存款与定期储蓄存款利率档次相同，存期有3个月、6个月、1年、2年、3年、5年等多个档次；起存金额为1万元，到期一次转存本息，不能支取现金，不能提前支取；存单不得流通转让；单位从银行取得的贷款以及财政性拨款均不能转存单位定期存款。

（1）单位定期存款存入的核算。单位办理定期存款，应按其存入金额填制转账支票，经银行审核无误，填制一式三联的定期存单或证实书，第一联代转账贷方传票并据以开销户，第二联为存单，第三联代卡片账，然后以转账支票代借方传票办理转账，按存款单位的存款种类设置明细账、登记分户账，第二联存单加盖业务公章和经办人员名章后，交存款单位作存款凭据。

（2）单位定期存款支取的核算。单位持到期的存单办理支取时，银行要将存单和定期存款分户账进行核对，无误后计算利息，填制利息清单，并在分户账上加盖"结清"戳记。以存单代定期存款科目借方传票，另编两联特种转账贷方传票和一联特种转账借方传票，一联特种转账贷方传票代有关存款科目的记账凭证，另一联连同利息清单交单位作收账通知。特种转账借方传票作利息支出科目的记账凭证，办理转账，同时销记开销户登记簿，定期存款分户账应定期装订保管。其会计分录如下：

借：吸收存款——某单位定期存款——本金
　　利息支出
　　贷：吸收存款——某单位活期存款户

定期存款到期后，如果单位要求续存，可以办理转期（按结清旧户另开新存单处理）。

(3) 单位定期存款的利息计算。单位定期存款的利息计算方法与个人储蓄定期存款的计息方法相同，可以利用下列公式直接计算：

$$利息 = 本金 \times 存期 \times 利率$$

单位定期存款到期支取时，本金和利息一并转账，其利率根据1993年开始执行的《储蓄管理条例》的规定，不管存期内是否调整，一律使用原存单所定利率。过期支取的，其过期利息按支取日银行挂牌公告的活期存款利率计算。存期按对年对月对日计算。零头天数则按实际天数计算。

依据权责发生制，对6个月以上的定期存款应按季预提应付利息。预提时，根据计算结果填制借贷方记账凭证办理转账，其会计分录如下：

借：利息支出
　　贷：应付利息

到期支取存款，其会计分录如下：

借：应付利息
　　贷：吸收存款

（三）个人储蓄存款业务的核算

1. 储蓄的原则和种类

我国银行办理储蓄业务的基本原则是：存款自愿、取款自由、存款有息、为储户保密。储蓄的种类主要有：

（1）人民币储蓄存款。具体是：

①活期储蓄存款。包括活期存折户、活期支票户、定活两便储蓄、个人通知存款等。

②定期储蓄存款。包括整存整取定期储蓄、零存整取定期储蓄、存本取息定期储蓄、整存零取定期储蓄等。

③其他储蓄存款。包括大额定期存单、专项储蓄等。

（2）外币储蓄存款。包括活期外币储蓄存款和定期外币储蓄存款。

2. 储蓄利率和计息规定

利率，是一定时期内利息额与本金的比例。利率分为年利率、月利率和日利率。年利率用%表示、月利率用‰表示、日利率用‱表示。实际工作中通常将月利率称作"厘"，如7.5厘表示月利率7.5‰；10厘为1分，如10‰也可称为1分。

各单位利率的换算关系为：年利率÷12=月利率；月利率÷30=日利率；年利率÷360=日利率。

储蓄存款计息的基本规定如下：

（1）计息起点。储蓄存款利息计算时，本金以元为起点，元以下不计利息。利息金额计至分位，分以下四舍五入。分段计息应算至厘位，几段利息相加后四舍五入取至分位。

（2）利随本清、过期不计复息。各种储蓄存款除活期储蓄年度结息或约定自动转存时可将利息转入本金生息外，其他各种储蓄不论存期如何，一律利随本清，不计复息。

（3）存期的规定。主要包括：

①活期储蓄和整存整取定期储蓄计息，存期以天为单位。

②算头不算尾。存入当天算，取出那天不算；如为结息日，则算头又算尾。

③活期储蓄结息日为季末20日，则按实际天数计算；定期储蓄则按对年、对月、对日计算，不分平年、闰年、月大、月小，每月算30天、每年均按360天计算。

（4）利率的规定。主要包括：

①活期储蓄按结息日或支取日银行挂牌公告的活期储蓄存款利率计息。

②定期储蓄按开户日约定的利率计息，如果提前支取，则提前支取部分按支取日银行挂牌公告的活期储蓄存款利率计息；如果逾期支取，则逾期支取部分按支取日银行挂牌公告的活期储蓄存款利率计息。

③定活两便储蓄按支取日不超过1年期的相应档次的整存整取定期储蓄存款利率打6折计息。

3. 活期储蓄存款的核算

活期储蓄存款是可以随时存取的一种储蓄存款，1元起存，不规定存期，多存不限，在结息日结息后计入存款本金。

（1）存入。储户存款，会计分录如下：

借：库存现金等
　　贷：吸收存款——活期储蓄存款——本金

（2）支取。取款的会计分录如下：

借：吸收存款——活期储蓄存款——本金
　　贷：库存现金等

（3）销户。储户要求支取全部存款余额，不再续存时，称销户。销户的会计分录如下：

借：吸收存款——活期储蓄存款——本金
　　利息支出
　　贷：库存现金等

4. 定期储蓄存款的核算

定期储蓄是储户在开户时，约定存款期限，一次或分次存入，到期支取本息的储蓄存款。其优点是存期长，是银行稳定的资金来源，有利于满足银行长期的资金需要。按存入和支取方式的不同，定期储蓄可分为整存整取、零存整取、存本取息和整存零取等多种形式。

（1）整存整取。整存整取定期储蓄是一种约定存期、一次存入本金、到期支取本息的储蓄存款。一般50元起存，多存不限，存期分为3个月、6个月、1年、2年、3年、5年等档次。

①存入。储户申请办理整存整取定期储蓄，会计分录如下：

借：库存现金等
　　贷：吸收存款——定期储蓄存款

②支取。储户持到期或过期的存单或存折来行取款，根据本息合计数付款。其会计分录如下：

借：吸收存款——定期储蓄存款
　　利息支出
　　贷：库存现金等

储户要求提前支取整存整取定期储蓄，须交验身份证件；代储户支取的，代取人还必须持其有效身份证件。银行经办员审核无误后，在存单、卡片上加盖"提前支取"的戳记，按提前支取的利息规定计付利息。其余手续同到期支取。

若储户要求办理部分提前支取，则应采取满付实收的做法，更换新存单，使用存折的在原记录下作支取记录，然后另起一行记录未支取本金。其余手续与提前支取及存入时的手续相同。

③整存整取的约定自动转存。储蓄存款中只有整存整取可办理约定自动转存。开户时，储户应约定转存，不约定转存的不予转存。

存款到期支取的，第一段为原存期，按开户日挂牌的相应档次利率计算；第二段为转存期，本金是开户时存款与第一段利息之和，并按转存日挂牌的定期储蓄相应档次利率计息。

转存后提前支取的，第一段按开户日挂牌的相应档次利率计息，第二段按支取日挂牌公告的活期储蓄利率计息。

逾期支取的，定期内部分按到期支取计息，逾期部分按支取日挂牌公告的活期储蓄利率计息。

④利息计算。整存整取的利息计算与前已述及的单位定期存款的利息计算方式相同，基本公式为利息=本金×存款期限×利率，不计复利，只计单利。到期支取计算利息时，无论存期内是否有利率调整，均按存单或开户日所定利率计付利息。

逾期支取的定期储蓄存款，其超过原定存期的部分，除约定自动转存的外，一律按支取日挂牌公告的活期储蓄存款利率计息。

提前支取未到期的定期储蓄存款，提前支取部分，不论实际存期多长，一律按支取日挂牌公告的活期储蓄利率计息。部分提前支取只能办理一次，提前支取部分储蓄存款的利息随本金结清。未支取部分，仍按原存单或原存入日挂牌公告的利率计算利息。

（2）零存整取。零存整取定期储蓄是固定金额、每月存储一次、到期支取本息的储蓄存款。存期分为1年、3年、5年三个档次。1年期的1元起存，3年、5年期的5元起存，多存不限。中途如漏存，应在次月补齐，若未能补齐则以后存入的存款按活期储蓄利息计息。到期凭存折一次支取本息。

零存整取定期储蓄的开户、续存以及到期、逾期、提前支取的账务处理原理，与整存整取的储蓄方式类似。只是零存整取方式需每月存入一定的本金，因而在存款到期时，其本金的存期是依次递减的，先存入的部分存期长，后存入的部分存期短，在利息计算时，对存期的确定不能以第一次存入本金的存期为主，也不能以最后一次存入的为主。实际工作中，对零存整取定期储蓄利息的计算一般采取以下方法：积数计息法、固定基数法、查表计算法。

零存整取定期储蓄存款到期支取的，按开户日挂牌公告的相应档次存款利率计息，存款期内如遇利率调整不分段计息；提前支取的，按支取日挂牌公告的活期储蓄存款利率计息；逾期支取的，定期内部分按到期支取方法计息，逾期部分按实存天数和支取日挂牌公告的活期储蓄存款利率计息。

二、支付结算业务的核算

（一）支付结算业务概述

结算是经济法人之间因商品交易、劳务供应、资金调拨及其他往来等所发生的货币收付行为和债权债务的清算。支付结算是指单位、个人在社会经济活动中使用票据、信用卡、汇兑、托收承付、委托收款等结算方式进行货币给付及其资金清算的行为。

银行作为支付结算和资金清算的中介机构，只接受客户的委托，办理各种结算款项的收付和清算，为资金清算的实现起中介服务作用，不承担包收（付）款的保证责任。未经中国人民银行批准的非银行金融机构和其他单位不得作为中介机构经营支付结算业务。

根据国家有关规定，一切企事业单位之间的债权债务清算，除按现金管理条例的规定可使用现金者外，都必须通过银行办理转账结算。这样可简化结算手续，缩短结算过程；节约现金使用，稳定货币流通；集聚社会资源，扩大资金来源；加强货币管理，保证资金安全。单位、个人和银行办理支付结算必须遵守下列原则：

（1）恪守信用，履约付款。各经济法人在办理支付结算时，都应讲究信用。能钱货两清的，应及时结算。不能一手交钱、一手交货的，应讲究信用，按约付款，不能拖延或无理拒付。

（2）谁的钱进谁的账，由谁支配。当事人在办理支付结算时，应以票据和结算凭证的文字记载为准，办理转账结算。不以票据和凭证以外的事实或合同、文件为转账依据，防止积压、截留或占用他人资金。

（3）银行不垫款。商业银行作为企业，也有自身的利益。如果任意垫付资金，一是容易打破银行的信贷资金使用计划，二是容易助长客户的依赖心理。

上述三原则是相互联系、相互制约的，既单独发挥作用，又形成一个有机的整体。只有这样，才能切实维护当事人各方的权益，保障支付结算活动有序地进行。

结算纪律是国家财经纪律的重要组成部分，是结算原则的具体化，是维护结算秩序、正确处理结算活动中各当事人之间经济关系的重要保证。它包括客户应遵守的结算纪律和银行应遵守的结算纪律两个方面。

（1）客户应遵守"七不准"的结算纪律，即：不准签发没有资金保证的票据或远期支票，套取银行信用；不准签发、取得和转让没有真实交易和债权债务的票据，套取银行和他人资金；不准无理拒绝付款，任意占用他人资金；不准违反规定开立和使用账户，利用多头开户逃废债务；不准签发与预留印鉴不符或支付密码不符的支票；不准拒绝或逃避与开户银行的资金往来对账；不准擅自印制票据和结算凭证。

（2）银行应遵守"十三不准"的结算纪律，即：不准以任何理由压票、任意退票、截留挪用客户和他行资金；不准无理拒绝支付票据款项；不准受理无理拒付、不扣或少扣滞纳金；不准违规签发、承兑、贴现票据，套取他人资金；不准签发空头银行汇票、银行本票和办理空头汇款；不准在支付结算制度之外规定附加条件，影响汇路畅通；不准违反规定为单位和个人开立账户；不准拒绝受理、代理他行正常结算业务；不准放弃对开户单位和个人违反结算纪律的制裁；不准逃避通过人民银行转汇大额汇划款项；除法律、法规另有规定外，不得为任何单位和个人查询开户单位和个人的存款，不代任何单位或个人冻结、扣划客户存款，不得停止单位和个人存款的正常支付；不准违规印刷、使用空白票据和结算凭证；不准在规定的项目之外收取邮电费、工本费、手续费，不准擅自提高或降低结算业务收费标准。

支付结算的种类包括：

(1) 支票。支票是出票人签发的、委托办理支票存款业务的银行在见票时无条件支付确定的金额给收款人或者持票人的票据。支票可分为现金支票、转账支票（业务委托书）。现金支票只能用于支取现金，转帐支票只能用于转账，不能支取现金。

(2) 汇票。汇票是出票人签发的，委托付款人在见票时或指定日期无条件支付确定的金额给收款人或者持票人的票据。汇票按出票人的不同，分为银行汇票和商业汇票。银行汇票是出票银行签发的，由其在见票时按照实际结算金额无条件支付给收款人或者持票人的票据。商业汇票是出票人签发的，委托付款人在指定日期无条件支付确定的金额给收款人或者持票人的票据。商业汇票按承兑人的不同，分为商业承兑汇票和银行承兑汇票。商业承兑汇票是由收款人或付款人签发，经付款人承兑的票据。银行承兑汇票是由购货人签发，经购货人开户银行审查同意承兑的票据。

(3) 本票。本票是出票人签发的，承诺自己在见票时无条件支付确定的金额给收款人或持票人的票据。根据出票人的不同，可以分为商业本票和银行本票。商业本票是由商人签发的本票，目前在我国暂缓使用。银行本票是银行签发的，承诺自己在见票时无条件支付确定的金额给收款人或者持票人的票据。银行本票又分为定额本票和不定额本票两种。定额本票由中央银行发行，委托各商业银行代办发行和兑付；不定额本票由经办银行签发和兑付。

(4) 信用卡。信用卡是指商业银行向个人和单位发行的，凭以向特约单位购物、消费和向银行存取现金，且具有消费信用的特制载体卡片。信用卡按是否向发卡银行交存备用金分为贷记卡和准贷记卡。贷记卡是指发卡银行给予持卡人一定的信用额度，持卡人可在信用额度内先消费、后还款的信用卡；准贷记卡是指持卡人须先按发卡银行要求交存一定金额的备用金，当备用金账户余额不足支付时，可在发卡银行规定的信用额度内透支的信用卡。

(5) 汇兑。汇兑是汇款人委托银行将其款项支付给收款人的结算方式。汇兑按其凭证寄送方式不同，分为信汇和电汇。信汇是汇款人委托银行用邮寄凭证的方式通知汇入行付款的一种结算方式；电汇是汇款人委托银行用拍发电报或网络传递的方式通知汇入行付款的一种结算方式。

(6) 托收承付。托收承付是根据购销合同由收款人发货后委托银行向异地付款人收取款项，由付款人向银行承认付款的一种结算方式。根据托收承付结算款项的划回方式不同，分为邮寄和电汇。

(7) 委托收款。委托收款是收款人委托银行向付款人收取款项的一种结算方式。根据委托收款结算款项的划回方式不同，分为邮寄和电汇。根据付款的情况不同，分为全额付款、无款支付和拒绝付款。

总之，我国目前实行的是以"三票一卡"为主体的支付结算制度，各种结算合理配合，互相补充，可以适应多种交易方式的需要。

(二) 支票

1. 支票的主要规定

(1) 单位和个人在同城或异地的各种款项结算，均可以使用支票。

(2) 支票的出票人，为在经中国人民银行当地分支行批准办理支票业务的银行机构开立可以使用支票的存款账户的单位和个人。

(3) 签发支票必须记载的事项有：表明"支票"的字样；无条件支付的委托；确定的金额；付款人名称；出票日期；出票人签章。支票的付款人为支票上记载的出票人开户银行。支票的金额、收款人名称，可以由出票人授权补记。未补记前不得背书转让和提示付款。

(4) 支票的提示付款期限自出票日起10天（据中国人民银行司法解释应于出票的次日起计算），到期日遇法定公休假日顺延。

(5) 签发支票应使用碳素墨水或墨汁填写，大小写金额、日期和收款人不得更改，其他内容如有更改，必须由出票人加盖预留银行印鉴证明。

(6) 签发现金支票，必须符合国家现金管理条例的规定。用于支取现金的支票，仅限于收款人向付款人提示付款，不得背书转让。

(7) 出票人签发空头支票、签章与预留银行印章不符的支票或支付密码错误的支票，银行应予以退票，并按票面金额处以5%但不低于1 000元的罚款；持票人有权要求出票人赔偿支票金额2%的赔偿金。对屡次签发此类支票的，银行应停止其签发支票的资格。

(8) 持票人委托开户银行收款的支票，应作委托收款背书，银行应通过票据交换系统，收妥后入账。

(9) 支票可以挂失止付。付款人或者代理付款人自收到挂失止付通知书之日起12日内没有收到人民法院的止付通知书的，自第13日起，持票人提示付款并依法向持票人付款的，银行不再承担挂失责任。

(10) 存款人领购支票，必须填写"票据和结算凭证领用单"，并加盖预留银行印鉴。存款账户结清时，必须将全部剩余空白支票交回银行注销。

2. 业务委托书的核算程序

业务委托书使用单联式，包括存根联和正联。存根联由出票人留存，作银行存款的记账依据；正联由出票人加盖银行预留印鉴，送开户行作减少出票人存款的借方传票。同时还须填写进账单一式三联，其中第一联作回单交给持（出）票人，第二联由收款人开户银行作增加存款的贷方传票，第三联是收款人开户银行交给收款人的收款通知。

(1) 持票人、出票人在同一行处开户的处理程序。

①持票人送交业务委托书。出票人出票后，将业务委托书交收款人，由收款人或持票人填制进账单送开户银行办理转账结算。一般适用于收款人对出票人信用状况比较了解，二者往来较多，一般不会出现违规签发支票的情况。开户行作以下会计分录：

借：吸收存款——出票人
　　贷：吸收存款——持票人

②出票人送交业务委托书。由出票人填写进账单送开户银行办理转账结算，来了结债权债务关系。开户行作以下会计分录：

借：吸收存款——出票人
　　贷：吸收存款——持票人
（2）持票人、出票人不在同一行处开户的处理程序。
①持票人送交业务委托书。持票人开户银行代理付款行收到持票人或收款人送交的支票和进账单，经审核无误后，办理转账结算。代理付款行作以下会计分录：
借：同城票据清算
　　贷：其他应付款
付款行作以下会计分录：
借：其他应收款——出票人
　　贷：同城票据清算
②出票人送交业务委托书。付款银行接到出票人送交的支票和进账单，经审核无误后，办理转账结算。付款行作如下会计分录：
借：吸收存款——出票人
　　贷：同城票据清算
代理付款行作如下会计分录：
借：同城票据清算
　　贷：吸收存款——收款人

（三）银行本票

1. 银行本票的主要规定

（1）单位和个人在同一票据交换区域需要支付各种款项，均可以使用银行本票。

（2）银行本票的出票人，为经中国人民银行当地分支行批准办理银行本票业务的银行机构。

（3）签发银行本票必须记载的事项有：表明"银行本票"的字样；无条件支付的承诺；确定的金额；收款人名称；出票日期；出票人签章。

（4）定额银行本票面额为1 000元、5 000元、1万元和5万元四种。

（5）银行本票的提示付款期限自出票日起最长不得超过两个月（到期日遇法定公休假日顺延）。逾期的本票，代理付款人不予受理。

（6）申请人使用银行本票，应向银行提交"银行本票申请书"，详细填写有关内容。申请人和收款人均为个人，需要支取现金的，应在"支付金额"栏先填写"现金"字样，后填写支付金额。

（7）出票银行受理申请书，收妥款项后签发银行支票。用于转账的，在银行本票下面划去"现金"字样；用于支取现金的，在本票下面划去"转账"字样。不定额银行本票应用压数机压印出票金额、签章后才能交给申请人。

（8）注明"现金"字样的银行本票不得背书转让，但注明"现金"字样的银行本票丢失，可以由失票人通知付款人或代理付款人挂失止付。

（9）持票人对注明"现金"字样的银行本票，需要委托他人向出票银行提示付款的，应在背面签章，记载"委托收款"字样、受托人姓名和背书日期以及委托人身份证件名称、号码和发证机关。

（10）跨系统银行本票的兑付，持票人开户银行可根据中国人民银行规定的金融机构同业往来利率向出票银行收取利息。

2. 银行本票的核算程序

银行本票一式两联，第一联出票行留存，结清本票时作借方凭证附件；第二联由出票银行结清本票时作借方凭证。转账的银行本票，还要填制三联进账单办理。本票的申请人和持票人可能在同一行处开户，也可能不在同一行处开户。在一个行处开户的，不需要通过票据交换，出票行就是兑付行，直接办理兑付和结清手续。不在同一行处开户的，则通过票据交换办理。出票行的会计处理如下：

（1）申请人提出银行本票申请：

借：吸收存款（或现金）

　　贷：存入保证金

（2）签发一式两份银行本票：

借：存入保证金

　　贷：同城票据清算

（3）代理付款行兑付银行本票：

借：同城票据清算

　　贷：吸收存款——收款人

（四）银行汇票

1. 银行汇票的主要规定

（1）单位和个人的各种款项结算，均可使用银行汇票。

（2）银行汇票的出票和付款，限于参加联行往来的银行机构办理。

（3）签发银行汇票必须记载的事项有：表明"银行汇票"的字样；无条件支付的承诺；出票金额；付款人名称；收款人名称；出票日期；出票人签章。

（4）银行汇票的提示付款期限自出票日起 1 个月（到期日遇法定公休假日顺延）。超过付款期限提示付款的，代理付款人不予受理。

（5）申请使用银行汇票，应向出票银行提交"银行汇票申请书"，详细说明有关内容并签章。申请人和收款人均为个人，需要向代理付款人支取现金的，应在申请书上填明代理付款人名称，并在汇票金额栏先填写"现金"字样，后填写汇票金额。

（6）出票银行受理银行汇票申请书，收妥款项后签发银行汇票，并用压数机压印出票金额，将银行汇票正联和解讫通知联一并交给申请人。签发转账银行汇票的，不得填写代理付款人。

（7）申请人应将银行汇票和解讫通知一并交付汇票上记明的收款人。其实际结算金额应在出票金额以内，并不得更改。

（8）注明"现金"字样的银行汇票不得背书转让，但注明"现金"字样和代理付款人的银行汇票丢失，可以由失票人通知付款人或代理付款人挂失止付。

（9）持票人向银行提示付款的，必须同时提交银行汇票和解讫通知，并在汇票背面签章。持票人未在银行开立存款账户的个人，应提交身份证件并留下复印件备查。转账支付的，不得转入储蓄和信用卡账户。

（10）持票人对注明"现金"字样的银行汇票，需委托他人向银行提示付款的，应在背书栏签章，记载"委托收款"字样、受委托人姓名和背书日期以及委托人身份证名称、号码、发证机关。

（11）持票人或申请人因汇票超过付款提示期限或其他原因，要求付款或退款时，须在票据权利时效内，将汇票和解讫通知同时提交出票银行，并出具单位证明和个人身份证件，经审核无误后，方可办理。如没有解讫通知，出票银行应于汇票提示付款期满1个月后才能办理。

2. 银行汇票的核算程序

银行汇票的核算主要通过业务委托书、银行汇票结算凭证、进账单和联行凭证来完成。业务委托书为单联，作为减少申请人存款的借方凭证。银行汇票结算凭证一式四联，第一联卡片联，由出票银行结清汇票时作开出汇票的借方凭证；第二联正联，由代理付款行付款后作联行往账借方凭证附件；第三联解讫通知联，由代理付款行兑付后随报单寄出票行，出票行作多余款贷方凭证；第四联多余款收账通知联，由出票行结清多余款后交申请人。出票行的会计处理如下：

（1）申请人提出银行汇票申请：

借：吸收存款（或现金）

　　贷：存入保证金

（2）签发一式四联银行汇票：

借：存入保证金

　　贷：××联行等

　　　　××存款等

（3）代理付款行兑付银行汇票：

借：××联行等

　　贷：××存款等

（五）商业汇票

1. 商业汇票的主要规定

（1）凡在银行开立存款账户的法人以及其他组织之间，必须具有真实的交易关系或债权债务关系，才能使用商业汇票。

（2）商业承兑汇票的出票人，为在银行开立存款账户的法人以及其他组织，与付款人具有真实的委托付款关系，具有支付汇票金额的可靠资金来源。

（3）银行承兑汇票的出票人必须具备三个条件：是在承兑行开立存款账户的法人以及其他组织；与承兑银行具有真实的委托付款关系；资信状况良好，具有支付汇票金额的可靠资金来源。

（4）出票人不得签发无对价的商业汇票以骗取银行或者其他票据当事人的资金。

（5）签发商业汇票必须记载的事项有：表明"商业承兑汇票"或"银行承兑汇票"字样；无条件支付的委托；确定的金额；付款人名称；收款人名称；出票日期；出票人签章。

（6）商业汇票可以在出票时向付款人提示承兑后使用，也可以在出票后先使用再向付款人提示承兑。

（7）商业汇票的承兑期限，最长不得超过6个月。定日付款的汇票自出票日起计算，并在汇票上记载具体的到期日；出票后定期付款的汇票，自出票日起按月计算，并在汇票上记载；见票后定期付款的汇票，自承兑或拒绝承兑日起按月计算，并在汇票上记载。

（8）商业汇票的提示付款期限，自汇票到期日起10日。异地委托收款的，持票人可匡算邮程，提前5天通过开户银行委托收款。持票人超过提示付款期限提示付款的，持票人开户银行不予受理。

2. 商业汇票的核算程序

（1）商业承兑汇票的处理。商业承兑汇票一式三联，第一联卡片联，由承兑人留存；第二联正联，由持票人开户行随托收凭证寄付款人开户行作借方凭证附件；第三联存根联，由出票人存查。

（2）银行承兑汇票的处理。银行承兑汇票一式三联，第一联卡片联，由承兑行留存备查，到期支付票款时作借方凭证附件；第二联正联，由收款人开户行随托收凭证寄付款行作借方凭证附件；第三联存根联，由出票人存查。

（六）信用卡

1. 信用卡的主要规定

（1）信用卡按使用对象分为单位卡和个人卡；按信誉等级分为金卡和普通卡。单位卡的申领人必须开立基本存款账户，个人卡的申请人必须具有完全民事行为能力。发卡银行可根据申请人的资信程度，要求其提供担保。

（2）商业银行、非银行金融机构未经中国人民银行批准不得发行信用卡。非金融机构、境外金融机构的驻华代表机构不得发行信用卡和代理收单结算业务。

（3）单位卡账户的资金一律从其基本存款账户转入，不得交存现金，不得将销货收入的款项存入其账户。个人卡账户的资金以其持有的现金存入或以其工资性款项及属于个人的劳务报酬收入转账存入。严禁将单位的款项存入个人卡账户。

（4）持卡人可持信用卡和身份证件在特约单位购物、消费。单位卡不得用于10万元以上的商品交易、劳务供应款项的结算。

（5）特约单位不得向持卡人收取附加费用，不得通过压卡、签单和退货等方式支付持卡人现金。单位卡一律不得支取现金。

（6）信用卡仅限于合法持卡人本人使用，不得出租或转借。如信用卡丢失，持卡人应立即持有关证件向发卡银行或代办银行申请挂失。

2. 信用卡的现金支出

（1）参加同城票据交换的代理行的处理手续。参加同城票据交换的代理行，对持卡人持信用卡支取现金的，应要求其提交身份证件，并审查无误后，作会计分录如下：

借：同城票据清算等科目
　　贷：应解汇款及临时存款——持卡人户

支付现金另填制一联现金借方凭证。其会计分录如下：

借：应解汇款及临时存款——持卡人户
　　贷：库存现金

在异地支取现金的，比照以上在同一城市支取现金的有关手续处理，并将第二联取现单加盖转讫章随联行借方报单划持卡人开户行，另填制一联特种转账贷方凭证作收取手续费的贷方凭证。其会计分录如下：

借：联行往来——往户
　　贷：应解汇款及临时存款——持卡人户
借：应解汇款及临时存款——持卡人户
　　贷：库存现金
　　　　其他应付款——手续费户

（2）未参加同城票据交换的代理行的处理手续。未参加同城票据交换的代理行，对持卡人持信用卡支取现金的，应按照有关规定审核并压（刷）卡，再办理现金支付的处理手续，然后将第三联取现单加盖转讫章连同第二联取现单于营业终了随内部往来凭证划付管辖行。

管辖行收到寄来的内部往来凭证及第二、三联取现单，审核无误后，如为同城的，应将第二联取现单上加盖业务公章，然后向持卡人开户行提出交换，第三联取现单作贷方凭证的附件；如为异地的，将第二联取现单加盖转讫章，随联行借方报单划持卡人开户行；对异地跨系统银行发行的信用卡，将第二联取现单加盖业务公章，向本管辖行所在地的发卡银行通汇行提出票据交换，并清算资金。

（3）持卡人开户行的处理手续。持卡人开户行收到同城票据交换来的第二联取现单或联行划来的报单及第二联取现单时，应认真审查：取现单上压印、填注的联行行号或同城票据交换号是否本行行号或本行交换号；取现单上的内容是否清晰、完整；取现单上是否加盖业务公章；大、小写金额是否相符；超过交易限额的，有无授权号码。经审查无误后，第二联取现单作借方凭证。其会计分录如下：

借：××信用卡存款
　　贷：联行往来（或同城票据清算等）

持卡人开户行收到取现单，发现持卡人信用卡账户不足支付的，其不足部分纳入"其他短期贷款"科目核算，按规定计收透支利息。本金或利息未还清又透支的，透支日期连续计算。

3. 信用卡的消费性支出

（1）特约单位开户行的处理手续。

①特约单位与持卡人在同一城市的，第一联进账单加盖转讫章作收账通知，第一联汇计单加盖业务公章作交费收据，退给特约单位；第二联进账单作贷方凭证，第三联签购单作其附件，根据第二联汇计单的手续费金额填制一联特种转账贷方凭证作其附件；将第二联签购单加盖业务公章连同第三联汇计单向持卡人开户行或特约单位所在地的跨系统发卡银行通汇行提出票据交换，对跨系统银行发行的信用卡需待款项收妥办理转账。其会计分录如下：

借：同城票据清算等
　　贷：××存款——特约单位户
　　　　手续费收入——××手续费户

②特约单位与持卡人不在同一城市的，第二联进账单作贷方凭证，第三联签购单作其附件，根据第二联汇计单的手续费金额填制一联特种转账贷方凭证作其附件；第二联签购

单加盖转讫章连同第三联汇计单随联行借方报单寄持卡人开户行。其会计分录如下：

借：联行往来——往户
　贷：××存款——特约单位户
　　　手续费收入——××手续费户

第一联进账单加盖转讫章作收账通知，第一联汇计单加盖业务公章作交费收据，退给特约单位。

特约单位所在地的跨系统发卡银行通汇行接到特约单位开户的跨系统银行交换来的签购单和汇计单，随联行借方报单划持卡人开户行。其会计分录如下：

借：联行往来——往户
　贷：同城票据清算

(2) 持卡人开户行的处理手续。持卡人开户行收到同城票据交换或联行划来的第二联签购单和第三联汇计单，经审查无误后，以第二联签购单作借方凭证。其会计分录如下：

借：××信用卡存款
　贷：联行往来（或同城票据清算等）

（七）汇兑

1. 汇兑的主要规定

（1）汇兑是汇款人委托银行将其款项支付给收款人的结算方式，适用于单位和个人的各种款项结算。

（2）签发汇兑凭证必须记载规定的事项，缺少其中之一的，银行不予受理。

（3）汇款人和收款人均为个人，需在汇入银行支取现金的，应在信、电汇凭证的"汇款金额"大写栏先填写"现金"字样，后填写汇款金额。

（4）汇款回单只能作为汇出银行受理汇款的依据，不能作为该笔汇款转入收款人账户的证明。

（5）汇兑按解付方式不同，分为直接入账和不直接入账。不直接入账的款项应先贷记"应解汇款"科目，然后按收款人的意见办理解付。严禁转入储蓄和信用卡账户。

（6）对于收款人要求分次支付的汇款，应开立临时存款户，该户只付不收，付完清户，不计利息。

（7）汇入银行对于收款人拒收汇款或经过两个月无法支付的汇款，应主动办理退汇。

2. 信汇的核算程序

信汇凭证一式四联，第一联回单联，由回出行给汇款人的回单；第二联借方凭证联，由汇出行作借方传票；第三联贷方凭证联，由汇入行作贷方传票；第四联收账通知联，是汇入行给收款人的收账通知。

对于不直接入账的，先贷记"应解汇款及临时存款"，登记应解汇款登记簿，然后通知收款人取款。收款人持通知取款时，分别按以下情况处理：

（1）全部取现。会计分录为：

借：应解汇款及临时存款
　贷：库存现金

（2）部分取现。另开临时存款户，再支取。

(3) 要求转账。借记"应解汇款及临时存款",贷记"××存款或同城票据清算"。

(4) 要求转汇。借记"应解汇款及临时存款",贷记"联行往账或开出汇票"。

应解汇款科目是汇入行收到不直接入账的汇款时使用的会计科目,该科目下要设立"应解汇款登记簿"和有关临时存款户进行核算。收到汇款时,记贷方;解付汇款时,记借方。在登记应解汇款登记簿时,须在贷方金额后批注解付日期。采取逐笔记账、逐笔核销的满收满付办法,如发生分次支付,应从应解汇款登记簿中一次转销,另设临时存款户进行核算,以便及时反映和监督客户的汇款解付情况。

3. 退汇的处理手续

退汇就是将原汇出款项退回原汇款人的一种行为。退汇仅限于不直接入账,且未解付的汇款。它分为汇款人要求退汇和汇入行主动退汇两种情况。

(1) 汇款人要求退汇的处理手续。

①汇出行承办的处理手续:汇款人要求退汇时,如收款人在汇入行开立账户,由汇款人与收款人自行联系退汇;如收款人未在汇入行开立账户,应由汇款人备函或本人身份证件连同原信汇、电汇回单交汇出行办理退汇。

汇出行接到退汇函件或身份证件以及回单,应填制四联"退汇通知书",在第一联上批注"×月×日申请退汇,待款项退回后再办理退款手续"字样,交给汇款人,第二、三联寄交汇入行,第四联与函件和回单一起保管。

如汇款人要求用电报通知退汇,只需填两联退汇通知书,比照信汇退汇通知书第一、四联的手续处理,并凭退汇通知书通知汇入行。

②汇入行的处理手续:汇入行接到汇出行划来的第二、三联退汇通知书或通知退汇的电报,如该笔汇款已转入应解汇款科目,尚未解付,应向收款人联系索回便条,以第二联退汇通知书代借方凭证,第四联汇款凭证作附件。其会计分录如下:

借:应解汇款及临时存款——收款人户
　　贷:联行往来——往户

第三联退汇通知书随同邮划贷方报单寄原汇出行。如电报通知退汇,应另填一联特种转账借方凭证,并填制电划贷方报单,凭以通知汇出行。

如该笔汇款业已解付,应在第二、三联退汇通知书或电报上注明解付情况及日期后,将第二联退汇通知书或电报留存,以第三联退汇通知书(或拍发电报)通知汇出行。

③汇出行的处理手续:汇出行接到汇入行划来的邮划贷方报单及第三联退汇通知书或退汇通知时,应以第三联退汇通知书或第三联电划贷方补充报单代贷方凭证(第三联电划补充报单作贷方凭证附件)办理转账。其会计分录如下:

借:联行往来——来户
　　贷:××存款——原汇款人户

如汇款人未在银行开立账户,应另填制一联现金借方凭证。其会计分录如下:

借:联行往来——来户
　　贷:其他应付款——原汇款人户
借:其他应付款——原汇款人户
　　贷:库存现金

在原第二联汇款凭证上注明"此款已于×月×日退汇"字样,以备查考。在留存的第四联退汇通知书注明"退汇款汇回已代进账"字样,加盖转讫章后作为收账通知交给原汇款人。

如接到汇入行划回的第三联退汇通知书或发来的电报注明汇款业已解付,应在留存的第四联退汇通知书上批注解付情况,通知原汇款人。

(2) 汇入行主动退汇的处理手续。

①汇入行的处理手续:汇款超过两个月,收款人尚未来行办理取款手续或在规定期限内汇入行已寄出通知,但因收款人住址迁移或其他原因,导致该笔汇款无人受领时,汇入行可以主动办理退汇,退汇时应填制一联特种转账借方凭证和两联特种转账贷方凭证,并在凭证上注明"退汇"字样,第四联汇款凭证作借方凭证附件。其会计分录如下:

借:应解汇款及临时存款——原收款人户
　贷:联行往来——往户

一联特种转账贷方凭证加盖联行专用章连同另一联特种转账贷方凭证随同邮划贷方报单划原汇出行。

②原汇出行的处理手续:原汇出行接到原汇入行划来的邮划报单及所附两联特种转账贷方凭证,以加盖原汇入行联行专用章的一联特种转账贷方凭证代贷方凭证。其会计分录如下:

借:联行往来——来户
　贷:××存款——原汇款人户

另一联特种转账贷方凭证加盖转讫章代收账通知交给原汇款人。

如汇款人未在银行开立账户,则通过"其他应付款"科目过渡,再通知原汇款人来行办理取款手续。

(八) 托收承付

1. 托收承付结算方式的主要规定

(1) 办理托收承付结算的款项,必须是商品交易,以及因商品交易而产生的劳务供应的款项。代销、寄销、赊销商品的款项,不得办理托收承付结算。

(2) 收付双方使用托收承付结算,必须重合同、守信用。收款人对同一付款人发货托收累计3次收不回货款的,收款人开户行应暂停收款人向该付款人办理托收;付款人累计3次提出无理拒付的,付款人开户行应暂停其向外办理托收。

(3) 收款人办理托收,必须具有商品确已发运的证件(包括铁路、航运、公路等运输部门签发运单、运单副本和邮局包裹回执)。没有发运证件,如商品调拨、自备运输工具、军用物资、大修、就地转厂加工、使用铁路集装箱等,可凭其他有关证件办理托收。

(4) 托收承付结算每笔的金额起点为1万元。新华书店系统每笔的金额起点为1 000元。

(5) 签发托收承付凭证必须记载规定的事项,欠缺其中之一的,银行不予受理。收款人开户行的审查时间最长不得超过次日。

(6) 付款人的承付期限分为验单付款和验货付款两种,由收付双方商量选用,并在合同中明确规定。验单付款的承付期为3天,从付款人开户行发出承付通知的次日算起

（期内遇法定休假日顺延）；验货付款的承付期为 10 天，从运输部门向付款人发出提货通知的次日算起。

（7）根据付款的情况不同，托收承付可以分为按期承付、提前承付、多承付、逾期付款、部分付款和拒绝付款等多种情况。

2. 按期全额承付结算方式的核算程序

托收凭证一式五联，第一联受理回单联，是收款人开户银行给收款人的受理回单；第二联贷方凭证联，由收款人开户银行作贷方传票；第三联借方凭证联，由付款人开户银行作借方传票；第四联汇款依据或收账通知联，是付款人开户银行凭以汇款或收款人开户银行作收账通知；第五联付款通知联，由付款人开户银行给付款人按期付款通知。

3. 赔偿金的计算方法

（1）赔偿金＝逾期金额×逾期天数×0.5‰。

（2）承付期满日，银行营业终了时无款支付，即算一天赔偿金。哪怕第二天一大早存款也照算。

（3）期满的次日，银行营业终了时无款支付，再算一天赔偿金，加起来为两天。其余类推。

（4）期满的次日，如为法定公休假日，计算赔偿金的天数顺延，但以后遇公休假日照算。

（5）如"某日上午开业时划款"，说明前一天晚上有款支付。

（6）如"某日营业终了才有足额款项划转"，说明前一天晚上无款支付（实际工作中前面少算一天，后面多算一天，结果相同）。

三、贷款业务的核算

贷款是贷款人（商业银行）对借款人（法人和自然人）提供的并按照约定的利率和期限还本付息的一种信用活动。商业银行作为经营货币资金的特殊企业，贷款是其重要的资金运用形式，是金融企业的主要资产，也是取得收入的主要途径。贷款业务的核算是商业银行会计核算工作的重要内容。

（一）贷款业务种类

1. 按照贷款期限划分

贷款按发放的期限可分为短期贷款、中期贷款和长期贷款。短期贷款是指期限在 1 年以下（含 1 年）的各种贷款；中期贷款是指期限在 1 年以上 5 年（含 5 年）以下的各种贷款；长期贷款是指期限在 5 年以上的各种贷款。

2. 按照贷款的保证方式划分

贷款按保证的方式可分为信用贷款、担保贷款和票据贴现。信用贷款是指凭借款人的信誉发放的贷款。担保贷款按担保方式又分为保证贷款、抵押贷款和质押贷款。

3. 按照贷款质量划分

可分为正常贷款和有问题贷款。有问题贷款是指"一逾两呆"，即逾期贷款、呆滞贷款和呆账贷款。

4. 按照贷款主体划分

可分为自营贷款和委托贷款。自营贷款是指贷款人以合法方式筹集的资金自主发放的贷款；委托贷款是指由委托人提供资金，受托人根据委托人确定的贷款对象、用途、金额、期限、利率等而发放的贷款。

5. 按照贷款的风险程度划分

可将贷款质量分为五级，即正常类贷款、关注类贷款、次级类贷款、可疑类贷款和损失类贷款（有的银行将前两类再细分，分为十类贷款）。

此外，按照利率性质，分为固定利率贷款、浮动利率贷款和优惠利率贷款；按照借款人的用途分为固定资产贷款、流动资产贷款、消费贷款和其他贷款等。

（二）信用贷款的核算

信用贷款是指完全凭借款人的信用发放的贷款。借款人需要资金时逐笔向银行提出借款申请，经过银行批准以后逐笔签订借款合同，逐笔立据审查，逐笔发放，约定借款期限到期还款。

1. 信用贷款的发放和收回的核算

（1）贷款发放的会计处理。单位申请贷款时，除填写申请书外，还应填写一式五联的借款借据，在借据的第一、二联上加盖预留银行印鉴，送交银行信贷部门。银行有关部门审核批准后，送交会计部门办理贷款手续。会计部门接到借款凭证后，应审查凭证各栏填写是否正确、完整，大小写是否一致，印鉴是否相符，有无有关部门审批意见等。经审核后，为借款单位开立贷款分户账，并将贷款款项转入借款单位存款科目，以借款凭证第二、三联代转账借方、贷方传票，办理转账，其会计分录如下：

借：贷款——××单位短期（或中长期）贷款户

　　贷：吸收存款——××单位活期存款户

转账后，第一联为备查联，由银行信贷部门留存，第四联（借款正联）按贷款到期日先后顺序专夹保管，第五联借款凭证盖章后作回单交借款单位。

（2）贷款到期收回的处理。贷款到期后，借款人应按照合同的约定及时足额归还贷款本息。借款人按时归还贷款时，应填写一式四联还款凭证或签发转账支票送借款银行，办理还款手续，第一联为贷款收账通知，第二联为转账借方传票，第三联为转账贷方传票，第四联信贷部门留存。会计部门收到凭证后，应同贷款账户进行核对，审核印章与预留银行印鉴是否相符等。审核无误后，以还款凭证第二、三联作转账借、贷方传票，办理贷款收回手续。有关会计分录如下：

借：吸收存款——××单位户

　　贷：贷款——××单位短期（或中长期）户

贷款到期借款人未主动归还的，可由银行与借款人联系后填制特种转账借、贷方传票主动扣收。其会计处理与借款人主动归还手续相同。

2. 信用贷款的展期与逾期的核算

（1）信用贷款展期的核算。贷款到期，借款人如因正当原因不能按期还款时，可向银行申请贷款展期，提交贷款展期申请书，经信贷部门审查批准后交会计部门凭以在原借据上批注展期期限，将展期申请书附在原借据后一并保管，借据按展期后的到期日顺序排列保管。展期时不需另外办理转账手续。

(2) 信用贷款逾期的核算。逾期贷款是指到期应收回而未能收回的贷款。贷款逾期时银行应将原贷款转入逾期贷款账户，编制特种转账借、贷方传票办理转账。其会计分录如下：

借：贷款——××单位逾期户
　　贷：贷款——××单位短期贷款户

对于逾期贷款，自转入逾期贷款科目之日起，按规定的罚息利率计收罚息。

（三）担保贷款的核算

担保贷款按照贷款的不同形式可以分为抵押贷款、保证贷款和质押贷款三种。

1. 抵押贷款

抵押贷款是按照《担保法》规定的抵押方式以一定的财产作为抵押物而发放的贷款。借款人到期不能归还贷款时，贷款银行有权依法处置抵押物，从所得款项中优先收回贷款本息，或以抵押物折价充抵。

（1）抵押物的种类。按照《担保法》的规定，借款人申请抵押贷款时可以充当抵押物的必须是借款人所有的、有价值的、可保存的、易变现的财产。

（2）抵押贷款的申请和审批。抵押贷款由借款人向商业银行提出申请，并向银行提供以下资料：借款人的法人资格证明、抵押物清单及符合法律规定的所有权证明、需要审查的其他资料。

商业银行收到借款申请后要对贷款人的资格、贷款目的和抵押物进行审查。审批同意后可签订抵押借款合同，按照抵押物价值的 50%～70% 发放贷款。

$$贷款额度 = 抵押物作价金额 \times 抵押率$$

（3）抵押物的保管。抵押合同签订、贷款发放后，抵押物依据合同要移交给债权银行。动产抵押中体积小而金额高的抵押物一般由银行保管，不动产的抵押由银行和借款人双方封存后由借款人保管。银行收到抵押物后要给借款人抵押物收据。对于保管技术性强的抵押物也可以委托第三方保管。办理抵押贷款的各种费用由借款人承担。

（4）抵押贷款的发放和收回。抵押贷款经信贷部门审批同意后，会计部门审查借款凭证和随附的抵押物清单无误后，办理贷款的发放，核算手续可参照信用贷款办理，其会计分录如下：

借：贷款——××单位抵押贷款户
　　贷：吸收存款——××单位户

同时对抵押物进行表外登记。收入：待处理抵押品——××单位户。

贷款到期时，借款人主动向银行归还贷款时，银行根据还款凭证收回贷款本息，会计分录如下：

借：吸收存款——××单位户
　　贷：贷款——××单位抵押贷款户
　　　　利息收入——贷款利息收入

贷款本息收回后，注销表外科目，同时将抵押物及有关单据退回借款人。如果借款人到期不能归还贷款，应转做逾期贷款处理。同时向借款人发送"处理抵押品通知单"，逾期超过规定的期限（1个月）银行有权处置抵押物，处置所得扣除抵押物的保管费用后，应先归还贷款本金，再收利息。若变卖收入高于贷款本息，其多余部分应退还给借款人；如果变卖收入不足以偿还贷款本息，其不足部分向借款人追偿。其会计分录为：

作价入账的会计分录为：

借：库存现金（或其他科目）

　　贷：贷款——××单位逾期户

　　　　利息收入——贷款利息收入（或应收利息）

2. 保证贷款

保证贷款是按照《担保法》规定的保证方式由第三人承诺在借款人无力还款时，按照约定的承诺承担一般保证责任或连带责任而发放的贷款。

保证贷款的发放和收回，借款人申请借款时应向银行提供由保证人签署的保证书，经银行审查同意后与保证人签订保证合同，填制借款凭证，由会计部门发放贷款，其会计核算手续比照信用贷款。会计分录如下：

借：贷款——××单位户

　　贷：吸收存款——××单位户

贷款到期后，借款人主动归还或由银行主动扣收款项，会计分录如下：

借：吸收存款——××单位户

　　贷：贷款——××单位户

　　　　利息收入——贷款利息收入

3. 质押贷款

质押贷款是指以借款人或者第三者的动产或权利作为质物而发放的贷款。质押贷款的关系人为借款人、出质人和质权人，出质人可以是借款人、借款人以外的第三人，质权人是发放贷款的商业银行。质押贷款的发放和收回与抵押贷款基本相同，贷款到期不能收回时银行可以以所得质押物的价款来偿还贷款本息及其他相关费用。

（四）票据贴现

票据贴现是商业汇票的持票人为获得资金，以未到期的票据或证券向银行贴付一定利息，所作的票据转让行为。它是商业银行发放贷款的一种方式，是商业信用与银行信用相结合的融资手段。

1. 票据贴现的意义

票据贴现这种信用形式能把一定日期以后的现金收入转化为即日的现金收入，以缓解企业当前资金紧缺的矛盾。我国票据贴现的主要承办机构是商业银行，相对于银行的其他业务而言，票据贴现业务具有独特的优势，一是以票据贴现发放的贷款，可以根据银行的资金状况，随时通过转贴现或再贴现的渠道收回，操作灵活，变现能力强，具有较强流动性；二是票据的承兑银行由于掌握企业保证金，在票据到期日可以无条件兑付，与传统的信贷业务相比，票据贴现具有更加可靠的安全性；三是贴现银行无论是赚取贴现利息，还是通过转贴现或再贴现赚取利差，都是在短期内最现实的利润增长点，具有明显的收益性。

2. 银行受理票据贴现的核算

持票人持已经过承兑、未到期的商业汇票向银行申请贴现时，应填制一式五联的贴现凭证,第一联代申请书,银行作贴现借方传票;第二联作贴现申请人贷方传票;第三联作贴现利息贷方传票;第四联作收账通知;第五联为到期卡。持票人在第一联上按照规定签章后,连同汇票一并送交银行。银行信贷部门按照信贷管理办法和支付结算办法的有关规定进行审查,符合条件的,在贴现凭证上签注"同意"字样,并由有关人员签章后送交会计部门。

会计部门收到汇票和贴现凭证后要审查汇票是否真实、内容填写是否完整,还应审查贴现凭证与汇票是否相符。审核无误后计算贴现利息和实付贴现金额。计算公式为:

$$贴现利息=汇票金额\times贴现天数\times(月贴现率/30)$$

$$实付贴现金额=汇票金额-贴现利息$$

贴现天数是从贴现日到票据到期日前一日为止的实际天数,若承兑人在异地的另加3天划款期。

计算完毕后将结果填入贴现凭证中的贴现率、贴现利息和实付贴现金额栏内,以贴现凭证的第一、二、三联作为转账借方和贷方传票办理转账,其会计分录为:

借:贴现资产——商业承兑汇票或银行承兑汇票
　　贷:吸收存款——××单位户
　　　　利息收入——贴现利息收入

转账后,第四联加盖银行业务公章后连同有关单证退还贴现申请人,第五联及汇票按照到期日顺序专夹保管。

【例3-2】4月15日,A商场持一份银行承兑汇票到建设银行申请贴现,该汇票金额为180 000元,于4月10日出票,9月15日到期,由异地某商业银行承兑。经信贷部门审核同意,当天办理贴现手续,贴现率为4.5%。计算贴现利息和实付贴现额,并作相应的会计分录。

贴现利息=180 000×156×4.5%÷360=3 510(元)
实付贴现额=180 000-3 510=176 490(元)

借:贴现资产——银行承兑汇票　　　　　　　　　　　　　180 000
　　贷:吸收存款——A商场　　　　　　　　　　　　　　　176 490
　　　　利息收入——贴现利息收入　　　　　　　　　　　　3 510

3. 汇票到期收回的核算

贴现的汇票到期后,贴现银行作为新的汇票持票人应及时收回票款,防止资金被占用。银行应根据不同的情况分别处理。

(1) 商业承兑汇票贴现到期收回的核算。对于同城的商业汇票在到期日办理收款;对于异地的商业汇票应匡算邮程,提前填制托收凭证连同汇票寄交承兑人开户银行向承兑人收取票款。承兑人开户银行收到托收凭证和汇票后,于到期日将票款从承兑人账户划转贴现银行,会计分录为:

借:吸收存款——××承兑人户
　　贷:联行往来——往户(或有关科目)

贴现银行收到划回的款项后,转销贴现账户,会计分录为:

借：联行来账（或有关科目）
　　　　贷：贴现资产——××汇票户
　　如果承兑人的账户资金不足，收到退回的有关凭证后，商业银行对已贴现的汇票款项向贴现申请人收取款项，会计分录为：
　　借：吸收存款（或有关科目）
　　　　贷：贴现资产——××汇票户
　　如果贴现申请人账户无足够资金，则转为逾期贷款处理，会计分录为：
　　借：贷款——持票人逾期户
　　　　贷：贴现资产—— ××汇票户
　　（2）银行承兑汇票贴现到期收回的核算。由于银行承兑汇票的承兑银行于汇票到期日从出票人的账户中扣收汇票款专户储存，即使出票人账户资金不足也由承兑银行承担付款责任，所以银行承兑汇票一般不会发生退票。贴现银行的具体会计处理手续参照商业承兑汇票，分别同城和异地进行处理。承兑银行收到托收凭证和汇票后，经审查无误，从汇票专户将款项转出，划转贴现银行，其会计分录为：
　　借：应解汇款——出票人户
　　　　贷：联行往来——往户
　　贴现银行收到划回的款项后，按照托收承付的手续办理，其会计分录为：
　　借：联行往来——来户
　　　　贷：贴现资产——银行承兑汇票
　　（五）贷款利息核算
　　利息是使用资金所支付的价款，贷款利息是商业银行重要的收入来源。准确地核算贷款利息是商业银行会计核算的重要内容。贷款利息的计算有定期结息和利随本清两种方式。
　　1. 定期结息
　　定期结息一般按季度每季度结息一次，每季末月 20 日（或季末）为结息日。它主要适用于信用较好、贷款符合国家的产业政策，银行采取充分供应资金的办法。计息方法一般采用计息余额表或者账页计息法，按实际天数，计算累计计息积数，再乘以日利率得到当期的利息，其计算公式和计息方法同存款利息相同。
　　2. 利随本清
　　利随本清，又叫逐笔结息法。指银行在借款人还款时根据归还的本金来计算贷款利息的方法。文件规定：贷款满年的按年利率计算，满月的按月利率计算，有整年（月）又有零头天数的可全部化成天数计算，整年按 360 天计算，整月按 30 天计算，零头按实际天数计算，算至还款前一天为止（但在实际工作中一般按实际天数计息）。计算公式为：
　　全是整年整月的：利息＝本金×时期（年或月）×年或月利率
　　全部化成天数的：利息＝本金×时期（天数）×日利率
　　利随本清的计息可以分为：到期还贷、提前部分还贷、逾期还贷、整数（本利和）还贷等多种。
　　如贷款期限跨会计期限（季、年），按照权责发生制的原则确认利息收入，在会计期

末确认当期的应收利息,实际收到时冲减应收利息,期末结算利息时的会计分录为:

借:应收利息——××单位户
　　贷:利息收入——××贷款利息收入

实际收到已经确认的应收利息时,冲减已确认的应收利息,会计分录为:

借:吸收存款——××单位户
　　贷:应收利息——××单位户

应收利息计入表内的时间为 90 天,即当贷款的本金或者应收利息逾期超过 90 天尚未收回的,应冲减原已计入表内的应收利息和利息收入,转作表外核算。会计分录为:

借:利息收入——××贷款利息收入
　　贷:应收利息——××单位户

同时登记表外科目(收)"应收利息——××单位户"。对停止计提或冲减的应计利息,应在实际收到该款项时再计入当期的利息收入。银行对不能按期收回而形成的应收利息要计收复利,但不计入损益,通过表外科目核算,待实际收到时再计入损益。

(六) 贷款损失准备的核算

1. 贷款损失准备提取的范围

贷款损失准备是指银行按承担风险和损失的贷款的一定比例提取所形成的一种专项补偿金,用于弥补银行的贷款损失,以增强自身抵御风险的能力。贷款损失准备的计提范围为承担风险和损失的资产,具体包括:贷款(含抵押、质押、保证等贷款)、银行卡透支、贴现、银行承兑汇票垫款、信用证垫款、担保垫款、进出口押汇、拆出资金等。银行不承担风险和还款责任的委托贷款和代理贷款,不计提损失准备。

2. 贷款损失准备金的种类及提取方法

银行应当按照谨慎会计原则,合理估计贷款可能发生的损失,及时计提贷款损失准备。贷款损失准备应根据借款人的还款能力、贷款本息的偿还情况、抵押品的市价、担保人的支付力度和商业银行内部信贷管理情况,分析贷款的风险和回收的可能性,合理提取。

贷款损失准备包括一般准备、专项准备和特种准备。一般准备是根据全部贷款余额的一定比例计提的、用于弥补尚未识别的可能性损失的准备;专项准备是指根据对贷款风险分类后,按每笔贷款损失的程度计提的用于弥补专项损失的准备。特种准备指针对某一国家、地区、行业或某一类贷款风险计提的准备。

贷款损失专项准备,由银行根据贷款资产的风险程度和收回的可能性合理确定。一般情况下,专项准备的期末余额最高为提取贷款损失准备资产期末余额的 100%,最低余额为提取贷款损失准备资产期末余额的 1%。

3. 贷款损失准备金的会计核算

(1) 贷款损失准备金的提取。商业银行根据应提取贷款损失准备金的贷款期末余额和规定的比例,计算一般准备金的期末余额,与现有的一般准备金的余额进行比较,采用差额计提的方法。当期应计提的贷款损失准备高于已提损失准备账面余额时,应按差额补提损失准备。其会计分录为:

借：资产减值损失
　　贷：贷款损失准备

如果原有余额高于本期末应有余额，则应按照差额冲减，会计分录与补提时相反。

(2) 贷款损失的核销。银行对符合下列条件的债权和股权，可认定为损失：

借款人和担保人依法宣告破产、关闭、解散、并终止法人资格，经对借款人和担保人进行追偿后，未能收回的债权；借款人死亡，或依法宣告失踪或死亡，经依法对其财产或遗产清偿，并对担保人进行追偿后，未能收回的债权；借款人遭受重大自然灾害或意外事故，损失巨大且不能获得保险赔偿，或已保险赔偿后，确实无力偿还的部分或全部债务，经对其财产进行清偿和对担保人进行追偿后，未能收回的债权；借款人和担保人虽未依法宣告破产、关闭、解散，但已完全停止经营活动，被县级及以上工商管理部门依法注销、吊销营业执照，终止法人资格，经对借款人和担保人进行追偿后，未能收回的债权；借款人触犯刑律，依法受到制裁，其财产不足以归还所借债务，也无其他债务承担者，经追偿后确实无法收回的债权；由于借款人和担保人不能偿还到期债务，银行诉诸法律，经法院对其强制执行而又无财产可执行，法院裁定终结执行后，仍无法收回的债权；由于上述原因借款人不能偿还到期债务，银行对依法取得的抵债资产按评估确认的市场公允价值入账后，扣除抵债资产接收费用，小于贷款本息的差额，经追偿后仍无法收回的债权；开立信用证、办理承兑汇票、开具保函等发生垫款时，凡开证申请人和保证人由于上述原因，无法偿还垫款，经追偿后仍无法收回的垫款；按照国家法律法规规定具有投资权的银行的对外投资，由于被投资单位依法宣告破产、关闭、解散、已完全停止经营活动，被终止法人资格的，经清算和追偿后仍无法收回的股权；经国务院专案批准核销的债权。

银行对下列债权或股权不得作为贷款损失核销：

借款人或担保人有经济偿还能力，不论何种原因，未按期归还的银行债权；违反法律法规的规定，以各种形式、借口逃废或者悬空的银行债权；行政干预逃废或者悬空的银行债权；银行未向借款人和担保人追偿的债权；其他不应当核销的银行债权或股权。

银行对于核销的贷款损失，应本着"严格认定条件，提供确凿证据，严肃追究责任，逐户逐级上报审核和审批，对外保密，账销案存"的原则，保留对贷款的追索权。按规定的程序办理核销。对符合条件的贷款损失经核销后，作冲减贷款损失准备处理，其会计分录为：

借：贷款损失准备——专项准备金
　　贷：贷款——××单位逾期贷款户（或其他科目）

对上述经批准核销贷款损失的表内应收利息，已经纳入损益核算的，均作冲减利息收入处理。其会计分录为：

借：应收利息（红字）
　　贷：利息收入（红字）

(3) 已核销贷款的收回。对于已经核销的贷款，如果以后又收回，商业银行仍然应通过"贷款损失准备——专项准备金"账户进行核算，会计分录为：

借：贷款——××单位逾期户
　　贷：贷款损失准备——专项准备金

然后再转销逾期贷款,根据收回的形式借记相关账户,其会计分录为:
借:吸收存款——××单位(或相关科目)
　贷:贷款——××单位逾期户

四、信托业务核算

(一)信托投资业务的含义和种类

信托是社会经济发展到一定阶段的产物,是随着商品货币关系的发展而发展的。信托有"信用"与"委托"双重含义。它是以信任为基础、以委托为方式的财产管理制度。信托有广义和狭义之分,广义信托包括商品信托和金融信托,狭义信托就是指金融信托。本章所讲信托为金融信托,是指信托投资公司以其信用接受客户委托,按照客户的要求,对其拥有所有权的资财代为经营、运用于管理的业务。

1. 信托存款与委托存款

信托存款是指信托投资机构以信托方式吸收的存款,也就是委托人把一定数额资金委托给信托投资机构,在一定时期内由信托投资机构代为经营与管理,但不具体指定使用对象和用途,并根据双方商定的收益率,其经营收益扣除信托费用后,全部归委托人的一种信用活动。信托存款是信托投资机构办理信托业务的主要资金来源,它包括:财政部门委托投资或贷款的信托资金,企业主管部门委托投资或贷款的信托资金,劳动保护机构的劳保基金,各种学会、基金会的基金,科研单位的科研基金等。

委托存款是指委托人将定额资金委托给信托机构,由其在约定期限内按规定用途进行营运,其营运收益扣除一定信托报酬后全部归委托人所有的信托业务。

2. 信托贷款与委托贷款

信托贷款是指信托投资机构运用吸收的信托存款、自有资金和筹集的其他资金以贷款方式向用款单位提供资金并收取利息的信托业务。

委托贷款是指信托机构接受委托人委托,在委托人存入的委托存款额度内,按委托人指定的对象、用途、利率及金额发放贷款,监督使用并到期收回本息的信托业务。

3. 信托投资与委托投资

信托投资是信托投资机构以投资者身份直接为生产、经营企业进行投资,参与投资企业经营成果分配的经济行为。信托投资是信托业的一项传统业务,它需要承担投资风险,其收益与投资项目收益有密切关系。信托投资与信托贷款相比有明显不同,从性质上讲,信托贷款基本上是一种信用活动,向企业贷款只能增加企业的借入资金;而信托投资是一种信托活动,若向企业投资则可增加企业的自有资金和项目的自筹资金。两者的分配也不一样,信托贷款以取得利息为目的,收益稳定,而信托投资以分红的形式参加企业营业成果的分配或从证券交易中谋利,收益较大,风险也较大。

委托投资是委托人将资金交存信托投资机构作为委托投资基金,委托信托投资机构向其指定的联营或投资单位进行投资,由信托投资机构对投资使用情况、投资单位的经营状况及利润分红进行管理和监督的一种金融信托业务。

4. 代理与信息咨询

(1)代理业务。代理业务是信托投资机构接受单位和个人的委托,以代理人身份代为办理客户指定的经济业务。代理业务中，信托投资一般只发挥财务管理职能和信用服务职能，并不要求委托人转移其财产所有权。代理业务与信托业务相比，信托业务中的受托人拥有广泛的权限，而代理人的权限则比较窄，仅以委托人所授权事项为限；信托业务中的受托人所负责任较大，而代理人的责任较小；信托业务中的委托人一般不对受托人进行监督，而代理业务中的代理人则必须接受委托人的监督。

信托投资机构的代理业务主要有：代理收付款业务、代理清偿债权债务、代理证券业务、担保签证业务、代理保管业务等。

（2）信息咨询业务。信息咨询业务是信托投资公司将其所掌握的各类信息资料，根据特定的需要，调整成各种可以使用的信息，以满足咨询者需要的活动。

（二）委托存、贷款业务的核算

1. 委托存款的核算

（1）存入委托存款的核算。委托人与信托机构商定办理委托业务后，双方应签订"委托存款协议书"，标明存款的资金来源、金额、期限及双方的责任等。信托机构根据协议书为委托人开立委托存款账户，并由委托人将委托存款资金存入信托机构开立的银行账户。

委托人通过自己的开户银行将委托存款资金划转到信托机构开立的银行账户里后，信托机构开户银行应交给信托机构收账通知，信托机构凭以向委托人开出"委托存款单"，并据以处理账务。其会计分录为：

借：银行存款
　　贷：委托存款——××委托人户

（2）委托存款计息的核算。委托存款在未发放委托贷款和进行委托投资前，信托机构应向委托人计付利息，而发放委托贷款和进行委托投资后，则不再计息。因此，对委托存款的计息基数应为委托存款余额与委托贷款余额的轧差数，并运用计息余额表按季计息。计息后转账的会计分录为：

借：利息支出——××利息支出户
　　贷：委托存款——××委托人户

（3）支取委托存款的核算。委托人对于委托存款随时可以支取，但已发放委托贷款后，在收回贷款之前不能支取。因此，对委托存款的支取只限于委托存款大于委托贷款的部分或者是在委托贷款收回之后，支取委托存款的会计分录为：

借：委托存款——××委托人户
　　贷：银行存款

信托机构接到委托人的支款凭证，将款项付出，通过开户银行转到委托人的存款账户中。

2. 委托贷款的核算

（1）委托贷款的发放。委托人委托信托机构发放委托贷款，必须将贷款的主要内容书面通知信托机构，通知中写明借款单位、贷款项目、贷款金额、贷款期限、利率等。委托贷款的发放必须符合国家产业政策的规定，如果委托人要求信托机构对贷款承担经济责任，在贷款到期时负责收回，则信托机构应按信贷程序审查，经批准后方能贷出。

发放委托贷款时，信托机构应与借款人签订委托贷款合同，并由借款人填写借款借据一并提交信托机构。

信托机构审查无误将发放的贷款通过开户银行转入借款人存款账户。其会计分录为：

借：委托贷款——××单位委托贷款户
　　贷：银行存款

（2）收取手续费与结息的核算。信托机构按委托人的要求发放贷款应收取手续费作为收入。手续费率要根据银行承担责任大小，按贷款额的一定比例确定。一般来说，如果信托机构不负责到期收回贷款，手续费率低些，并且是在发放贷款时向委托人收取。如果信托机构负责到期收回贷款，则手续费率要高些，一般是按一定比例的存贷利差向借款人收取。委托贷款的利息一般由委托单位确定，或者由委托单位和用款单位协商确定，由信托机构负责按季收取，在委托贷款到期时付给委托单位。

如为在发放贷款时向委托人收取手续费，则应通过委托人在银行的存款账户收取。其会计分录为：

借：银行存款
　　贷：手续费收入

如果按存贷利差收取手续费，则是在按季计算贷款利息时一并收取。向借款人收取的贷款利息应付给委托人，因此转入应付账款科目，手续费部分转入手续费收入科目。其会计分录为：

借：银行存款
　　贷：应付账款——应付委托贷款利息户
　　　　手续费收入

（3）委托贷款到期收回的核算。委托贷款到期，由信托机构负责收回贷款的，应通过借款人开户银行，从其存款账户收取。其会计分录为：

借：银行存款
　　贷：委托贷款——××单位委托贷款户

如果协议规定在贷款收回后终止委托行为，则应将委托存款及利息划转到委托人在银行开立的存款账户中。其会计分录为：

借：委托存款——××委托人户
　　应付账款——应付委托贷款利息户
　　贷：银行存款

（三）信托存、贷款业务的核算

这里所指信托业务是相对于委托业务而言的狭义信托业务，是信托机构以客户交给代为营运的资金，按银行信贷原则、条件，自主安排运用的一项业务。

在信托业务中，委托人将资金存入金融信托机构后，对其使用不作具体要求，只提出原则性的使用方向，而信托人可以自主地代为营运。但委托机构要提出最低收益率的要求，信托机构的收益为信托贷款的利息，信托机构要承担经营风险。

1. 信托存款的核算

信托存款一般为一年以上的定期存款。

(1) 存入信托存款（亦即开户）的核算。委托人要求存入信托存款，确定存款金额和期限，由信托机构审查其资金来源符合规定后，双方签订"委托存款协议书"，并由信托机构会计部门为其开立信托存款账户，将存款由委托人在银行的存款账户划转到信托机构银行账户上。其会计分录为：

借：银行存款
　　贷：信托存款——××单位户

(2) 信托存款计息的核算。信托存款从信托机构开出存单起息，由于其为定期存款，利息应在存款期满后利随本清，但在存期内根据权责发生制原则定期计算应付利息。其会计分录为：

借：利息支出——信托存款利息支出户
　　贷：应付利息——应付××利息户

(3) 信托存款到期支取的核算。信托存款到期，客户持存单向信托机构提取存款。信托机构找出卡片账与存单核对无误后，将本息一并支付，划转到委托人在银行的存款账户上。会计分录为：

借：信托存款——××单位户
　　应付利息——应付××利息户
　　利息支出——信托存款利息支出户
　　贷：银行存款

信托存款到期，客户也可以办理续存。其处理手续是对原存单作支取存款处理，信托机构另开新存单，并从续存之日起计息。信托存款尚未到期，客户如急需用款，也可以提前支取存款，但按活期存款利率计付利息。

2. 信托贷款的核算

信托贷款具有方便、灵活的特点，且不受行业、地区的限制，既可以对企业临时资金周转的需要发放贷款，也可以对以技术改造为主的固定资产项目贷款。

(1) 贷款发放的核算。信托贷款的发放，首先要由借款单位提出申请，信托机构对借款理由、项目及还款能力等进行审查，对符合贷款原则、条件的，与借款单位签订借款合同，并由借款人填写借款借据提交信托机构办理贷款发放手续。贷款发放后，应将资金转入借款单位在银行开立的存款账户中。其会计分录为：

借：信托贷款——××借款单位户
　　贷：银行存款

借据的处理与委托贷款相同。

(2) 信托贷款的计息。信托贷款的利息按季收取，采用计息余额表计算积数后计算利息。其利息从借款人在银行的账户上收取，借款人无款支付或不足支付的，其不足支付部分作为应收利息处理。其会计分录为：

借：银行存款
　　应收利息——应收××利息户
　　贷：利息收入——××利息收入户

(3) 贷款收回的核算。信托贷款到期，应及时收回。采取由借款人签发支票、还款凭证等方式办理贷款收回手续。收回贷款的会计分录为：
　　借：银行存款
　　　贷：信托贷款——××单位借款户
贷款到期如借款人无力归还贷款，应转作逾期贷款并按规定比例计收罚息。

五、租赁业务核算

（一）租赁业务的含义和种类

租赁是指在约定的时期内，出租人将资产使用权让与承租人以获取租金的协议。租赁业务是市场经济发展到一定高度而产生的一种融资方式，是集信贷、贸易和技术更新于一体的新型的金融产业。当企业需要添置设备时，向选定的租赁公司提出办理租赁业务的申请，经租赁公司审查同意受理后，由租赁公司出资购买承租企业所需设备，再租赁给承租企业使用。承租企业用所租设备投产产生的效益，按合同规定分期偿还租赁公司的租金。租约期满，承租企业还清全部租金后，即获得该项设备的所有权。通过租赁活动，出租人支付全部设备资金，实际上是对承租人提供了信贷资金。

1. 按照租赁业务的性质分，主要有融资租赁和经营租赁

融资租赁是指实质上转移了与资产所有权有关的全部风险和报酬的租赁。所有权最终可能转移，也可能不转移。与资产所有权有关的风险是指，由于经营情况变化造成相关收益的变化，以及由于资产闲置、技术陈旧等造成的损失；与资产所有权有关的报酬是指，在资产可使用年限内直接使用资产而获得的经济利益、资产增值，以及处置资产所实现的收益等。

经营租赁是指除融资租赁以外的其他租赁。与融资租赁业务相比，经营性租赁是一种服务性租赁，其租赁的物品一般属于通用的、更新周期较短的品种。经营性租赁的出租人一般是将租赁物品反复提供给承租人使用，每次租赁期较短，租赁物品的成本经一次出租不可能收回，而需经反复多次出租才能收回。

2. 按照租赁的形式分，包括直接租赁、转租赁、回租赁、杠杆租赁等

直接租赁是融资租赁业务中比较普遍的一种形式，租赁公司以自有资金或筹集的资金向国内外厂商购进承租人所需的设备，然后出租给承租人使用。

转租赁亦称再租赁，是租赁公司既作为出租人又作为承租人，先以承租人的身份租入用户所需设备，再以出租人的身份将设备租给用户使用。

回租赁是承租人将自己拥有的设备先按一定的价格卖给出租人，取得资金用于其他用途，然后再将原设备租回使用。回租赁业务通常用于不动产租赁，它是一种紧急融资方式，承租企业将原有的固定资产中很大一部分转化为流动资产，增加企业流动资金，改变企业营运资金不足状况，同时又保留了原有设备的使用权。这种业务有利于企业调整产品结构，促进产品升级换代。

杠杆租赁又称平衡租赁，是由融资租赁派生的一种特殊形式。这种方式出租人一般只需自筹资金解决购置设备所需款项的 20%～40%，即可在经济上拥有设备的所有权，并以待购设备作为抵押，以转让收取租金的权利作为担保，从银行、保险公司、信托投资公

司等金融机构获得购买设备的60%～80%的贷款。杠杆租赁还可以使出租人享受100%的加速折旧或投资减税的优惠，同时，出租人把这些优惠的好处通过降低租金，间接地转移给承租人。所以，杠杆租赁的租赁费用一般低于其他形式。

（二）租金的计算

1. 租金的构成

现代租赁是市场经济体制下租赁双方之间的一种商品交换关系，是为了取得某种资产的使用权而付出的代价。租金则是承租人为取得经营资金或资产的使用权而向出租人支付的价值补偿。它是以租赁资产的价值消耗为基础，除了收回租赁资产的购进原价、融资贷款的利息及有关租赁过程中的费用外，还要有一定的经营利润。

租金问题直接关系到出租人与承租人双方的经济利益，是租赁业务中难度最大、敏感性最强的问题，也是签订租赁合同的一项重要内容。租金一般由几个构成要素：租赁设备的总成本（包括运费、保险费等），它直接决定租金的多少；市场利率的高低，它决定了整个租赁期内所发生的利息费用、租赁期限、租金的支付方式、租金支付间隔期等。具体内容如下：

（1）租赁设备的买价，包括设备的买价、运费、保险费等。

（2）租赁设备的融资费用，指租赁公司为购买设备而向其他金融企业贷款所应付的利息费用、手续费、税款等。

（3）租赁公司的营业费用，指出租人在租赁项目的实施过程中所花费一切必要的开支，如办公费、业务人员的工资、为购买设备的差旅费、手续费等。

（4）设备的估计残值。租赁期满后，出租人要对租赁设备进行处理，或是卖给承租人，或是收回设备另作他用。这时该项租赁设备的剩余使用价值就构成残值，也就是租赁期满时该项租赁设备的市场售价。

（5）利率。在租赁设备总成本一定的情况下，利率是影响租金总额的重要因素。相同条件下，融资的利率越高，租金总额就越大。

（6）租赁期限。租期长会使得出租人承受的利息负担加重。因此，租期越长，租金总额越大。

（7）付租间隔期，是指两次支付租金的间隔期限，一般有一年支付一次、半年支付一次、每季度支付一次、每月支付一次等。付租间隔期越长，承租人占用出租人的资金时间就越长，租金总额就越大。

（8）保证金的支付数量与结算方式。承租人支付的租赁保证金越多，租金总额就越小。保证金是从成本中扣除，还是抵作最后一期的租金，对租金总额影响也很大，如果是从成本中扣除，租金总额就小。

（9）付租方式。支付租金的方式有期初付租和期末付租等方式。期初付租，承租人占用出租人资金的时间相对缩短，所以租金总额就较小；而期末付租的租金总额相对就要大。

（10）支付币种。国际金融市场上各种货币的利率和汇率是瞬息万变的，因此，货币种类的选择也同样会影响租金总额。一般情况下，利率、汇率高的币种租金总额也相应增大。

租金的构成要素，取决于租赁的方式，不同的租赁种类，其租金的构成要素也不完全一样。

2. 租金的支付方式

租金的支付方式是租赁合同中一个重要内容，因为支付租金就是用将来的钱偿付现在的钱，货币的时间价值就显得特别重要。由于在影响租金的要素中，支付方式也是重要因素，那么，采用什么方式来支付租金，就是租赁公司及承租人都不能回避的问题。租赁公司在与承租人签订合同时，就要确定租金的支付方式。从实际情况看，支付租金的方式有三种：

（1）期初付租方式，即承租人在各付租间隔期的期初支付租金，然后使用设备。在期初付租的情况下，第一期租金在起租日即需要支付。

（2）期末付租方式，即承租人在每一次付租期先使用设备，在付租间隔期末再支付租金。这种方法使租金的支付向后推迟了整整一个间隔期，为资金紧张的承租企业提供了方便。

（3）有付租宽缓期的期末付租方式。承租人引进设备从安装调试到正式投产，需要一定的时间，在此期间，承租人资金紧张。根据这种情况，租赁公司在合同中同意承租人从起租日起，确定一个期限（如一个季度或半年）作为宽缓期，宽缓期内，承租人可以暂不付租。

3. 租金的计算方法

租金的计算方法很多，世界上常用的方法有附加率法和年金法两种。年金法又分定额年金法和变额年金法。变额年金法又分为等差递增变额年金法、等差递减变额年金法、等比递增变额年金法、等比递减变额年金法。

目前我国开展的租赁业务大多是融资租赁，各租赁公司参照国际惯例，并结合我国具体情况，采用了适合于自己的计算方法。概括起来主要有以下几种：递减式计算方法、年息式计算方法、加数式计算方法、平均分摊计算方法、浮动利率计算方法。

（1）递减式计算方法。每期平均支付本金，计算租金的公式为：

每期应付租金 = 各期租赁本金余额 × 年利率 × 租期/付租次数 + 各期应还本金数

【例3-3】某租赁公司有一笔融资租赁业务，租赁设备的成本为80万元，租期为2年，每半年支付一次租金，期末支付，年利率10%。

各期应还付本金 = 80÷4 = 20（万元）

第一期应付租金 = 80×10%×0.5+20 = 24（万元）

第二期应付租金 = （80-24）×10%×0.5+20 = 22.8（万元）

第三期应付租金 = （80-46.8）×10%×0.5+20 = 21.66（万元）

第四期应付租金 = （80-68.46）×10%×0.5+20 = 20.58 万元）

租金总额 = 24+22.8+21.66+20.58 = 89.04（万元）

（2）加数式计算方法。计算公式为：

每期应付租金 = （租赁设备购置原价+应付融资租赁利息）/支付租金的次数

【例3-4】某租赁公司有一笔融资租赁业务，租赁设备成本为40万元，租期4年，每半年支付一次，期末支付，年利率10%。

应付的融资利息=40×10%×4=16（万元）

租金总额=40+16=56（万元）

每期应付租金=（40+16）/8=7（万元）

（3）平均分摊计算方法。计算公式为：

$$每期应付租金 = \frac{租赁设备购置原价-预计残值+应付融资租赁利息+手续费}{支付租金的次数}$$

【例3-5】某租赁公司有一笔融资租赁业务，租赁设备的成本为320万元，租期4年，每半年支付一次，设备进口的手续费率为3%，估计设备残值为10万元，年利率10%。

应付的融资利息=320×4×10%=128（万元）

支付手续费=320×3%=9.6（万元）

每期应付租金=[（320−10）+128+9.6]/8=55.95（万元）

租金总额=55.95×8=447.6（万元）

（三）融资性租赁的核算

1. 融资性租赁业务的特点

（1）融资租赁交易涉及三个方面的关系，即出租方、承租方和供货方。出租方根据承租方的要求，出资向供货方购买设备，同时将所购得的设备出租给承租方使用，承租方按期交付租金以补偿出租方所支付的设备成本、利息和一定的利润。

（2）承租人对设备和供货商具有选择的权利和责任。融资租赁的设备和生产厂、供货商都是承租人选定的，出租人只是根据承租人的要求出资购买，租给承租人使用。对于设备的质量、规格、数量及技术上的检查验收都由承租人负责。

（3）租赁设备的所有权与使用权分离。出租方出资购买设备，具有设备的所有权。而承租方在按时支付租金履行合同的条件下，在租赁期内对设备享有使用权。

（4）融资租赁交易具有融资与融物相结合的双重职能。从获取经营业务所需资金角度看，它是金融业务；但从购买租赁资产的角度看，它又以贸易的形式出现。

（5）租赁合同为不可撤销的合同。

2. 会计科目的设置

"应收租赁款"，为资产类科目，用来核算租赁公司进行融资租赁业务向承租单位收取的租赁物资的应收款项。采用总额法的公司，应收租赁款包括租赁物资的实际成本、租金、手续费等；采用净额法的公司，应收租赁款包括租赁物资的实际成本。

"租赁资产"，为资产类科目，用来核算公司为融资租赁而购入的物资的实际成本（包括物资价款、运杂费、保险费以及进口关税等）。购入租赁物资时，按实际支付的租赁物资的成本，借记本科目；待租赁合同到期，租赁物资的产权转移时，贷记本科目。

"待转租赁资产"，为资产类科目，用来核算公司进行融资租赁业务，根据合同起租后，公司租出的租赁物资的实际成本。租赁合同起租时，贷记本科目；租赁合同到期，根据合同将租赁物资产权转给承租方时，借记本科目。

"未实现租赁收益"，为资产类科目，用来核算公司融资租赁业务应收但尚未收到的收益总额，包括租金和利息。根据租赁合同起租时，对应收收益部分贷记本科目，每次收到租金时，租赁收益部分借记本科目。

"租赁保证金",为负债类科目,用来核算公司进行融资租赁业务,根据租赁合同规定收到客户交来的保证金。收到客户交来的保证金,贷记本科目;按合同规定,最后以租赁保证金抵作租金,或客户到期不交租金,公司以保证金作租赁收益时,借记本科目。

"租赁收益",为损益类科目,用来核算公司租赁业务取得的收入。发生的各项租赁收入(不包括租赁收入中的利息收入),贷记本科目;期末将租赁收益结转利润时,借记本科目。

3. 融资租赁业务的核算

融资租赁的会计处理有总额法和净额法两种。总额法就是租赁机构的应收租赁债权按总投资入账,总投资包括租赁资产成本(租赁资产成本由设备购入价、运输装卸费、安装调试费和保险费构成,如果保险费由承租人承担,则不列入资产成本)、应收租赁收益和租赁资产的残值。净额法就是指租赁机构的应收租赁债权按净投资即按租赁资产的成本入账。

(1) 总额法的核算。采用总额法核算,"应收租赁款"包括:租赁资产的成本、租金、融资利息、手续费收入等。其优点是能总括反映融资租赁业务情况,从账上能全面地反映该项业务的成本、费用、利润等。缺点是多设会计科目,核算手续繁杂,且不容易理解。

①公司按规定支付租赁设备款,会计分录为:

借:租赁资产(买价+运费+途中保险费)
　　贷:银行存款

②公司向承租企业收取租赁保证金,会计分录为:

借:银行存款
　　贷:租赁保证金

③按合同规定起租,会计分录为:

借:应收租赁款
　　贷:待转租赁资产
　　　　未实现租赁收益

④各期租赁收益实现,会计分录为:

借:应收账款——应收租赁收益
　　贷:租赁收益

⑤实际收到租金,会计分录为:

借:银行存款
　　贷:应收租赁款
借:未实现租赁收益
　　贷:应收账款——应收租赁收益

(2) 净额法的核算。净额法就是以租赁资产的成本作为应收租赁款,租赁起始日,账面上不反映应收的融资利息、手续费和担保残值。这种方法账务处理简单,但不如总额法反映情况全面。

①出租人购入租赁资产,其会计分录与总额法相同。

②起租日,以租赁资产的成本入账,其会计分录为:

借：应收租赁款
　　贷：待转租赁资产
③按合同规定，定期收取租金，其会计分录为：
借：银行存款
　　贷：应收租赁款（分期收取的资产成本）
　　　　租赁收益
④租赁期满，将租赁资产售与承租人收回货款，承租人补付担保残值以及冲平"待转租赁资产"和"租赁资产"科目的分录与总额法相同。

（四）转租赁的核算

转租赁是租赁机构一方面以承租人的身份租入设备，另一方面再以出租人的身份将设备租给第二承租人。办理转租赁业务的租赁机构具有双重身份，因此会计核算既要反映租入业务，又要反映出租业务。

1. 会计科目的设置

转租赁业务除设置上述有关科目外，还应设置如下会计科目：

"应收转租赁款"，为资产类科目，用来核算公司转租赁业务发生的应收租赁款项。根据租赁合同起租时，借记本科目；实际收到转租赁租金时，贷记本科目。

"应付转租赁租金"，为负债类科目，用来核算公司进行转租赁业务，收到租赁合同应付给出租公司的租金。根据公司与承租方的租赁合同起租时，贷记本科目；每期支付应付的转租赁租金时，借记本科目。

2. 转租赁业务的核算

以下按净额法说明转租赁的核算。

（1）租赁机构以承租人的身份向第一出租人租入租赁资产，其会计分录为：
借：待转租赁资产
　　贷：应付转租赁租金

（2）租赁机构以出租人身份将租赁资产转租给第二承租人，其会计分录为：
借：应收转租赁款
　　贷：待转租赁资产

（3）每期向出租人支付租金的会计分录为：
借：应付转租赁租金
　　贷：银行存款

（4）每期向第二承租人收取租金，其会计分录为：
借：银行存款
　　贷：应收转租赁款
　　　　租赁收益

（5）租赁期满，按合同规定对租赁资产进行处理，如将租赁资产出售给第二承租人，其会计分录为：
借：银行存款
　　贷：待转租赁资产

有担保残值的，不足残值部分由第二承租人补足。

（五）经营租赁的核算

1. 经营租赁的特点

经营租赁与融资性租赁有所不同，其主要目的不是融通资金，而是为承租人提供机器设备以解决短期需要，从而收取租金。它的主要特征如下：

（1）经营租赁的设备一般为通用设备，并且较容易不断地找到接替的用户。

（2）租期较短，一般不超过一年，最短可以是几天或几个小时。

（3）在出租期内，不仅设备所有权归出租人所有，而且由于承租人不断地更换，所以出租物件由出租人选择、购买，并负责维修、保养、纳税。

2. 会计科目设置

为了区别企业自用的固定资产，公司应设置"经营租赁资产"和"经营租赁资产折旧"科目进行核算。

"经营租赁资产"，为资产类科目，用来核算公司为经营性租赁而购入的物资的实际成本（包括物资价款、运杂费、保险费以及进口关税等）。本科目下设"已出租资产"和"未出租资产"两个二级科目。融入经营租赁资产时，借记本科目（未出租资产）；起租时，借记本科目（已出租资产），贷记本科目（未出租资产）；租赁合同结束，收回出租资产时，借记本科目（未出租资产），贷记本科目（已出租资产）；经营租赁资产报废时，贷记本科目。

"经营租赁资产折旧"，为资产类科目，用来核算公司租赁资产的累计折旧。按期提取折旧时，贷记本科目；公司出售、报废、盘亏和毁损时，按已提折旧，借记本科目。

3. 经营租赁业务的核算

（1）购入租赁资产的值账。出租人购入租赁资产，应按其成本（包括买价、运费、保险费等）入账。其会计分录为：

借：经营租赁资产——未出租户
　　贷：银行存款

（2）租出租赁资产的核算。经营性的租赁资产一般是成批购入，分次租出，每次租出的租赁资产与购入的资产不会是等值的，因此对出租人来说，会形成一定的资产库存。当租出租赁资产时，按租出资产的成本记账。其会计分录为：

借：经营租赁资产——已出租户
　　贷：经营租赁资产——未出租户

（3）租赁资产计提折旧的核算。租赁机构对经营性租赁资产应按期计提折旧，并与经营用固定资产分别计提。经营租赁资产的折旧，应根据核定的折旧率和期初已出租的资产账面原值按期计算，本期内出租的资产，当期不提折旧；本期内收回的出租资产，当期照提折旧。公司经营租赁的资产折旧足额后，不管能否继续使用，不再提折旧；提前报废的经营租赁资产，也不再补提折旧。

计提折旧的会计分录为：

借：销售费用
　　贷：经营租赁资产折旧

(4) 收取租金的核算。出租人按合同规定收取租金的会计分录为：
借：银行存款（或现金）
　　贷：租赁收益
(5) 收回租赁资产的核算。租赁期满，出租人收回租赁资产，经验收完好无损后作账务处理。其会计分录为：
借：经营租赁资产——未出租
　　贷：经营租赁资产——已出租

（六）租赁收益的核算

出租人将租赁物资出租给承租人，其目的就是从收取的租金中扣除租赁物资的成本、利息及有关费用外，并获取一定的收益。

经营性租赁的租金一般包括：租赁资产的原价、租赁资产的折旧、租赁期间的利息、租赁资产的维护费用，出租企业的营业费用、税金、保险费等。

融资租赁的维护费用、营业费用、税金、租赁资产折旧等一般由承租人承担。因此，租金一般包括：租赁资产的成本、利息费用和手续费等。

金融性公司进行租赁业务所获得的收入，不论是融资租赁，还是经营性租赁，或是转租赁的收入，均通过"租赁收益"科目核算。

收到融资租赁的转租赁收入，会计分录为：
借：应收账款
　　贷：租赁收益
同时：
借：银行存款
　　贷：应收租赁款（或应收转租赁款）

收到经营性租赁收益，会计分录为：
借：银行存款（或现金）
　　贷：租赁收益

六、证券业务核算

（一）证券的含义和种类

证券是证明持券人有按照证券所规定的内容取得相应权益的证明书。证券分为商品证券、货币证券和资本证券（或收益证券）。商品证券本身没有价值，只证明持券人对商品具有领取权，如提货单、仓单等。货币证券是表明持券人对货币具有索取权的证券，如汇票、本票、支票等。资本证券是表明持券人的资本所有权或债权，并可以据其获得一定收益的证券，如股票、债券等。金融企业经营的证券业务指的就是资本证券。资本证券是一种特殊资本，持有人能够获得一定的收益，并可以转让给他人而收回本金，也就是说资本证券可以买卖，具有市场性。

近年来，证券经营机构经营的证券业务不断扩大，证券市场在中央银行宏观指导和监督下，正逐步走向完善、成熟。依法、合规地从事证券业务经营，对于促进资本市场的发展和完善，推动企业股份制改造和现代企业制度的建立，以及推进中央银行公开市场操作这一金融调控工具的运用与作用的发挥有着重要意义。我国《证券法》规定，国家对证券公司实行分类管理，将证券公司分为综合类和经纪类。综合类证券公司的证券业务分为证券经纪业务、证券自营业务、证券承销业务和国务院证券监督管理机构核定的其他证券业务四种，经纪类证券公司只允许专门从事证券经纪业务：

（1）证券经纪业务，是指证券公司代理客户（投资者）买卖证券的活动，包括代理买卖证券业务、代理兑付证券业务和代理保管证券业务。

（2）证券自营业务，是指证券公司以自己的名义，用公司的资金买卖证券以达到获利目的的证券业务。包括买入证券和卖出证券。

（3）证券承销业务，是指在证券发行过程中，证券公司接受发行人的委托，代理发行人发行证券的活动。

（4）其他证券业务，是指证券公司经批准在国家许可的范围内进行的除经纪、自营和承销业务以外的如买入返售证券、卖出回购证券及受托资产管理等与证券业务有关的业务。

（二）证券经纪业务的核算

证券经纪业务是证券公司代理客户买卖证券的活动。证券经纪业务应当按照代理买卖证券业务、代理兑付证券业务、代理保管证券业务分类核算。

1. 会计科目的设置

"代买卖证券款"，是负债类科目，用来核算证券公司接受客户委托，代客户买卖股票、债券和其他有价证券由客户交存的款项。公司代客户认购新股的款项、代理客户领取的现金股利和债券利息，代客户向证券交易所支付的配股款等，也在本科目核算。

"代兑付债券"，是资产类科目，用来核算证券公司代理国家或企业兑付到期的债券。借方登记已兑付的各类到期债券以及因委托单位未拨付或拨付不足债券兑付资金、客户兑付时垫付的资金；贷方登记国家或企业拨付的委托兑付债券资金，以及向委托单位交付已兑付的债券并收回垫付的资金；余额表示已接受委托但还未兑付的，已经兑付但尚未交付的债券款项。

"代兑付债券款"，是负债类科目，用来核算证券公司代理国家或企业等单位兑付债券业务而收到委托单位预付的兑付债券资金。贷方登记收到委托单位的兑付资金，借方登记代理兑付的资金，余额表示应付但尚未兑付的债券本息款。

"清算备付金"，是资产类科目，用来核算证券公司为证券交易的资金清算与交收而存入指定清算代理机构的款项。借方登记证券公司存入清算代理机构的款项，贷方登记从清算代理机构收回资金的数额。

2. 代理买卖证券业务的核算

代理买卖证券业务是证券公司代理客户进行证券买卖的业务。公司代理客户买卖证券收到的款项，必须全额存入指定的商业银行，并在"银行存款"科目中单设明细科目进行核算，不能与本公司的存款混淆。公司在收到代理客户买卖证券款项时应当确认为一项负债，与客户进行相关的结算。公司代理客户买卖证券的手续费收入，应当在与客户办理买卖证券款项清算时确认收入。

（1）资金专户的核算。

①客户开设资金专户并交来款项以及日常存款，会计分录为：

借：银行存款
　　贷：代买卖证券款
客户取款，会计分录相反。
②客户结息消户，结清利息，会计分录为：
借：应付款项——应付客户资金利息
　　贷：银行存款
③客户资金专户统一结息，会计分录为：
借：应付款项——应付客户资金利息（已提利息部分）
　　　利息支出（未提利息部分）
　　贷：代买卖证券款
④公司为客户在证券交易所开设清算资金专户，会计分录为：
借：清算备付金——客户
　　贷：银行存款
（2）代理买卖证券。
①公司接受客户委托，通过证券交易所代理买卖证券，与客户清算，如果买入证券成交总额大于卖出证券成交总额，则会计分录为：
借：代买卖证券款（买卖证券成交价的差额，加代扣代交的交易税费和应向客户收取的佣金等手续费）
　　　手续费支出——代买卖证券手续费支出（公司应负担的交易费用）
　　贷：清算备付金（买卖证券成交价的差额，加代扣代交的印花税费和公司应负担的交易费）
　　　手续费收入——代买卖证券手续费收入（向客户收取的佣金等手续费）
②公司接受客户委托，通过证券交易所代理买卖证券，与客户清算，如果卖出证券成交总额大于买入证券成交总额，则会计分录为：
借：清算备付金（买卖证券成交价的差额，减代扣代交的印花税费和公司应负担的交易费）
　　　手续费支出——代买卖证券手续费支出（公司应负担的交易费用）
　　贷：代买卖证券款（买卖证券成交价的差额，减代扣代交的交易税费和向客户收取的佣金等手续费）
　　　手续费收入——代买卖证券手续费收入（应向客户收取的佣金等手续费）
3. 代理认购新股
（1）代理客户认购新股，收到客户认购款，会计分录为：
借：银行存款
　　贷：代买卖证券款
（2）将款项划付清算代理机构，会计分录为：
借：清算备付金——客户
　　贷：银行存款
（3）客户办理申购手续，在公司与证券交易所清算，会计分录为：

借：代买卖证券款
　　贷：清算备付金——客户
(4) 证券交易所完成中签认定工作，将未中签资金退给客户，会计分录为：
借：清算备付金——客户
　　贷：代买卖证券款
(5) 公司将未中签的款项划回，会计分录为：
借：银行存款
　　贷：清算备付金——客户
(6) 公司将未中签的款项退给客户，会计分录为：
借：代买卖证券款
　　贷：银行存款

4. 代理配股派息

(1) 向证券交易所解交配股款，客户提出配股要求，会计分录为：
借：代买卖证券款
　　贷：清算备付金——客户
(2) 代理客户领取现金股利和利息，会计分录为：
借：清算备付金——客户
　　贷：代买卖证券款
(3) 公司按规定向客户统一结息，会计分录为：
借：利息支出
　　贷：代买卖证券款

5. 代理兑付债券

(1) 证券公司收到委托代国家或企业兑付到期的无记名债券。收到委托单位的兑付资金，会计分录为：
借：银行存款
　　贷：代兑付债券款
收到客户交来的实物券，按兑付金额记账。会计分录为：
借：代兑付债券
　　贷：银行存款
向委托单位交回已兑付的实物券，会计分录为：
借：代兑付债券款
　　贷：代兑付债券
如果委托单位尚未拨付兑付资金，由公司垫付，收到兑付债券，按兑付金额记账。会计分录为：
借：代兑付债券
　　贷：银行存款

向委托单位交回已兑付的债券并收回垫付的资金，会计分录为：
借：银行存款
　　贷：代兑付债券
收到代兑付手续费收入，会计分录为：
借：银行存款
　　贷：手续费收入——代兑付债券手续费收入

（2）接受委托代国家或企业兑付到期的记名债券。收到委托单位的兑付资金，会计分录为：
借：银行存款
　　贷：代兑付债券款
兑付债券本息时，会计分录为：
借：代兑付债券款
　　贷：银行存款

（3）公司收取的代兑付手续费收入。如向委托单位单独收取，接应收或已收的手续费记账。会计分录为：
借：应收款项
　　贷：手续费收入——代兑付债券手续费收入
如果手续费与兑付款一并汇入，则会计分录为：
借：银行存款
　　贷：代兑付债券款
　　　　应收款项——预收代兑付债券手续费
兑付债券业务完成后，确认手续费收入。会计分录为：
借：应收款项——预收代兑付债券手续费
　　贷：手续费收入——代兑付债券手续费收入

（三）证券自营业务的核算

证券自营业务是证券公司各项经营业务中的一项主要业务，是指证券公司用自己持有的证券或资金，以自己的名义和账户在证券交易所或场外交易市场买卖各种证券，以获取利润并承担交易风险的各项业务。

自营证券业务按其经营形式可分为柜台交易和场内交易两种。柜台交易是证券商与投资人之间直接进行的证券交易活动，证券的买卖价格由证券商在权衡影响证券买卖的各种因素后自行确定，每次成交的数量较小，但交易次数频繁，工作量较大，是证券营业柜台的主要经营方式。场内交易是指证券商通过场内交易员在证券交易所内进行的证券交易活动，其交易价格随市场行情变化，证券商不直接与客户发生联系，而且成交量较大，是证券商调节证券库存量的主要经营方式。

1. 会计科目的设置

证券公司进行自营证券买进和卖出业务，应设置"自营证券"、"证券销售"等科目进行核算。

"自营证券"，是证券公司自营买卖业务的主要科目，为资产类科目，借方登记买入证券的实际成本，贷方登记结转已售证券的成本，余额反映证券公司持有的各种自营证券的实际成本。

"证券销售"，为损益类科目，用来核算证券公司自营证券买卖中的销售收入、成本与差价。自营债券到期兑付的本金，也在本科目核算。该科目借方登记结转已售证券成本，贷方登记卖出证券时实际收到的金额（对于自营债券买卖业务，则按实际收到的价款扣除持有期间应计利息），期末本科目的余额结转"本年利润"后应无余额。

"自营证券跌价准备"，为资产类科目，用来核算证券公司按规定提取的自营证券跌价准备金。公司将自营证券的市价与其成本进行比较，如市价低于成本，按其差额贷记本科目；如已计提跌价准备的自营证券市价以后又恢复，应按恢复增加的数额借记本科目。

"自营证券跌价损失"，为损益类科目，用来核算证券公司由于自营证券的市价低于成本，使自营证券成本不可收回而产生的损失。期末，公司将自营证券的市价与其成本进行比较，如市价低于成本，按其差额借记本科目；如已计提跌价损失准备的自营证券的市价以后又恢复，应按恢复增加的数额贷记本科目。

2. 自营证券业务的核算

（1）自营买入证券。

①证券公司买入证券，按清算日买入证券的实际成本入账，会计分录为：

借：自营证券
　　贷：清算备付金——公司

②采用包销方式代发行的证券，发行期结束，未售出的证券转为自营证券，按承购价或发行价入账，会计分录为：

借：自营证券——××证券户
　　贷：代发行证券

（2）自营证券配股派息。

①公司通过网上配股，在与证券交易所清算配股款时，按实际成交的配股款入账，会计分录为：

借：自营证券——××证券户
　　贷：清算备付金（或银行存款）

②通过网下配股的，按实际支付的配股款入账，会计分录为：

借：自营证券
　　贷：银行存款

③自营股票持有期间取得现金股利，会计分录为：

借：清算备付金——公司
　　贷：投资收益

（3）自营认购新股。

①通过网上认购新股，会计分录为：

借：应收款项——应收认购新股占用款
　　贷：清算备付金——公司

②认购新股中签，与证券交易所清算中签款项，按中签新股的实际成本入账，会计分

录为：
　　借：自营证券
　　　　贷：应收款项——应收认购新股占用款
③退回未中签款项，会计分录为：
　　借：清算备付金——公司
　　　　贷：应收款项——应收认购新股占用款
④通过网下认购新股，按规定将款项存入指定机构，会计分录为：
　　借：应收款项——应收认购新股占用款
　　　　贷：银行存款
⑤网下认购新股中签，按中签新股的实际成本转账，会计分录为：
　　借：自营证券
　　　　贷：应收款项——应收认购新股占用款
⑥网下认购未中签，退回未中签款项，会计分录为：
　　借：银行存款
　　　　贷：应收款项——应收认购新股占用款

（4）自营卖出证券。
①公司卖出证券，按清算日实际收到的金额办理转账，会计分录为：
　　借：清算备付金——公司
　　　　贷：证券销售
　　　　　　应收利息
若公司自营债券卖出，会计分录为：
　　借：清算备付金——公司
　　　　贷：投资收益（买卖持有期间应计的利息）
　　　　　　证券销售（实际收到价款扣除买卖持有期间应计利息）
②结转卖出证券成本，会计分录为：
　　借：证券销售
　　　　贷：自营证券

（5）自营证券跌价准备。
①年度终了，将自营证券的市价与成本进行比较，如市价低于成本，按其差额转账，会计分录为：
　　借：自营证券跌价损失
　　　　贷：自营证券跌价准备
②如已计提跌价准备的自营证券的市价以后又恢复，应按恢复增加的数额（其增加数应以补足以前入账的减少数为限）办理转账，会计分录为：
　　借：自营证券跌价准备
　　　　贷：自营证券跌价损失

（四）证券承销业务的核算

证券承销业务是指证券公司在一级市场接受发行单位的委托，代为办理发售各类证券的业务，如代国家发售国库券、国家重点建设债券，代企业发行的集资债券和股票、基金等。证券承销业务根据公司与发行人确定的发售方式有：全额包销方式承销、余额包销方式承销和代销方式承销。

1. 会计科目的设置

"代发行证券"，资产类科目，用来核算证券经营机构接受国家或企业的委托代理发行的有价证券。借方登记收到发行人委托发行的证券时，在承销包销方式下的承销价，或者在代销方式下的约定价格或面值；贷方登记在承销包销方式下证券发售时或结转代发行证券成本和发行结束后将未售证券全额转至自营证券，以及在代销方式下登记已售证券及退还委托方的未出售证券。余额表示未发售证券额，但发行结束后，该账户无余额。

"代发行证券款"，负债类科目，用来核算证券经营机构采用代销方式或余额承购包销方式，接受委托代理国家或企业发行证券的应付证券资金。借方登记证券经营机构向委托方（发行人）支付代发行的证券款项，贷方登记证券经营机构受托代理发行证券时的认购款项。余额表示在代理发行期间尚未向委托单位支付的代发行证券的认购款项，但发行期结束付清款项后，该账户无余额。

"证券发行"，损益类科目，用来核算证券经营机构采用全额承购包销方式代理发行证券，在发行期内的销售收入、销售成本及差价收入。借方登记证券经营机构出售代发行证券的发行成本，贷方登记证券经营机构出售代发行证券的收入。期末差价结转"本年利润"账户。

2. 证券承销业务的核算

（1）全额包销方式承销。全额承购包销就是证券公司与证券发行单位签订合同或协议，由公司按合同或协议确定的价格将证券从发行单位那里买下来，并马上向发行单位支付全部款项，然后再按市场条件转售给投资者。采用此种方式，证券公司要承担全部发行风险，但可确保发行单位及时获得所需的资金。证券公司向发行单位承购证券的价格可能低于或等于或高于证券面值，由双方在协议里确定，但发售价格由证券公司确定，发行单位原则上不干预。

证券公司以全额包销方式进行承销业务的，应在按承购价格购入待发售的证券时，确认为一项资产；公司将证券转售给投资者时，按发行价格确认为证券发行收入，按已发行证券的承购价格结转代发行证券的成本。发行期结束后，如有未售出的证券，应按承购价格转为公司的自营证券或长期投资。

①证券公司先将证券全部认购，并向发行单位支付全部证券款项，按承购价记账。其会计分录为：

借：代发行证券
　　贷：银行存款（或应付账款）

②公司将证券转售给投资者，按发行价记账。其会计分录为：

借：银行存款
　　贷：证券发行

③证券发售完毕，结转已售证券成本。其会计分录为：

借：证券发行
　　贷：代发行证券

④发行期结束，将未售出的部分证券结转为公司的自营证券或作长期投资，按承购价记账。会计分录为：

借：自营证券（或长期投资）
　　贷：代发行证券款

⑤将代发行证券筹集的款项交付发行单位。会计分录为：

借：代发行证券款——××证券户
　　贷：银行存款

（2）余额包销方式承销。余额承购包销方式就是证券公司与证券发行单位事先签订合同或协议，确定由证券公司代理发行该单位的证券，在发行期内如果证券公司承担发售的证券没有全部售出，则剩余部分由其负责购入，证券公司要按照约定时间向发行单位支付全部证券款项。为此，证券公司要承担部分发行风险，但可保证发行单位筹集用资计划的顺利实现。

证券公司以余额包销方式进行承销业务的，应在收到代发行单位发售的证券时，按委托方约定的发行价格同时确认为一项资产和一项负债；发行期结束后，如有未售出的证券，应按约定的发行价转为公司的自营证券或长期投资；代发行证券的手续费收入，应于发行期结束后，与发行单位结算发行价款时确认收入。

①证券公司收到委托单位发行的证券，按约定的发行价格记账。会计分录为：

借：代发行证券
　　贷：代发行证券款

②公司在约定的期限内售出证券，按发行价格记账。会计分录为：

借：银行存款
　　贷：代发行证券

③未售出部分按规定由本公司认购，转为自营证券或长期投资，按发行价格记账。会计分录为：

借：自营证券（或长期投资）
　　贷：代发行证券

④发行期结束，所筹资金交付委托单位，并收取手续费。会计分录为：

借：代发行证券款
　　贷：银行存款
　　　　证券销售——代发行证券手续费收入

（3）代销方式承销。代销方式就是证券公司受发行单位委托，按照规定的条件，在约定的期限内，代为向社会销售证券，发行期结束，证券未按原定发行额售出，未售部分仍退回发行单位，代销证券的证券公司向委托人收取手续费，不承担任何发行风险。

证券公司以代销方式进行承销业务的，应在收到代发行单位发售的证券时，按委托方约定的发行价格同时确认为一项资产和一项负债；代发行证券的手续费收入，应于发行期结束后，与发行单位结算发行价款时确认收入。

①证券公司收到委托单位交来的代发行证券，按委托方约定的发行价格办理转账。其会计分录为：

借：代发行证券
　　贷：代发行证券款

②证券售出后，按约定的发行价格记账。会计分录为：

借：银行存款
　　贷：代发行证券

③发行期结束，将代销证券款交给委托单位，同时应由委托单位付给手续费。手续费可以从发行证券款中扣除，也可以单独结算收取，由双方协商。如从发行证券款中扣留手续费，其会计分录为：

借：代发行证券款
　　贷：银行存款
　　　　手续费收入

④发行结束，如果尚有未售出证券，应退回委托单位。其会计分录为：

借：代发行证券款
　　贷：代发行证券

七、金融企业往来业务核算

（一）金融企业往来业务的含义和种类

金融企业是国民经济各部门资金活动的枢纽，各单位因商品交易、劳务供应而发生的货币资金结算，以及银行系统内部资金的划拨、拆借等，一般都要进行资金的划拨清算。这些资金的划拨清算既有在同一行处办理的，也有在同一地区或不同地区的银行之间进行的，这就涉及银行间业务的往来和账务处理。由此可见，金融企业往来业务与国民经济各个部门有着广泛的联系，它是清算和划拨各种资金的工具，科学地组织银行间凭证的传递和账务处理，对加速单位资金周转，活跃商品经济，促进国民经济发展，以及正确及时地实现银行的有关业务，真实、完整地反映银行往来情况，都有着重要的意义。

金融企业往来业务的种类很多，概括起来主要有：

（1）联行往来，是指同一银行系统内各个行处之间由于办理结算、款项缴拨、内部资金调拨等业务引起的资金账务往来。

（2）商业银行与人民银行往来，是指各商业银行与人民银行之间，由于办理缴存存款、汇划款项、资金融通等业务所引起的资金账务往来。

（3）同业往来，是指商业银行之间，因办理结算、代收代付款项以及相互融通资金所发生的资金账务往来。

（二）联行往来

联行往来是指同一银行系统内各行处之间由于办理结算和资金调拨等业务而发生的资金账务往来。它是办理结算业务和资金划拨的重要工具。联行往来和国民经济各部门具有广泛的联系，而且发生时间、地点和办理的行处不同，因此，做好联行往来的凭证传递和账务处理，对加速资金周转，活跃市场经济，促进生产发展，都具有重要意义。

1. 联行往来的管理体制和核算类型

联行往来采取"统一领导、分级管理、各行自成联行系统"的办法,在同一系统银行内划分总行、分行、支行三级管理的联行往来体制,分别采取全国联行往来、分行辖内往来、支行辖内往来三种核算方式。联行往来由于是采取的是各行自成联行系统的办法,所以,各金融机构制定的联行往来制度差异较大,主要是在对账的方法不同。其核算类型归纳起来,主要有:

(1) 集中监督,分散对账。即传统手工联行做法。
(2) 集中监督,集中对账。即目前农业银行、中国银行、建设银行的做法。
(3) 集中监督,当时对账。即目前人民银行的做法。
(4) 实存资金,同步清算,头寸控制,集中监督。即目前工商银行的做法。
(5) 互设往来户,逐笔核对与定期复对相结合。即目前境外联行的做法。
(6) 集中监督,定日报告,总行对账。即目前省辖、县辖的做法。

2. 联行往来的核算

(1) 会计账户与会计凭证。联行往来的会计账户和会计凭证是组织和实现联行往来核算的工具,也是处理联行账务的依据。

银行为核算各项往来业务的资金清算款项,应设置"联行往来——往户"和"联行往来——来户"两个共同类账户。

联行往来的基本凭证是联行报单,它是联行间办理资金划拨和账务核算的重要依据,贯串于整个联行往来核算过程。联行报单是由总行统一规定格式,并统一编号印发,它的联次和用途都有严格的规定,不能互相代用。由于寄递方式不同,联行报单分为邮划报单和电划报单两类。又由于划拨款项的性质不同,邮划报单分为邮划借方报单和邮划贷方报单,电划报单分为电划借方报单和电划贷方报单,以及电划借方补充报单和电划贷方补充报单。以上六种报单除电划借方(或贷方)补充报单由收报行根据发报行电报译电编制外,其余都由发报行填制。

邮划借方(或贷方)报单一般为一式四联:第一联来账卡片,寄收报行转账后作来账卡片;第二联来账报告卡,随来账报告表寄管辖分行;第三联往账报告卡,随往账报告表寄管辖分行;第四联往账卡片,发报行留作往账卡片账。

电划借方(或贷方)报单一式两联:第一、二联缺,第三联往账报告卡,随往账报告表寄管辖分行;第四联往账卡片,发报行留作往账卡片账。

电划借方(或贷方)补充报单一式四联:第一联来账卡片,收报行转账后作来账卡片;第二联来账报告卡,随来账报告表寄管辖分行;第三联转账借、贷方凭证,收报行作转账借、贷方传票;第四联收付款通知,收报行给单位的收付款通知。

联行报单应严格按规定适用,不准相互串用,也不能任意更改。联行报单要按重要空白凭证妥善保管,报单号码和份数每天必须在"联行报单使用登记簿"上进行登记,以控制报单使用情况。

(2) 日常账务核算。

①发报行往账的核算。发报行是联行往账的发生行。它的任务是正确、及时地填发联行报单;按期向管辖分行编报联行往账报告表,以便管辖分行对联行账务逐笔监督。

报单的编制。联行业务发生时,发报行应以已办妥资金收付手续的有关结算凭证和业务凭证为依据,并根据"联行往来——往户"账户的记账方向填制联行报单。"联行往来——往户"账户的记账方向为借方(代对方行付款),应编制借方报单;"联行往来——往户"账户的记账方向为贷方(代对方行收款),应编制贷方报单,同时根据单位要求和通信条件确定邮划报单或电划报单。

代对方行付款时,其会计分录为:

借:联行往来——往户(或系统内款项存放)
　　贷:吸收存款——××存款人户

代对方行收款时,其会计分录为:

借:吸收存款——××付款人户
　　贷:联行往来——往户(或系统内上存款项)

发报行编制联行报单必须一次套写或打印,报单上的日期、行号、行名、收(付)款单位账号或名称以及金额,都要填写正确清晰、字体端正、易于识别,收(付)款单位的账号、名称填错,可以更改,但要加盖联行专用章证明。金额填错不得更改,应另行编制报单。

联行报单按每笔业务编制,但为了减少报单份数,对同一收报行性质相同的多笔邮划凭证,可以并笔填制邮划报单(应编和免编密押的不得填在同一份报单内);全额承付同一收款人而且每笔均有托收号的,可并笔填制电划贷方报单。报单需加编密押的,应按总行规定编制密押。

报单的审查与传递。为了防止可能发生的差错,联行报单必须经过复核才能寄发。复核时要认真核对报单的日期填写是否正确;收报行和发报行的行号与行名是否正确;收付款人名称或账号以及金额与附件是否一致;并笔填制的报单,各笔金额相加是否与合计金额一致;该编密押的是否齐全正确,以及报单有否用错等。对电划报单,还要注意电稿内容是否与报单相符,是否已加盖"业务电报专用章"。复核后的报单第一联和规定的结算凭证应加盖联行专用章。核对无误后,将邮划报单第一联和第二联连同附件装入联行专用挂号信封内,寄交收报行。电划报单则凭以拍发电报或通过网络传送。

②收报行来账的核算。收报行是联行报单的收受行。它的任务是认真审核报单;迅速办理转账;正确编制联行来账报告表寄管辖分行。在整个联行往来过程中,做好收报行工作是正确处理联行往来账务,及时办理异地资金划拨的关键。

审查联行报单。收报行收到发报行寄来的联行专用信封后,应先根据邮电部门送交的收信记录单,逐件验收。经检查无误签收拆封后,根据信封上所填报单笔数与信封内实装报单份数进行核对,如有不符,除在信封上注明实收报单笔数和报单号码外应立即向发报行查询,同时,为了防止漏拆信封、漏抽报单等差错发生,收报行应指定专人认真检查。收到联行电划报单,应认真审查电报挂号及内容,对编有密押的电报应核对密押,确认无误后,再编制电划借方(或贷方)补充报单。收报行对邮划报单和电划补充报单,应注意审查收报行行名、行号是否相符,是否为本行受理的报单;报单与附件的收、付款人名称或账号、金额是否一致;联行专用章与密押是否正确等。

办理转账。联行报单经过收报行审核后,有的是完整、正确的报单;有的是有缺陷的但可以转账的报单；有的是不能转账的错误报单。应分别不同情况，采取不同的处理方法。

完整、正确的报单的处理。收报行收到完整、正确的报单，应根据邮划报单附件和电划补充报单及时办理转账手续，并在联行报单转账日期栏上加盖转账日期戳记。具体账务处理如下。

如收受发报行寄来的借方报单，其会计分录为：

借：开出汇票（或其他账户）
　　贷：联行往来——来户（或系统内上存款项）

如收受发报行寄来的贷方报单，其会计分录为：

借：联行往来——来户（或系统内款项存放）
　　贷：吸收存款——××收款人户

有缺陷报单的处理。有缺陷的报单是指这类报单填写不完整，但能肯定其正确性，因而是可以转账的报单。它包括：报单上的行号是本行，附件是他行的；行号是他行，附件是本行的；行号及附件是本行，行名是他行；或者报单内容清楚但缺少附件等情况。对于前两种情况，收报行应坚持以报单上收报行行号和附件为准进行处理，以便管辖行集中核对账务。其处理方法如下：

第一，行号是本行，附件是他行的。经收报行审查，发现报单上的收报行行名、行号是本行的，但附件内容是他行的，应将报单留下按本行报单处理，同时发出查询，对于非本行的附件上所列收报行，另填同方向报单办理划转手续。

例如，工商银行武汉洪山支行收到广州分行营业部的邮划贷方报单一份，金额10万元，经审查行号、行名均为本行，但所附托收凭证是上海虹口支行的。武汉洪山支行办理划转手续时，根据附件内容向上海虹口支行填发贷方报单，并在备注栏注明"广州分行营业部报单误划本行，现转你行"。原附托收凭证作为转划报单的附件一并寄上海虹口支行，同时还应填制联行往来查询书分别寄原发报行和正确的收报行。武汉洪山支行的会计分录如下：

借：联行往来——来户　　　　　　　　　　　　　　　　　　　100 000
　　贷：联行往来——往户　　　　　　　　　　　　　　　　　　100 000

如收到的缺陷报单是借方报单，其会计分录与上例相反。

第二，行号是他行，附件是本行的。经收报行审查，发现报单上的收报行行号非本行，但附件内容肯定是本行的，应将报单留下先向发报行查询，要求更改原收报行行号，待查复后，按正确的行号代为更正，按本行报单处理。同时编制查询查复书，随来账报告表抄报管辖分行，注明"请按解付行行号×××××对账"字样。

如果收报行收到非本行行号的报单，而联行行名行号簿上查无此行号，收报行如能肯定该笔业务确属本行时，可以按本行行号代为更正。更正后，必须通知管辖行和发报行，以便作相应的更正。

第三，收到报单仅收报行行名非本行，行号及附件均是本行的，收报行可以更正行名后，按本行的报单处理。同时向发报行发出查询，以防止今后出现同类错误。

第四，收报行收到报单内容清楚具体，仅缺附件，收报行可以代为补制报单抄本，办理转账。

不能转账错误报单的处理。不能转账的错误报单是指收报行收到报单后发现：收付款单位账号、户名不清楚；报单与附件金额不符；漏编密押或密押不符；漏盖联行专用章等。收报行对不能转账的错误报单，应登记"未转账错误报单登记簿"，并及时发出查询。错误报单连同附件专夹保管，待接到查复后，再分别不同情况处理，并销记登记簿。但如遇防汛、救灾、抢险等特殊情况，经领导批准，也可以一边转账，一边查询，并在报单上注明错误报单情况及查询日期。

（三）人民银行往来

人民银行往来是指中央银行与各金融机构之间的往来。银行是国民经济资金活动的枢纽，国民经济各部门、各单位间资金的划拨与清算，都必须通过银行完成。而各部门、各单位之间的款项结算除一部分是在同一银行系统内进行外，还有很多是在两个不同系统的银行间进行的，其资金清算必须通过人民银行才能完成。另外，各商业银行之间也需要进行资金融通，相互拆借。同时，人民银行的货币政策工具如公开市场操作、存款准备金率、再贷款、再贴现的运用，也必然会形成人民银行与商业银行之间的资金账务往来。因此，加强对金融机构往来的管理，对于人民银行控制与调节商业银行的资金投向和信贷规模，加速资金周转，促进社会主义市场经济发展，提高经济效益，都具有十分重要的意义。

商业银行与人民银行往来的业务主要有：各商业银行向人民银行发行库领取现金和缴存现金；各商业银行吸收的国家金库款以及财政性存款全部缴存中央银行；各商业银行吸收的一般存款按比例缴存中央银行；各商业银行营运资金不足时，向中央银行申请再贷款、再贴现等。

1. 向人民银行存取款项的核算

根据货币发行制度的规定，商业银行需核定各行处业务库必须保留的现金限额，并报开户人民银行发行库备案。当现金超过规定的库存现金限额时，需缴存中央银行发行库；当需用现金时，签发现金支票到开户人民银行发行库提取。

商业银行存入现金时：

借：存放中央银行款项

　贷：库存现金

人民银行收到商业银行存入款项时，根据有关凭证处理账务，其会计分录为：

借：发行基金往来

　贷：××银行准备金存款

　　　（收入）发行基金——直属库户

支取现金的时作相反的会计分录。

2. 再贷款的核算

商业银行在经营中发生营运资金不足，可向人民银行借款。人民银行通过对商业银行发放再贷款，可以支持商业银行的业务发展，又可以调节社会信用规模，影响市场货币供给量，实现对信贷资金的宏观调控。

（1）再贷款的概念与种类。再贷款是指人民银行向商业银行或其他金融机构以多种方式融通资金的总称。它是解决商业银行资金不足，发挥人民银行宏观控制作用的工具。

再贷款按照贷款期限划分为以下 3 种：

①年度性贷款：是指人民银行为解决商业银行因经济合理增长引起的资金不足而发放的一种贷款。该种贷款的期限一般为 1 年或 1 年以上。

②季节性贷款：是指人民银行为解决商业银行因信贷资金先支后收或存款季节性下降、贷款季节性上升等原因引起的资金短缺而发放的一种贷款。该种贷款的期限一般为 2~4 个月。

③日拆性贷款：是指人民银行为了解决商业银行因汇划款项而引起的未达和清算资金不足等原因而引起的临时性资金短缺而发放的贷款。该种贷款的期限最长不超过 20 天。

（2）再贷款发放的核算。再贷款的发放，由商业银行向人民银行提出申请，经人民银行审核同意后办理。商业银行在向人民银行申请再贷款时，应填制一式五联的借款借据送交人民银行计划部门。

①人民银行的核算。借款借据经人民银行计划部门核准签批后，留存第四联作贷款记录卡，其余四联送交会计部门。会计部门收到借款借据并审查无误后，以借款借据的第一、二联分别作转账借方和贷方传票，办理转账。其会计分录为：

借：××银行贷款
　　贷：××银行准备金存款

第三联借款借据盖章后退还借款的商业银行，第五联借款借据按到期日顺序排列妥善保管，并定期与贷款分户账核对，以保证账据一致。

②商业银行的核算。商业银行收到人民银行退回的第三联借款借据后，凭以编制转账借、贷方传票办理转账。其会计分录为：

借：存放中央银行款项
　　贷：向中央银行借款

（3）再贷款收回的核算。贷款到期，商业银行应主动办理贷款归还手续，由会计部门填制一式四联再贷款还款凭证提交人民银行。

①人民银行的核算。人民银行收到商业银行提交的再贷款还款凭证，经审查无误后，以第一、二联还款凭证分别代转账借方、贷方传票，原借款借据第五联作贷方传票的附件，办理转账。其会计分录为：

借：××银行准备金存款
　　贷：××银行贷款

转账后，将还款凭证第三联送计划部门保管，第四联盖章后作支款通知退还借款的商业银行。人民银行再贷款实行定期计息，利息通过"利息收入——金融机构利息收入"账户核算。

②商业银行的核算。商业银行收到人民银行退回的还款凭证第四联，以其代人民银行存款户的贷方传票，同时另编制转账借方传票办理转账。其会计分录为：

借：向中央银行借款
　　贷：存放中央银行款项

再贷款利息由人民银行扣收后，通过"利息支出——人民银行往来利息支出"账户核算。

3. 再贴现的核算

再贴现是指商业银行由于办理票据贴现引起资金不足，而将未到期的已办理贴现的票据向人民银行融通资金的一种方式。人民银行通过对这一货币政策的实施，可以促进商业银行票据贴现业务的开展，搞活资金，引导资金流向，提高资金使用效益。

（1）受理再贴现的核算。商业银行持未到期的商业汇票向人民银行申请再贴现时，应根据汇票填制一式五联再贴现凭证，在第一联上签章后，连同汇票一并送交人民银行资金计划部门。

①人民银行的核算。人民银行会计部门接到计划部门转来审批同意的再贴现凭证和作成背书转让的商业汇票，经审查无误后，按规定的贴现率计算出再贴现利息和实付再贴现金额，将其填在再贴现凭证中，以第一、二、三联再贴现凭证代传票办理转账。其会计分录为：

借：再贴现——××银行汇票户
　　贷：××银行准备金存款
　　　　利息收入——再贴现利息收入户

将再贴现凭证第四联作收账通知退还商业银行，第五联后附汇票按到期日顺序排列妥善保管，并定期与"再贴现"账户余额核对相符。

②商业银行的核算。商业银行收到人民银行交给的再贴现收账通知后，应填制两联特种转账借方传票、一联特种转账贷方传票，收账通知作存放中央银行款项借方传票的附件。其会计分录为：

借：存放中央银行款项
　　利息支出——再贴现利息支出户
　　贷：贴现资产——××汇票户

（2）再贴现到期收回款项的核算。再贴现到期，由人民银行作为持票人填制委托收款凭证连同再贴现的票据向付款人办理收款。收到款项划回时，其会计分录为：

借：联行往来——来户（或其他有关科目）
　　贷：再贴现——××银行汇票户

（3）再贴现到期未收回款项的核算。人民银行收到付款人开户行或承兑银行退回的委托收款凭证、汇票和拒付款理由书或未付票款通知书后，可以向再贴现申请银行追索票款，从再贴现申请银行的准备金账户中直接扣除。

①人民银行的核算。人民银行编制特种转账借方传票两联，以其中一联借方传票与再贴现凭证办理转账。其会计分录为：

借：××银行准备金存款
　　贷：再贴现——××银行汇票户

转账后，将另一联借方传票连同汇票和拒付款理由书或付款人未付票款通知书交给再贴现申请银行。

②商业银行的核算。商业银行收到人民银行从其存款账户中收取再贴现票款的通知后，填制特种转账传票进行账务处理。其会计分录为：

借：贴现资产——××汇票户或汇票转贴现户
　　贷：存放中央银行款项

商业银行对人民银行退回的票据，可以继续向贴现申请人追索票款。

（四）同业往来

商业银行往来又称为同业往来，就是商业银行之间由于办理跨系统汇划款项、相互拆借资金等业务所引起的资金账务往来。

1. 商业银行跨系统汇划款项的核算

各商业银行跨系统的汇划款项，应通过人民银行清算资金和转汇，但在实际工作中，一般做法是，规定一个限额目前为 50 万元，汇划款项在此限额以上的应通过中央银行清算资金和转汇，在限额以下的采取相互转汇的办法。现介绍以下三种转汇方式。

（1）汇出地为双设机构地区的转汇，采取"先横后直"的方式办理。汇出地为双设机构是指同一地区设有跨系统汇入行的银行分支机构。在这种情况下，办理异地跨系统转汇时，必须采取"先横后直"的方式办理转汇，即由汇出行根据客户提交的汇款凭证，按照不同系统的汇入行逐笔填制转汇清单，并根据转汇清单汇总编制划款凭证，通过同城票据交换划转汇入行在当地的转汇行，转汇行再通过系统内联行或电子汇划清算系统将款项划入收款人开户行。

①汇出行的核算。汇出行根据客户提交的汇款凭证，按不同系统的汇入行逐笔填制转汇清单，汇总后通过同城票据交换，提交同城跨系统转汇行。其划收款项的会计分录为：

借：吸收存款——××付款人户
　　贷：存放中央银行款项

②同城转汇行的核算。同城转汇行收到汇出行的转汇清单和转汇凭证，经审核无误后，据以编制联行报单，通过本系统联行将款项划往异地的汇入行。其划收款项的会计分录为：

借：存放中央银行款项
　　贷：联行往来——往户

③汇入行的核算。汇入行收到同系统转汇行通过联行划转的款项，为收款人办理转账手续。其划收款项的会计分录为：

借：联行往来——来户
　　贷：吸收存款——××收款人户等

如系划付款项，其会计分录与划收款项的会计分录相反。

（2）汇出地为单设机构地区的转汇，采取"先直后横"的方式办理。汇出地为单设机构是指同一地区没有跨系统的汇入行系统的银行机构，但汇入地有汇出行系统的分支机构。在这种情况下，可以采取"先直后横"的方式在汇入地办理转汇，即由汇出行将款项通过本系统联行或电子汇划清算系统办理划转。汇入地联行机构（转汇行）收到有关凭证后通过同城票据交换提交汇入行。

①汇出行的核算。汇出行根据客户提交的汇款凭证填制联行报单，通过本系统联行往来将款项划转至汇入地本系统的转汇行。其划收款项的会计分录为：

借：吸收存款——××付款人户
  贷：联行往来——往户

②异地转汇行的核算。异地转汇行收到同系统的汇出行划来的转汇款项，应通过同城票据交换，向跨系统汇入行办理转汇。其划收款项的会计分录为：

借：联行往来——来户
  贷：存放中央银行款项

③汇入行的核算。汇入行收到跨系统转汇行划转的款项，为收款人入账。其划收款项的会计分录为：

借：存放中央银行款项
  贷：吸收存款——××收款人户等

如系划付款项，其会计分录与划收款项的会计分录相反。

(3) 汇出地、汇入地均为单设机构地区的转汇采取"先直后横再直"的方式办理。汇出地、汇入地均为单设机构的地区，必须采取"先直后横再直"的方式办理转汇，即要选择就近设有双系统银行机构的地区作为转汇地，首先通过本系统联行或电子汇划清算系统将款项划至转汇地的本系统联行机构（代转行）由其通过同城票据交换将汇划款项转至当地的跨系统转汇行，再由其通过系统内联行或电子汇划清算系统将款项汇至跨系统的汇入行。

①汇出行的核算。汇出行根据客户提交的汇款凭证填制联行报单，通过本系统联行往来将款项划转至转汇地区的本系统联行机构。其划收款项的会计分录为：

借：吸收存款——××付款人户
  贷：联行往来——往户

②代转行的核算。代转行收到本系统汇出行划来的款项，通过同城票据交换，向转汇行办理转汇。其划收款项的会计分录为：

借：联行往来——来户
  贷：存放中央银行款项

③转汇行的核算。转汇行收到本地区跨系统代转行划转的款项，应通过本系统联行往来将款项划转汇入行。其划收款项的会计分录为：

借：存放中央银行款项
  贷：联行往来——往户

④汇入行的核算。汇入行收到同系统的转汇行划转的款项，为收款人入账。其划收款项的会计分录为：

借：联行往来——来户
  贷：吸收存款——××收款人户

如系划付款项，其会计分录与划收款项的会计分录相反。

2. 同业拆借的核算

同业拆借是指商业银行之间临时融通资金的一种短期资金借贷行为。拆借资金主要用于解决清算票据交换差额、系统内调拨资金不及时等原因引起的临时性资金不足，通过相互融通资金，充分发挥横向调剂作用，有利于搞活资金，提高资金的使用效益。

同业拆借可以在人民银行组织的资金市场进行，也可以在同城商业银行间进行，或在异地商业银行间进行，但都必须通过中央银行划拨资金。拆出与拆入的商业银行，应商定拆借条件，如拆借金额、利率、期限等，并签订协议，由双方共同履行。

（1）资金拆借的核算。资金的拆借涉及拆出行、人民银行和拆入行，具体核算如下：

拆出行根据拆借合同签发人民银行转账支票并填制进账单，办理资金划转手续。其会计分录为：

借：拆出资金——××拆入行户
　　贷：存放中央银行款项

转账后，将支票连同进账单一并交给人民银行或拆入行。

人民银行收到拆出行签发的转账支票和进账单，据以办理转账。其会计分录为：

借：××银行准备金存款（拆出行户）
　　贷：××银行准备金存款（拆入行户）

以进账单回单联作收账通知交给拆入行。

拆入行收到进账单回单联，据以办理转账。其会计分录为：

借：存放中央银行款项
　　贷：拆入资金——××拆出行户

（2）归还拆借资金的核算。拆借资金到期，原拆入行签发人民银行转账支票并填制进账单，办理本息划转手续。其会计分录为：

借：拆入资金——××拆出行户
　　　利息支出——拆借利息支出户
　　贷：存放中央银行款项

转账后，将转账支票和进账单一并交给人民银行。

人民银行收到原拆入行签发的转账支票和进账单，据以办理转账。其会计分录为：

借：××银行准备金存款（拆入行户）
　　贷：××银行准备金存款（拆出行户）

以进账单回单联作收账通知交给原拆出行。

原拆出行收到进账单回单联，据以办理转账。其会计分录为：

借：存放中央银行款项
　　贷：拆出资金——××拆入行户
　　　　利息收入——拆借资金利息收入户

3. 转贴现的核算

转贴现又称重贴现，是指商业银行持已办理贴现、未到期的商业汇票向其他商业银行融通资金的行为。它是解决商业银行因办理票据贴现而引起资金不足的又一条途径。

（1）办理转贴现的核算。商业银行持未到期的商业汇票向其他商业银行申请转贴现时，应根据汇票填写一式五联转贴现凭证，在第一联上签章后，连同汇票一并送交转贴现银行信贷部门。

转贴现银行会计部门接到信贷部门转来审批同意的转贴现凭证和作成背书转让的商业汇票，经审查确认无误后，其余手续比照一般贴现办理。其会计分录为：

借：贴现资产——汇票转贴现户
　　　贷：存放中央银行款项
　　　　　利息收入——转贴现利息收入
　　转贴现申请银行收到转贴现银行交给的转贴现收账通知书，应填制二借一贷的特种转账传票，将收账通知书作为存放中央银行款项借方传票的附件，办理转账。其会计分录为：
　　借：存放中央银行款项
　　　　利息支出——转贴现利息支出
　　　贷：贴现资产——××汇票户
　　（2）转贴现到期收回的核算。转贴现银行作为持票人向付款人办理收款，可比照贴现到期收回贴现票款处理。在收到款项划回时，其会计分录为：
　　借：联行往来——来户（或其他科目）
　　　贷：贴现资产——××汇票转贴现户
　　转贴现票据到期，对向承兑人收款而不获付款的，应向转贴现申请银行进行追索。

（五）同城票据交换

1. 同城票据交换的意义和基本做法

　　同城票据交换是指在同一票据交换区域内的各银行，按照规定的时间集中到指定的场所，相互交换代收、代付票据，轧计差额，清算应收应付资金的办法。同城票据交换使得同一票据交换区域的各行处之间不必逐笔划转款项和分头传递结算凭证，从而可以简化核算手续，加快凭证传递，加速资金周转。

　　参加票据交换的银行均应在中央银行开立备付金存款账户，由中央银行负责对各银行之间的资金存欠进行清算。票据交换分为提出行和提入行两个系统。向他行提出票据的是提出行，提回票据的是提入行。而参加票据交换的银行一般既是提出行又是提入行。各行提出交换的票据可分为代收票据和代付票据两类。凡是由本行开户单位付款，他行开户单位收款的各种结算凭证，称为代收票据（贷方票据）；凡是由本行开户单位收款，他行开户单位付款的各种结算凭证，称为代付票据（借方票据）。提出行提出代收票据则表示为本行应付款项，提出代付票据则表示为本行应收款项；提入行提入代收票据则表示为本行应收款项，提入代付票据则表示为本行应付款项。各行在每次交换中当场加计应收和应付款项，最后由票据交换所汇总轧平各行处的应收、应付差额，由中央银行办理转账，清算差额。

2. 同城票据交换的核算

　　商业银行提出和提入票据的资金，均应通过人民银行的存款账户进行清算。在实际工作中，提出和提入的票据并非每笔都直接通过"存放中央银行款项"账户核算，而是先通过相应的过渡性账户列账，如"其他应收款"、"其他应付款"账户或"同城票据清算"等账户，最终以交换差额从过渡账户转入"存放中央银行款项"账户。

　　（1）票据交换的处理。进行票据交换时，票据提出行根据提出的借方和贷方传票，分别逐笔填制票据交换清单，然后根据交换清单汇总编制两联借方凭证或贷方凭证，将一联借方或贷方凭证代传票办理转账。如系代收款项，其会计分录为：

借：吸收存款——××付款人户
　　贷：同城票据清算

如系代付款项，其会计分录相反。

办理转账后，将另一联借方或贷方凭证连同有关提出凭证交票据交换中心进行票据交换。

票据提回行提回一联借方或贷方凭证及其有关提回凭证，办理转账。如系提回贷方凭证，其会计分录如下：

借：同城票据清算
　　贷：吸收存款——××收款人户

如系提回借方凭证，其会计分录相反。

（2）票据交换差额清算的处理。参加票据交换的各银行于每日营业终了，须计算当日的应收或应付差额，为票据交换差额清算做好准备。清算差额时，由参加票据交换的各银行根据应付或应收差额向人民银行填制有关凭证，办理划款手续。具体会计分录如下：

应付差额行：

借：同城票据清算
　　贷：存放中央银行款项

应收差额行：

借：存放中央银行款项
　　贷：同城票据清算

人民银行：

借：××银行准备金存款——应付资金行户
　　贷：××银行准备金存款——应收资金行户

票据交换业务要坚持"先付后收，收妥抵用，银行不垫款"的原则。当提入行提入有错误的票据如账号与户名不符、大小写金额不一致、付款人账户资金不足支付等均要办理退票。

金融企业利润的构成与核算，与一般企业做法基本相同，在此从略。

八、保险企业业务核算

保险是为了应付特定的灾害事故或意外事件，通过订立合同实现补偿或给付的一种经济形式，其实质是由全部投保人分摊部分投保人的经济损失。

（一）保险企业主要业务及会计核算特征

根据我国《保险法》的规定，按照保险分业经营的原则，我国的保险业务分为财产保险业务、人身保险业务、再保险业务和涉外保险业务四大类。

（1）财产保险业务。财产保险业务是指以财产及其有关利益为保险标的的保险，它是与人身保险相对应的概念。保险标的，包括以物质形态存在的和以非物质形态存在的财产及其有关利益。目前我国保险公司的财产保险业务主要有：普通财产保险、运输工具保险、海上保险、船舶保险、工程保险、责任保险、信用保险、特殊风险的财产保险和其他财产保险等。

（2）人身保险业务。人身保险是指以人的身体或生命作为保险标的，当被保险人在保险期间内因保险事故导致伤、残、死亡或者至保险期满时，保险人给付保险金的保险。人身保险按保险内容、保险期限、交费方式、给付方式等标准，可分为各种各样的保险种类，概括起来大体上有人寿保险，如死亡保险、生存保险、两全保险、年金保险，以及健康保险和人身意外伤害保险等。

（3）再保险业务。再保险也称分保，是保险公司在直接承保合同的基础上，通过签订分保合同，将其所承保的部分风险和责任向其他保险公司进行保险的行为。再保险是保险公司之间的一种业务经营活动，这种经营活动只在保险公司之间进行，原保险公司和再保险公司按照平等互利、互相往来的原则分出的保险业务。

（4）涉外保险业务。涉外保险业务是指保险公司为国内外有关企业、团体和人士提供对外经济贸易、对外经济技术合作、对外投资和国际交流等活动中所需要的且以外币为结算手段的保险业务，包括水险、非水险和国际再保险三大类。

保险企业会计核算的特征是：

（1）资产方面，因保险产品是无形的，所以存货和现金资产占用很少，主要是金融资产投资和往来债务。

（2）负债方面，主要结算债权、保险保障基金和各种准备金。

（3）所有者权益方面，表现为所需资本具有担保性质，随着经营年度的增加，各种准备金的逐步累积，其资本的重要性而逐渐降低。

（4）利润方面，表现在：根据全体业务计算而成，这是依据大数法则经营的必然结果；利润由承保利润和投资利润组成，投资利润会随承保业务量的累积而逐年上升；由于各种准备金的估计与调整难求客观准确，其估计的变动将对年度利润产生较大影响。

（二）财产保险业务核算

1. 保费收入的核算

保费收入是保险公司销售保险产品取得的收入，是保险公司的主要收入项目。保险公司依靠其收取的保费建立有关保险责任准备金，从而实现对被保险人因保险事故所受损失的经济补偿。保费收入的大小，反映了保险公司承保能力的大小和保障责任的大小。

保险公司在订立保险合同后，收到投保人交来的保费，会计部门根据保费收据办理转账，会计分录为：

借：现金（或银行存款）

　　贷：保费收入——××险种

如果会计部门收到业务部门的保费日报表等有关单证时，保费尚未到达，则应通过"应收保费"科目核算。会计分录为：

借：应收保费——××险种

　　贷：保费收入——××险种

以后收到保费时，会计分录为：

借：银行存款

　　贷：应收保费——××险种

保单签发后至期满前，由于保险标的升值、财产重估或企业关停并转等原因，保户中途要求加保或退保，应由保户提出书面申请，业务部门审查同意后，签发批单。中途加保的保费收入的核算，与投保时保费收入的核算相同。中途退保或部分退保，应按已保期限与剩余期限的比例计算退保费，退保费直接冲减保费收入。

2. 保险赔款支出的核算

保险赔款是指保险标的发生了保险责任范围内的保险事故后，保险人根据保险合同的规定，对被保险人履行经济补偿义务所做的各项工作。保险公司的赔款一方面可以恢复企业生产，保证再生产的持续进行或者安定人民群众生活，帮助重建家园，是保障社会经济稳定的手段之一；另一方面可以加强保险经营与管理，提高保险公司的信誉和经济效益，反映保险公司的经营水平。

保险赔款是指保险标的发生保险责任范围内的保险事故后，保险人向被保险人支付的损失补偿金。保险公司及时筹集资金，支付保险赔款，对维护保险人的信誉，体现保险在国民经济中的作用，恢复企业生产经营，安定人民群众生活，都是非常重要的。

理赔人员计算出赔偿金额后，填制赔款计算书，连同被保险人签章的赔款收据送交会计部门。会计部门接到业务部门的理赔计算书后，认真审查有关内容，审查无误后，根据不同的情况分别处理。

（1）对于保险赔案清楚，能及时结案的，应通过"赔款支出"账户核算。会计分录为：

借：赔款支出
　　贷：银行存款（或现金）

（2）预付赔款的处理。由于赔款的计算和审核是一项十分细致复杂的工作，往往需要很长时间，保险公司为了使被保险人能及时恢复生产经营活动，经常采取按估计损失的一定比例预付部分赔款的办法，等损失核定后，再补足差额。

出险后，保险公司预付部分赔款时，会计分录为：

借：预付赔款——企业财产险
　　贷：银行存款（或现金）

损失核定后，保险公司支付剩余赔款，会计分录为：

借：赔款支出
　　贷：预付赔款
　　　　银行存款（或库存现金）

（3）损余物资的处理。保险财产遭受保险事故后，在多种情况下，不是完全灭失，而是部分受损，物资还具有一定程度的利用价值，称为损余物资。正确合理地处理损余物资，对于物尽其用，减少赔款支出，有着重要意义。损余物资一般应合理作价归被保险人所有，并在赔款中予以扣除。如果被保险人不愿意接受，保险公司应按全损赔付，损余物资归保险公司处理，处理损余物资的收入冲减赔款支出。损余物资在没有处理前，要妥善保管，要设置"损余物资登记簿"进行登记。

在保险理赔过程中，不可避免地要发生某些错赔或骗赔案件，一经发现，要认真查处并追回赔款。对于追回的赔款，要冲减相应的赔款支出。会计分录为：

借：银行存款
　　贷：赔款支出

3. 保险准备金的核算

保险准备金是指保险公司为履行其承担的保险责任或者备付未来赔款，从收取的保险费中提存的资金准备，它是一种资金的积累。根据《保险公司会计制度》的规定，保险业务提存的准备金包括：未决赔款准备金、未到期责任准备金和长期责任准备金。

（1）未决赔款准备金的核算。未决赔款准备金是指保险公司在会计期末为本期已发生保险事故应付未付赔款所提存的一种准备金。保险公司是根据有效保单计算准备金的，而且准备金是保险公司的一项主要负债，因此，提存和转回准备金应分别核算。

我国现行《保险公司财务制度》规定，保险公司在年末可按最高不超过当期已经提出的保险赔偿或给付金额的 100% 提取未决赔款准备金。

【例 3-6】某财产保险公司在会计年度末经估算，应提财产保险未决赔款准备金 200 万元，并转回上年提存的财险未决赔款准备金 300 万元。

本年末提存未决赔款准备金，会计分录为：

借：提存未决赔款准备金　　　　　　　　　　　　　　　　2 000 000
　　贷：未决赔款准备金　　　　　　　　　　　　　　　　　　　2 000 000

转回上年未决赔款准备金，会计分录为：

借：未决赔款准备金　　　　　　　　　　　　　　　　　　3 000 000
　　贷：转回未决赔款准备金　　　　　　　　　　　　　　　　　3 000 000

将本年提存的未决赔款准备金冲减当年收益，会计分录为：

借：本年利润　　　　　　　　　　　　　　　　　　　　　2 000 000
　　贷：提存未决赔款准备金　　　　　　　　　　　　　　　　　2 000 000

将转回的上年未决赔款准备金转作当年收益，会计分录为：

借：转回未决赔款准备金　　　　　　　　　　　　　　　　3 000 000
　　贷：本年利润　　　　　　　　　　　　　　　　　　　　　　3 000 000

（2）未到期责任准备金的核算。保险公司在一个会计年度内签发保单后入账的保费称为入账保费。假定全部保单保险期均为 1 年，则除当年第一天签发的保单外，其余保单均不能在当年度内满期，而要跨入第二年，保费就要依保险期间在两个会计年度所占的时间比例进行分割。留在当年的部分属于当年的收入，称为赚保费，跨入第二年的部分属于下年度收入，称未赚保费。为体现权责发生制和配比原则，正确反映保险公司的财务成果，已赚保费和未赚保费分别对应当年责任和下一年度未满责任，即分两年入账。针对下一年度未满期责任，要将未赚保费从入账保费中减去，转入下一会计年度，建立起相应的责任准备金，就是未到期责任准备金，又称未了责任准备金。

我国现行《保险公司财务制度》规定：损益核算期限在 1 年以内（含 1 年）的非寿险保险业务可按当期自留保费收入的 50% 提取未到期责任准备金，下一年度同期转回。未到期责任准备金一般采取提存本期、转回上期的方法。提存期通常为 1 年。提存及转回未到期责任准备金计入当年损益。

保险公司按自留部分保费的50%提取未到期责任准备金，会计分录为：
借：提存未到期责任准备金——财产险
　　贷：未到期责任准备金——财产险
将上年提存的未到期责任准备金转回，会计分录为：
借：未到期责任准备金——财产险
　　贷：转回上年未到期责任准备金——财产险
将提存的未到期责任准备金冲减当年收益，会计分录为：
借：本年利润
　　贷：提存未到期责任准备金——财产险
将转回的未到期责任准备金转为当年收益，会计分录为：
借：转回未到期责任准备金——财产险
　　贷：本年利润

长期责任准备金的核算。长期责任准备金是指保险公司针对长期财产保险业务，为应付保险期内的保险责任和有关费用而提存的准备金。由于长期财产保险业务金额和风险较大，根据稳健性原则，按业务年度而不是按会计年度结算损益更能反映此类保险业务的经营成果。如果长期责任准备业务的责任期是5年，则结算损益年度为5年，长期责任准备金在未到结算损益年度之前，按业务年度的营业收支差额提存，即根据长期财产保险业务取得的收入扣除相关费用后的差额提存。其核算方法与未到期责任准备金核算相同。

（三）人身保险业务的核算

我国《保险法》规定，人身保险可以分为人寿保险、健康保险和伤害保险三大类。与财产保险业务相比，人身保险业务的会计核算具有以下特点：（1）人身保险业务一般收款生效，因此，保费一般于实际收到款项时确认；（2）人身保险业务具有给付性质，因此涉及给付的核算，包括年金给付、死伤医疗给付和满期给付，而财产保险不涉及给付的核算；（3）有些人身保险合同约定了返还利差的条款，因此，人身保险业务涉及保户利差支出的核算，而财产保险业务没有返还利差的条款，也就是不涉及利差支出的核算；（4）人身保险业务的未到期责任准备金根据有效保险单的全部净值提存，而财产保险业务的未到期责任准备金根据当年自留保费的50%提存；（5）由于寿险和长期健康险的风险以及精算方法等方面的不同，寿险责任准备金和长期健康险责任准备金分开核算。

1. 人寿保险业务的核算

（1）保费收入的核算。寿险业务的保险费是由死亡或生存的给付额、利息和费用等三项组成。因此，保险费率是由预定死亡率、预定年利率和预定费用率三部分组成。而寿险业务范围广、种类多，保险人根据不同险种的要求，分别厘定保险费，投保人缴纳保费的方式、程序与手续也不相同。概括起来，寿险业务的保费有下列共同点：

①寿险保单的保费一般是分期交付，并在保险合同中载明，投保人或被保险人必须按合同规定的时间及金额缴纳保费。

②保户的第一期保费必须在签订合同时向保险公司交付，以后各期保费，保户应按合同规定的交费时间与保费额，前往保险公司指定的地点交费。对于因故迟交或补交保费的保户，除补交其所欠的保费外，还应缴纳因推延时间所产生的利息。

③当出纳人员收到款项后，随即开出三联收款凭证，并加盖"现金收讫"章与经办人员签章，第一联保费收据交保户收执；第二联收据副本交业务部门登记业务卡片；第三联收款存根连同银行存款解缴回单一并交会计记账。

④如属于集体投保的寿险业务，由保险公司与代办单位直接建立代收保费关系。由单位指定经办员代收代交，并以转账方式将保费划入保险公司账户。

(2) 退保业务的核算。人寿保险业务是长期性的业务，在这个较长的过程中，由于种种原因，会发生保户要求退保的情况。

保户要求退保，经业务部门审查同意，支付退保金，会计分录为：

借：退保金
　　贷：库存现金

假如保户退保时尚有贷款未还，予以扣除。会计分录为：

借：退保金
　　贷：保户质押贷款——××保户（未收回的质押贷款本金）
　　　　利息收入（欠息）
　　　　库存现金

(3) 给付保险金的核算。根据人身保险合同给付保险金的性质，通常将保险金的给付分为两种情形：一是满期给付；二是死亡、伤残及医疗给付。

对于被保险人或受益人或法定继承人提出给付保险金的申请，保险人应按照合同规定的保险责任进行调查，审查事故发生是否属于保险责任范围。对于每个给付案件，应及时、准确地确定给付金额，快速地办理给付手续，使被保险人或受益人及时地得到应有的保障。

①满期给付的处理。满期给付是指被保险人在保险期满后，按照保险合同的规定，从保险人处领取保险金。满期给付保险金既可以按一次性方式领取，也可以选择有利于领取人的其他方式，如按分期支付的方式领取。

申请领取保险金时，必须由被保险人本人提出，并持保险证、身份证、交费凭证簿等有关证件，递交给保险公司，保险公司审查核实无误后，按保险合同规定的给付金额与给付方式，由被保险人本人领取。

被保险人生存到期满，按保险条款规定支付保险金，会计分录为：

借：满期给付
　　贷：库存现金

满期给付时，如被保险人有贷款本息未还清，予以扣除。会计分录为：

借：满期给付
　　贷：保户质押贷款
　　　　利息收入
　　　　库存现金

在保险合同规定的交费宽限期发生满期给付，会计分录为：

借：满期给付
　　贷：保费收入
　　　　利息收入
　　　　库存现金

期末，将"满期给付"科目余额转入"本年利润"科目，会计分录为：

借：本年利润
　　贷：满期给付

②死伤医疗给付的处理。死伤医疗给付是指被保险人在保险期限内因发生疾病而导致的医疗费用或者导致伤残、死亡，按保险合同规定给付的保险金。死伤医疗给付分为伤残给付、医疗给付和死亡给付三种。按照寿险业务的规定，申请死伤医疗给付时，被保险人或受益人必须及时提供有关证明，经业务部门调查核实后，计算出应给付金额，并连同有关证明、调查报告送会计部门，经会计部门复核无误后，据以支付给付金额。

被保险人在保险期内发生保险责任范围内的死亡、意外伤残、医疗事故而按保险责任支付保险金，会计分录为：

借：死伤医疗给付
　　贷：现金

死伤医疗给付时，如果被保险人有贷款本息未还清，予以扣除。会计分录为：

借：死伤医疗给付
　　贷：保户质押贷款
　　　　利息收入
　　　　库存现金

在保险合同规定的交费宽限期发生死伤医疗给付，会计分录为：

借：死伤医疗给付
　　贷：保费收入（未交保费部分）
　　　　利息收入（欠息数）
　　　　库存现金（实际支付的金额）

期末，将"死伤医疗给付"科目余额转入"本年利润"科目，会计分录为：

借：本年利润
　　贷：死伤医疗给付

③年金给付的处理。年金给付是人寿保险公司年金保险业务的被保险人生存至规定年龄，按保险合同约定支付给被保险人的给付金额。

被保险人生存至规定年龄，按保险合同条款规定支付年金，会计分录为：

借：年金给付
　　贷：库存现金

年金给付时，有贷款本息未还清，予以扣除。会计分录为：

借：年金给付
　　　　贷：保户质押贷款
　　　　　　利息收入
　　　　　　库存现金
期末，将"年金给付"科目余额转入"本年利润"科目。会计分录为：
　　借：本年利润
　　　　贷：年金给付
　（4）保户利差支出的核算。由于人寿保险合同期长，以预计死亡率、利率和费率为依据，计算确定的保费标准，通常与实际情况不一致。保险费过剩实质上是对保户利益的占有。因此，我国人寿保险公司推出利差返还型寿险产品，当实际利率高于预定利率时，保险人将这个差额对寿险责任准备金产生的利息返还给保单持有人。
　　期末，按清算部门提供的应付保户利差金额办理转账。会计分录为：
　　借：保户利差支出
　　　　贷：应付保户利差
实际支付利差，会计分录为：
　　借：应付保户利差
　　　　贷：库存现金
期末，将"保户利差支出"科目余额转入"本年利润"科目。会计分录为：
　　借：本年利润
　　　　贷：保户利差支出
　（5）寿险责任准备金的核算。寿险具有长期性和储蓄性。在寿险业务中，投保人通常选择分期均衡缴费方式支付保险费，因此，投保人缴纳的分期保险费，实质上是均衡保险费。对保险契约的整个期限来说，便出现前期的自然保费（或支出）小于均衡保险费，而后期自然保费（或支出）大于均衡保费的情况。保险公司为了平衡未来发生的债务，保证有充足的能力随时进行给付，就必须把投保人历年缴纳的纯保费和利息积累起来，作为将来保险金给付和退保给付的责任准备金，具体来说，寿险责任准备金应当是保险公司收入的净保费和利息与寿险合同中所规定的当年应承担给付义务之间的差额。
　　保险公司年末根据精算部门提供的本年度寿险责任准备金的精算结果，提存寿险责任准备金，会计分录为：
　　借：提存寿险责任准备金
　　　　贷：寿险责任准备金
保户因工作调往外地需要转移保险关系，根据该保单已提取寿险责任准备金转出保险关系，会计分录为：
　　借：寿险责任准备金
　　　　贷：银行存款
转回本年度寿险责任准备金，会计分录为：
　　借：寿险责任准备金
　　　　贷：转回寿险责任准备金

2. 健康保险业务的核算

健康保险也称疾病保险，是指被保险人在患病时发生医疗费用支出，或因疾病致残或死亡时，或因疾病伤害不能工作而减少收入时，由保险公司承担给付保险金责任的保险。

健康保险按保险期限的长短，可划分为短期健康保险（保险期限为1年及1年以下）和长期健康保险（保险期限在1年以上）；按保险标的所产生的结果，可划分为医疗保险、疾病保险、残疾收入补偿保险等。

（1）健康保险核算的基本规定：

①短期健康保险的未到期责任准备金，是指在会计期末按规定从本期保费收入中提取的以备下年度发生赔偿给付的资金准备。其未到期责任准备金的提取，可采用二分之一法，有条件的应采用八分之一法或二十四分之一法。未到期责任准备金期末提存，同时转回上年同期账面数，作为保费收入的调整项目，计入当期损益。

②长期健康保险责任准备金，是指根据《人身保险精算实践标准》，按照精算部门计算的精算结果提取的承担未来保险责任的资金准备。长期健康保险责任准备金年末提取，同时转回上年末账面数，计入当期损益。

③短期健康保险、长期健康保险的预定损失率/预定发病率可根据保险公司的经验数据编制，也可采用其他公司已有的经验表或根据保险市场的经验制定。

④短期健康保险的精算规定，按《人身保险精算实践标准》中的"人身意外伤害保险精算规定"执行。

⑤长期健康保险的精算规定，按《人身保险精算实践标准》中的"人寿保险有关死亡保险精算规定"执行。

（2）健康保险业务的收支核算。短期健康保险业务的收支核算与财产保险业务核算方法基本相同。长期健康保险业务的收支核算与人寿保险业务核算方法基本相同。

【例3-7】某保户投保一年期医疗保险，因发生保险责任范围内的疾病而付出诊断和药品等费用3 000元，经核实，按保险单比例给付条款，保险公司承担医疗费用80%的责任，会计部门以现金支付。会计分录为：

借：死伤医疗给付——医疗险　　　　　　　　　　　　　　　　　　　　2 400
　　贷：库存现金　　　　　　　　　　　　　　　　　　　　　　　　　2 400

3. 长期健康险责任准备金的核算

为了核算和监督保险公司在年度决算时长期健康责任准备金的提存情况，会计上设置"长期健康责任准备金"、"提存长期健康责任准备金"和"转回长期健康责任准备金"三个科目。

"长期健康险责任准备金"科目，属于负债类，用来核算保险公司长期性健康保险业务按规定提存的准备金。该科目贷方登记保险公司期末按规定提存的长期健康险责任准备金，以及被保险人从外地转入保险关系而转入的长期健康险责任准备金；借方登记上年同期提存的长期健康险责任准备金，以及因被保险人迁往外地转移保险关系而转出长期健康险责任准备金。该科目的贷方余额，反映保险公司已提存尚未转回的长期健康险责任准备金。

"提存长期健康险责任准备金"科目，属于损益类，用来核算保险公司长期性健康保险业务按规定提存的准备金。借方登记期末保险公司按规定提存的长期健康险责任准备金，贷方登记期末结转"本年利润"科目的数额。结转后，本科目应无余额。

"转回长期健康险责任准备金"科目，属于损益类，用来核算保险公司转回上年同期提存的长期健康险责任准备金。贷方登记期末将上年同期提存的长期健康险责任准备金加当期因被保险人转入而增加的长期健康险责任准备金，减当期因被保险人转出而减少的长期健康险责任准备金后的余额；借方登记结转"本年利润"科目的数额。结转后该科目无余额。

保险公司的精算部门在会计年度末按《人身保险精算实践标准》规定提取长期健康险保险责任准备金，会计分录为：

借：提存长期健康险责任准备金
　　贷：长期健康险责任准备金

年终决算，按规定将上年长期健康险责任准备金的账面余额转回，会计分录为：

借：长期健康险责任准备金
　　贷：转回长期健康险责任准备金

年终决算，按规定结转利润，会计分录为：

借：本年利润
　　贷：提存长期健康险责任准备金
借：转回长期健康责任准备金
　　贷：本年利润

（四）再保险业务的核算

再保险，也称分保，是保险人在原保险合同的基础上通过签订分保合同，将其承担的一部分或全部风险和责任转嫁给其他保险人。在分保合同中，分出保险业务的公司称为原保险人或分出公司，接受分保业务的公司称为再保险人或分入公司。如果再保险人又将其接受的风险和责任转嫁出去，这种业务称转分保。

1. 再保险业务种类

再保险按照责任分配形式不同可分为比例再保险和非比例再保险。

（1）比例再保险。比例再保险是指原保险人与再保险人以保险金额为基础，按比例计算分担保险责任限额的再保险。比例再保险又分为成数分保和溢额分保。

成数分保是一种最简单的分保方式。分保分出人以保险金额为基础，对每一危险单位按固定比例即一定成数作为自留额，将其余的一定成数转让给分保人接受，保险费和保险赔款按同一比例分摊。

溢额分保是指分保人以保险金额为基础，规定每一危险单位的一定额度作为自留额，并将其超过自留额的部分，即溢额，分给分入人。分入人按承担溢额责任占保险金额的比例收取分保费和分摊分保赔款。

（2）非比例再保险。非比例再保险又称超额再保险。它是以赔款为基础计算自赔限额和分保责任限额的再保险。非比例再保险又分为超额赔款再保险和超额赔付率再保险。

超额赔款再保险是由分保分出人与分保接受人签订协议，对每一危险单位损失或一次巨灾事故的累计责任损失规定一个自赔额，自赔额以上至一定限度由分保接受人负责。

超额赔付率再保险是以一定时期（一般为1年）的积累责任赔付率为基础计算责任限额，当实际赔付率超过约定赔付率时，其超过部分由分入公司负责一定限额。

2. 再保险业务核算

再保险业务，特别是分入业务，对赔案的处理需要时间，且分保费收入、准备金扣存和返还也需要延续若干个会计年度，一般为3~5年，甚至更长时间。为正确核算损益，再保险业务的会计核算采用三年期业务年度核算方法，以保证再保险业务核算的真实和完整。

业务年度核算方法是按照业务年度对合同经营情况进行核算，即对某业务年度的未满期保费和未决赔款待其自然期满和赔款基本结束时，以该业务年度的保费和赔款为基础，对再保合约该业务年度的经营成果进行核算。所以，在该业务年度终止后，尚需延续若干会计年度，才能结束未了责任，核算最后的经营成果。三年期核算法是指每一业务年度的分保账务需延续两个会计年度，在第三个会计年度末核算经营成果。

实行三年期核算法，每个业务年度的损益在第一、二个会计年度时先不体现。在会计年度终了时，根据收支余额，提存长期责任准备金，并滚转到下一会计年度。至第三个会计年度，在年终按未了责任提存未决赔款准备金，将责任转移到下一业务年度，以结束该业务年度的账务。采用三年期核算法，分保业务收支在每个会计年度分别设立三个业务年度核算（其中两个开放年度，一个结算年度），其他业务收支记入与会计年度相同的业务年度账。若某业务年度未到结算年度，出现收不抵支，即该业务年度提存的长期责任准备金出现红字时，则提前结算损益。

（1）分出业务的核算。发出分保账单，会计分录为：

借：分出保费
　　　分保业务往来
　贷：存入分保准备金
　　　　摊回分保赔款
　　　　摊回分保费用

期末，将分保业务收支转入"本年利润"科目，会计分录为：

借：本年利润
　贷：分出保费
借：摊回分保赔款
　　　摊回分保费用
　贷：本年利润

（2）分入业务的核算。收到分保账单，会计分录为：

借：存出分保准备金
　　　分保赔款支出
　　　分保费用支出
　贷：分保费收入
　　　　分保业务往来

期末，将分保业务收支转入"本年利润"科目，会计分录为：

借：分保费收入
　　贷：本年利润
借：本年利润
　　贷：分保赔款支出
　　　　分保费用支出

课后练习

一、单项选择题

1. 明确规定不能支取现金的账户是（　　）。
   A. 基本存款账户　　B. 一般存款账户　　C. 专用存款账户　　D. 临时存款账户
2. 下列票据行为，如果附有条件，会导致票据行为无效的是（　　）。
   A. 背书　　　　　　B. 承兑　　　　　　C. 保证　　　　　　D. 出票
3. 《支付结算办法》规定只能在异地使用的结算办法是（　　）。
   A. 银行汇票　　　　B. 商业汇票　　　　C. 汇兑　　　　　　D. 托收承付
4. 某行从票据交换中心提回转账支票1份，金额4 000元，经查其存款余额为1 300元，其他无误，应罚款（　　）。
   A. 65元　　　　　　B. 200元　　　　　　C. 1 000元　　　　　D. 2 700元
5. 零存整取没有（　　）期。
   A. 1年　　　　　　　B. 2年　　　　　　　C. 3年　　　　　　　D. 5年
6. 对于信用贷款，计算利息时一般采取（　　）。
   A. 逐笔核贷　　　　B. 定期结息　　　　C. 利随本清　　　　D. 定期调整
7. 狭义的票据不包括（　　）。
   A. 支票　　　　　　B. 汇票　　　　　　C. 物权凭证　　　　D. 银行本票
8. 下列结算，只能采用借方报单划转款项的有（　　）。
   A. 银行汇票　　　　B. 商业汇票　　　　C. 汇兑　　　　　　D. 托收承付

二、多项选择题

1. 构成利息的要素包括（　　）。
   A. 金额　　　　　　B. 本金　　　　　　C. 期限　　　　　　D. 利率
2. 所有票据必须共同绝对记载的事项有（　　）。
   A. 表明票据的种类　B. 出票日期　　　　C. 金额　　　　　　D. 收款人名称
3. 票据上的下列内容不能更改的有（　　）。
   A. 大小写金额　　　B. 日期　　　　　　C. 付款人　　　　　D. 收款人
4. 银行只认钱不认人，有钱就可受理的业务有（　　）。
   A. 汇兑　　　　　　B. 银行汇票　　　　C. 支票　　　　　　D. 银行本票
5. 按《支付结算办法》规定，不可以背书转让的票据有（　　）。
   A. 现金支票　　　　　　　　　　　　　B. "现金"本票

C. "现金"银行汇票　　　　　　　D. 商业汇票
6. 担保贷款包括(　　)。
　　A. 保证贷款　　B. 抵押贷款　　C. 质押贷款　　D. 票据贴现
7. 与"贴现"科目有对转关系的科目有(　　)。
　　A. 吸收存款　　B. 利息收入　　C. ××贷款　　D. 联行往来
8. 下列利息计算,满月的可以按实际天数计算的有(　　)。
　　A. 活期存款　　B. 贷款定期结息　　C. 贷款利随本清　　D. 贴现利息

三、业务题

1. 根据下列分户账资料,分别采用账页计息法和余额表计息法计算 A 百货商店 6 月存款利息,并将利息计入存款账户内。

活期存款账

户名：A百货商店　　　　账号：304-6　　　　　　　　　　　利率：0.4%

年		摘要	借方	贷方	借或贷	余额	日数	积数
月	日							
6	1	承前页			贷	568 324.20	72	37 684 000
	2	购货款	7 800					
	4	销货		6 000				
	4	销货		2 130.50				
	10	存现		450				
	12	购货款	3 450.80					
	15	补5日账	3 450					
	15	销货		1 255				
	18	备用金	800					
	18	冲4日账		2 130.50				
	19	购货款	1 200					

余 额 表

时间 \ 户名	304-6 A百货商店			
1				
2				
3				
4				
5				
6				
7				
8				
9				
10				
10天小计				
11				
12				
13				
14				
15				
16				
17				
18				
19				
20				
20天小计				
21				
22				
23				
24				
25				
26				
27				
28				
29				
30				
31				
本月合计				
至上月底累计未计息积数				
应加积数				

续表

时间＼户名	304-6 ×百货商店			
应减积数				
至结息日累计应计息积数				
至本月底累计未计息积数				
结息利息数				

2. 某储蓄所2014年10月15日发生下列业务，计算应付利息（利息税0%）并逐笔作出会计分录（当日挂牌活期储蓄利率为0.4%）。

（1）储户张三持2013年2月15日存入的1年期定期储蓄存款单来行要求支取，存单金额为20 000元，约定利率为2.52%。

（2）储户李四持2012年8月9日存入的3年期定期储蓄存单来行要求全部提前支取，存单金额为50 000元，约定利率为3.33%，经查验证明相符，本息全部付现。

（3）储户王五持2012年5月21日存入的1年期定期储蓄存单来行支取本息，存单金额为60 000元，约定利率为1.98%。

（4）储户陈六持2013年3月12日存入的半年期定期储蓄存单来行，存单金额为80 000元，约定利率为2.25%，要求支取利息。银行在2014年3月10日调整利率，半年期定期存款由原来的2.25%调整为2.43%。

（5）储户赵七持2013年2月24日存入的2年期定期储蓄存单来行，存单金额为100 000元，约定利率2.79%，要求提前支取40 000元，60 000元续存，经查验身份证件无误，予以办理。

3. 进行支票、银行本票和汇票业务的核算。

（1）A银行从票据交换中心提回一张由本行开户单位B织布厂（账号302096）签发的转账支票一份。该支票的出票金额为8 000元，出票人存款账户余额为6 980元。其他均无误，请作出该行的处理。

（2）接到开户单位C制药厂（账号302007）提交的进账单和不定额银行本票一份，金额6 800元。经审查该本票为本行签发，其他无误，请作出兑付和结清的分录。

（3）2月3日工商银行武汉武昌支行收到工商银行广州分行营业部寄来邮划借方报单及第三联汇款解讫通知。经审查，其出票金额和实际结算金额均为17 500元，请作出签发行结清银行汇票的分录。

（4）工商银行武汉洪山支行于1月8日收到工商银行上海市虹口支行寄来委托收款凭证和所附商业承兑汇票一份，金额30万元。经审查购货人A机电公司（账号304132）在本行开户，到期日承兑人存款账户余额为50万元，收款人上海机电厂（账号302009）。请作出洪山支行和虹口支行划款时的分录。

（5）4月5日，工商银行武汉洪山支行接到开户单位B音像器材厂（账号302113）提交的银行承兑汇票一张，金额25万元，要求申请承兑，承兑期限两个月。经审查无误后，予以承兑，但到期日承兑申请人账户只能划转 20 万元。请作出洪山支行专户存储的分录。

4. 某保险公司 5 月发生下列业务：

（1）收到业务部门交来的财产基本险日报表、保费收据存根和银行收账通知，共计 20 000 元，该业务为签单生效时收到全部保费。

（2）某财产保险公司的会计部门收到业务部门交来的某企业货运险保费日报表、保费收据存根和银行收账通知，共计 30 000 元。该业务自下月 10 日起，保险公司承担保险责任。

（3）某企业投保财产综合险，与某保险公司签单保险单，双方约定保费为 200 000 元，分期付款。首期通过银行贷记凭证收款通知，保险公司已收到 40 000 元；其余保费分 8 期，每期 20 000 元收取。最后一期应收保费未收到已有 3 年以上，经确认为坏账，应按批准的坏账转销凭证冲销坏账准备。上述已转销的应收保费以后又收回。

（4）某人寿保险保户因病死亡，其受益人提出死亡给付申请，经业务部门审查，同意给付全部保险金 5 000 元；另外，该保户还有当月应缴而未缴保费 50 元。会计部门审核后，以现金支付余额。

（5）某中学为在校学生 3 000 人投保 1 年期学生团体平安险，保险金额为 5 000 元。按规定每人每年缴纳保费 10 元，合计 30 000 元，经特别约定分两次缴清，投保时支付 80%，2 个月后支付 20%。

要求：根据上述保险公司发生的业务，编制会计分录。

学习情境四

施工企业会计核算

任务描述
掌握施工企业主要业务的会计核算方法。

能力目标
1. 能对施工企业三个过程的经济业务进行账务处理；
2. 能独立地、熟练地计算采购成本和工程施工成本；
3. 能准确地计算和确认工程合同收入及合同费用。

知识目标
1. 了解施工企业会计核算的特点；
2. 熟知施工企业会计核算的基本内容；
3. 掌握施工企业经济业务的账务处理。

任务一　走进施工企业

一、施工企业及其主要经营活动

（一）施工企业概述

施工企业是指依法自主经营、独立核算，从事建筑安装工程施工活动的企业，如各类建筑安装工程公司、机械化施工公司和其他各类专业工程施工公司等。

施工企业从事的建筑工程主要包括：房屋，建筑物，设备基础工程，管道、输电线路、通信导线等的敷设工程，上下水道工程，道路工程，铁路工程，桥梁工程，隧道工程，水利工程，矿井开凿，钻井工程，各种特殊炉的砌筑工程等；从事的安装工程主要有：生产、动力、起重、运输、传动、医疗、实验等各种需要安装设备的装配、装置工程。

施工企业必须以效益为中心，做好各方面工作，增强自我发展能力。其中正确组织核算工作，利用会计资料，加强会计管理，规范企业生产经营行为，是一个重要方面。要及时、正确地提供能反映实际生产经营情况的各种指标，如材料采购成本、工程项目成本，以及利润净额（或亏损）和利润分配，以便企业及时了解生产经营过程情况，纠正偏差，真正做到用尽可能少的资金占用和资金耗费，生产尽可能多的建筑产品，实现更多的盈利，完成和超额完成各项计划指标。

（二）施工企业主要经营过程核算的内容

建筑施工企业的生产经营过程主要包括供应过程、施工生产过程、工程结算过程，在这三个过程中会发生各种复杂的经济业务，这些经济业务就是施工企业主要经营过程核算的内容。

1. 供应过程

供应过程是指企业通过合同用货币向供应单位购买施工生产过程所需的各种劳动对象的过程。在供应过程中，企业要用货币购买各种材料、物资，并结转采购成本。这样货币资金转变为材料储备，企业储备的材料在施工生产需要时，即进入施工生产过程。

2. 施工生产过程

施工生产过程是指人们利用劳动工具对劳动对象进行加工，使其成为合同设定产品的过程，即将材料投入生产，经过工人运用各种施工机械和工具进行劳动，逐渐形成各种建筑工程或安装工程的过程。

在施工生产过程中，一方面发生各项施工生产费用，如为形成建筑产品而发生的各种材料消耗、工资支付、固定资产的磨损以及支付的水电费和管理费用等；另一方面要把各项生产费用按成本对象进行归集和分配，形成建筑工程成本。在此期间，还会发生企业与职工之间的结算业务，企业与其他单位之间的结算业务。

3. 工程结算过程

工程结算过程是指将施工完成的产品按照等价交换的原则交给委托人的过程，即企业将已经施工完成的建筑工程或安装工程交给委托单位，并从中收取产品价款的过程。

在工程结算过程中，一方面向委托单位交付工程并进行工程价款结算，另一方面进行建造合同收入及建造合同成本确认核算。

企业通过工程价款的结算，不仅收回了各种成本费用，而且还实现了企业的积累。因此，企业还要进行财务成果的核算。财务成果的核算内容包括财务成果汇总的核算和财务成果分配的核算。此外，施工企业还会发生资金进入企业、退出企业和按照国家税法及有关规定，应计各种税金的经济业务，如资本金的投入、固定资产的出售、银行借款的归还、税金的上缴等，这些也是企业的主要经济业务。

施工企业的资金循环和周转的具体过程如图 4-1 所示：

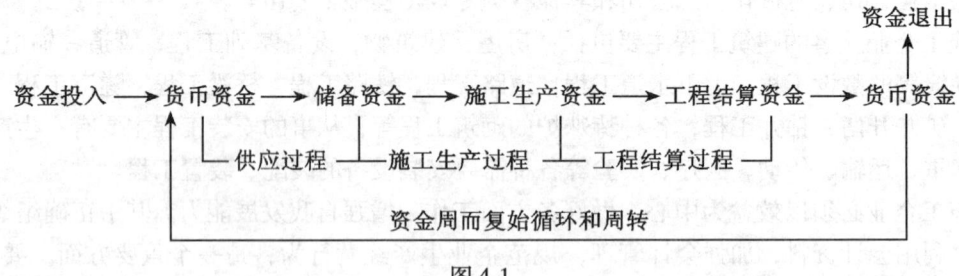

图 4-1

二、施工企业会计核算的特征

（一）建筑产品及建筑产品生产的特点

1. 建筑产品的固定性与建筑生产的流动性

建筑产品的固定性是指每一建筑安装工程的位置是固定不变的，必须根据合同中规定的地点进行施工。这使得建筑安装工程施工具有流动性的特点。企业的人员和机具，要随着施工对象所在地点而迁移流动；在每一项工程的施工过程中，施工人员和机具要随施工位置的转移，不断地变换操作场所。

2. 建筑产品类型的多样性与建筑生产的单件性

每一建筑安装工程几乎都有独特的形式和结构，需要单独的设计图纸，采用不同的施工方法和施工组织。即使采用相同的标准设计，由于建造地点的地形、地质和水文等自然条件与运输等社会条件不同，也往往需要对设计图纸以及施工方法、施工组织等作适当的改变，建筑产品类型多样性的特点，使得施工企业的生产具有单件性的特点。施工企业只能根据用户（建设单位）的需要，按合同组织生产，其功能和形式是随建设单位的实际需要不同而各不相同的，要求各异，不可能进行批量生产，所以，建筑产品的多样性使得在生产中只能单件进行。

3. 建筑产品体积庞大、产品结构复杂与生产周期长

建筑产品由若干部分工程构成，产品体积庞大，各部分的结构类型又不完全一致，其内部还有各种设备，施工生产中要占有大量的人力、物力和财力，由众多的人协同劳动，经较长时间加工才能完成。再加上产品固定，须按一定的顺序施工，作业空间受到限制，也延缓了施工进度。所以，建筑产品的生产周期一般较长，少则数月，多则数年。

（二）施工企业会计核算的特点

1. 分级核算的特点

建筑产品的固定性和建筑生产的流动性，使得建筑安装工人和施工机械设备都必须在各个工地上流动，因而企业在组织核算和对财产物资的管理方面必须更加重视，施工企业为了便于加强对施工机械设备和材料的核算和管理，一般采用分级核算和管理。在施工现场都必须配备材料会计、成本会计、出纳等相关会计人员。

2. 建筑产品成本核算的特点

建筑产品的单件性和建筑生产的多样性，使得企业必须按照各项建筑安装工程分别进行成本核算。凡是可以直接计入某项工程的生产费用，应直接计入该项工程成本；凡不能直接计入某项工程而应由各项工程共同负担的生产费用，要先按照发生地点汇总登记，然后按照一定的标准，定期分配计入有关工程成本。

同时，由于建筑产品类型的多样性，建筑产品的成本不能按其实物计量单位与上期同类工程成本进行比较，只能采用实际成本与预算成本比较，这样可以及时反映工程成本超降，考核施工活动的经济效果。为了使实际成本能与预算成本对比分析，实际成本计算的项目要与预算成本计算的项目口径尽可能保持一致。

3. 成本核算和价款结算的特点

由于建筑产品具有体积庞大、建筑生产周期长的特点，对建筑产品进行的成本核算和价款结算不能等到工程全部完工才进行。除了工期较短、造价较低的工程采用竣工后一次结算工程价款外，大多采用中间结算方式，如按月结算、分段结算等。为了解决企业生产中资金垫支较多的问题，规定了预收款项的制度：根据承担的工程任务情况，预先向发包方收取一定比例的工程进度款（少量的工程备料款），待办理工程价款结算时，逐步予以

扣还。

4. 成本费用开支受自然力的影响大

由于建筑产品体积庞大、建筑产品的生产只能露天作业，又无法移动，有些机械设备、大堆材料等只能存放于露天仓库。对建筑产品的成本核算，便增加了由于风、霜、雨、雪等气候因素造成的财产物资的损失和停窝工损失，因而，在计算施工机械的损耗价值时，除考虑使用上的磨损外，还要考虑受自然力侵蚀的影响。

随着建筑生产技术条件和社会条件的变化，建筑安装工程及其施工的特点，也会不断地变化。认识这些特点，对于我们做好施工企业的会计工作是十分必要的。

任务二 施工企业主要业务的会计核算方法

一、施工企业供应过程的核算

（一）设置的主要账户

为了完成供应过程的核算任务，需要设置以下几个主要账户：

"材料采购"账户是用来核算各种材料的实际成本，它的借方登记各种材料的买价，运杂费和应负担的采购保管费，贷方登记已经验收入库材料的实际成本，期末余额反映已付款尚未入库材料的实际成本。"材料采购"账户，可按材料种类设置明细分类账，以反映各种材料的实际成本。

"原材料"账户是用来核算各种材料的收入，发出及结存情况的账户。它的借方登记已经验收入库的各种材料的成本，贷方登记发出材料的成本，期末余额反映库存材料的成本。"原材料"账户可按材料的类别和名称设置明细分类账，以反映和监督每一种材料的增减变动情况。

"周转材料"账户是用来核算施工企业在施工中不断周转使用仍保持其原有物质形态的材料的成本及摊销额。在"周转材料"一级账户下设置"周转材料——在库"、"周转材料——在用"、"周转材料——摊销"三个明细账户，分别对周转材料的库存、在用和摊销进行二级核算，同时，应按周转材料的类别、品种规格设置明细账户，进行明细分类核算。

"采购保管费"账户是用来核算材料在采购及保管过程中发生的各项费用，如材料采购及保管人员的工资、差旅费、办公费、固定资产使用费等。它的借方登记本月份内发生的各项采购保管费，贷方登记结转到各种材料采购成本中去的采购保管费，本账户月终一般应无余额。

注意：施工企业库存材料收发核算与工业企业材料收发核算相同，因而这部分库存材料只按实际成本进行收发核算。

（二）材料采购成本的计算

1. 材料采购成本及组成内容

材料采购成本是指材料采购过程中发生的各项费用，按材料核算对象（材料的品种、类别等）进行归集和分配，计算出各种材料采购的总成本和单位成本。

施工企业材料采购成本主要包括以下几项内容：

（1）买价，是指销货单位开出的发票价格，包括材料的价款和税款。

（2）运杂费，是指材料运到工地仓库（施工现场堆放材料的地点）以前所发生的包装运输、装卸以及合理运输途中损耗等费用。

（3）采购保管费，是指企业的材料部门和仓库在组织材料采购、供应和保管过程中所发生的各项费用。如采购人员的工资、差旅费、材料供应部门的办公费、固定资产折旧及修理费等。

材料的买价可以直接计入材料采购成本；运杂费如果能分清对象就直接计入材料采购成本，如果不能分清对象的，应采用一定的分配方法，分配计入材料的采购成本。采购保管费与全部材料有关，属于共同费用，应由全部材料负担，因此，采购保管费为材料采购成本的间接费，需先按一定的方法进行归集，然后再按一定比例分配计入各种材料的采购成本。

材料采购的实际成本用公式归纳如下：

材料采购实际成本＝材料买价＋材料运杂费＋采购保管费

2. 材料采购成本的计算

材料采购成本应按材料的品种或种类等成本对象进行归集和分配。方法如下：

（1）材料买价的归集和分配。由于材料购入时发票上已经注明材料名称、规格、数量和单价，应直接计入材料采购成本。

购入某种材料的买价＝购入该种材料单价×购入该种材料数量

（2）材料运杂费的归集和分配。材料运杂费如果是为一种材料发生的，可以直接计入该种材料采购成本；如果是为几种材料共同发生的运杂费，则应按一定的标准进行分配计入各种材料的采购成本。在一般情况下，分配标准可以用各种材料的重量比例计算；但有些材料由于计量单位和体积差别较大，也可按买价比例计算。现以材料的重量比例分配为例，说明材料运杂费的分配方法：

材料运杂费分配率＝共同发生的运杂费总额÷购入各种材料重量之和

某种材料应分配运杂费＝该种材料购入重量×材料运杂费分配率

3. 采购保管费的归集和分配

材料的采购保管费是为全部材料发生的共同性费用，应分配计入各种材料的采购成本。在本月发生的各种采购保管费，先汇集起来，然后采用一定的标准进行分配。各种材料实物计量单位各不相同，因此不能以实物计量单位作为分配采购保管费的标准。在施工企业分配采购保管费时，一般采用材料的买价和运杂费之和（也称材料采购直接成本）为标准进行分配计算。计算公式如下：

$$采购保管费分配率＝\frac{本月采购保管费总额}{本月各种入库材料买价和运杂费总额}×100\%$$

某种材料应分配采购保管费＝该种材料买价和运杂费数额×采购保管费分配率

（三）材料采购成本核算

1. 购进材料的核算

【例4-1】某施工企业购入甲材料一批共150吨，运杂费7 500元，共计82 500元，以银行存款支付，编制会计分录如下：

借：材料采购——甲材料　　　　　　　　　　　　　　　　　　　　82 500
　　贷：银行存款　　　　　　　　　　　　　　　　　　　　　　　　82 500

【例4-2】某施工企业购入丁材料3 000千克，单价2元/千克，计6 000元，运杂费500元，签发商业汇票一张，金额6 500元，编制会计分录如下：

借：材料采购——丁材料　　　　　　　　　　　　　　　　　　　　6 500
　　贷：应付票据　　　　　　　　　　　　　　　　　　　　　　　　6 500

2. 外购材料运杂费的分配及核算

【例4-3】某施工企业购入甲、乙两种材料，其中：甲材料100吨，每吨单价500元，乙材料80吨，每吨单价300元，两种材料共同发生运杂费9 000元，共计83 000元，均以银行存款支付。

购入甲、乙两种材料，共同发生运杂费为9 000元，甲材料重量100吨，乙材料重量80吨，根据公式，甲、乙两种材料成本应负担的运杂费计算如下：

运杂费分配率＝9 000÷（100+80）＝50
甲材料应分配运杂费＝100×50＝5 000（元）
乙材料应分配运杂费＝80×50＝4 000（元）

在实际工作中，对材料运杂费的分配，应采用运杂费分配表进行计算，材料运杂费分配表见表4-1。

表4-1　　　　　　　　　　　　　　材料运杂费分配表
　　　　　　　　　　　　　　　　　20××年×月×日　　　　　　　　　　　单位：元

材料种类	重量（t）	单价	买价	运杂费分配率	运杂费	材料直接成本
甲材料	100	500	50 000	50	5 000	55 000
乙材料	80	300	24 000	50	4 000	28 000
合　计	180	—	74 000	—	9 000	83 000

将甲、乙两种材料共同发生运杂费分别计入甲、乙两种材料的采购成本。编制会计分录如下：

借：材料采购——甲材料　　　　　　　　　　　　　　　　　　　　55 000
　　　材料采购——乙材料　　　　　　　　　　　　　　　　　　　　28 000
　　贷：银行存款　　　　　　　　　　　　　　　　　　　　　　　　83 000

3. 采购保管费的核算及分配

【例4-4】某施工企业采购人员李某报销差旅费840元，以现金支付。

这项经济业务的发生，使采购保管费增加，同时减少企业现金。应记入"采购保管费"账户借方和"库存现金"账户贷方。编制会计分录如下：

借：采购保管费　　　　　　　　　　　　　　　　　　　　　　　　840
　　贷：库存现金　　　　　　　　　　　　　　　　　　　　　　　　840

【例 4-5】 月终,将本月发生的采购保管费 4 896 元进行分配,计入各种材料的采购成本中。

这项经济业务是将本月汇集的采购保管费按规定转入各材料成本中,一方面使材料采购费用增加,另一方面使采购保管费减少。应记入"材料采购"账户的借方和"采购保管费"账户的贷方。

本月共发生采购保管费 4 896 元,各种购入材料买价和运杂费分别是:甲材料137 500元、乙材料 28 000 元、丙材料 32 000 元、丁材料 6 500 元。本月采购保管费具体分配计算如下:

$$采购保管费分配率 = \frac{4\ 896}{137\ 500+28\ 000+32\ 000+6\ 500} \times 100 = 2.4\%$$

甲材料应分配采购保管费 = 137 500×2.4% = 3 300(元)
乙材料应分配采购保管费 = 28 000×2.4% = 672(元)
丙材料应分配采购保管费 = 32 000×2.4% = 768(元)
丁材料应分配采购保管费 = 6 500×2.4% = 156(元)

在实际工作中,采购保管费的分配应采用采购保管费分配表进行具体分配计算,见表4-2。

表 4-2 采购保管费分配表

20××年×月×日   单位:元

材料种类	已入库材料采购直接成本	分配率%	分配额
甲材料	1 375 000	2.4	3 300
乙材料	28 000	2.4	672
丙材料	32 000	2.4	768
丁材料	6 500	2.4	156
合　计	204 000	——	4 896

通过表 4-2 的分配计算,将采购保管费 4 896 元,分别计入甲、乙、丙、丁四种材料的本月采购成本中去。

编制会计分录如下:
借:材料采购——甲材料　　　　　　　　　　　　　　　　　　　　3 300
　　材料采购——乙材料　　　　　　　　　　　　　　　　　　　　　672
　　材料采购——丙材料　　　　　　　　　　　　　　　　　　　　　768
　　材料采购——丁材料　　　　　　　　　　　　　　　　　　　　　156
　　贷:采购保管费　　　　　　　　　　　　　　　　　　　　　　4 896

4. 材料入库的核算

【例 4-6】 月终,将本月购入的各种材料全部验收入库,把各种材料采购的实际成本转入"原材料"账户。

这项经济业务的发生，使原材料增加，材料采购减少，应记入"原材料"账户的借方和"材料采购"账户的贷方。

汇集各种材料本月直接成本，就形成了各种材料的本月采购成本，从而计算材料采购总成本和单位成本。根据以上有关资料编制材料采购成本计算表，见表4-3。

表4-3　　　　　　　　　　　　　材料采购成本计算表
20××年×月×日　　　　　　　　　　　　　　　单位：元

材料种类	计量单位	购入数量	买价	运杂费	采购保管费	材料采购总成本	单位成本
		1	2	3	4	5=2+3+4	6=5/1
甲材料	t	250	125 000	12 500	3 300	140 800	563.2
乙材料	t	80	24 000	4 000	672	28 672	358.4
丙材料	m³	800	24 000	8 000	768	32 768	40.96
丁材料	kg	3 000	6 000	500	156	6 656	2.22
合　计	—	—	179 000	25 000	4 896	208 896	—

编制会计分录如下：
借：原材料　　　　　　　　　　　　　　　　　　　　　　　　　208 896
　　贷：材料采购——甲材料　　　　　　　　　　　　　　　　　140 800
　　　　材料采购——乙材料　　　　　　　　　　　　　　　　　 28 672
　　　　材料采购——丙材料　　　　　　　　　　　　　　　　　 32 768
　　　　材料采购——丁材料　　　　　　　　　　　　　　　　　 6 656

材料采购明细分类账见表4-4、表4-5、表4-6、表4-7。

表4-4　　　　　　　　　　　　　材料采购明细分类账
账户名称：甲材料　　　　　　　　　　　　　　　　　　单位：元

年		凭证号数	摘要	借方				贷方	余额
月	日			买价	运杂费	采购保管费	合计		
		1	购入	75 000	7 500		82 500		
		5	购入	50 000	5 000		55 000		
		8	分配采购保管费			3 300	3 300		
		9	结转入库材料成本					140 800	0
			本月发生额	125 000	12 500	3 300	140 800	140 800	0

表4-5　材料采购明细分类账

账户名称：乙材料　　　　　　　　　　　　　　　　单位：元

年		凭证号数	摘要	借方				贷方	余额
月	日			买价	运杂费	采购保管费	合计		
		5	购入	24 000	4 000		28 000		
		8	分配采购保管费			672	672		
		9	结转入库材料成本					28 672	0
			本月发生额	24 000	4 000	672	28 672	28 672	0

表4-6　材料采购明细分类账

账户名称：丙材料　　　　　　　　　　　　　　　　单位：元

年		凭证号数	摘要	借方				贷方	余额
月	日			买价	运杂费	采购保管费	合计		
		2	购入	24 000			24 000		
		3	支付运杂费		8 000		8 000		
		8	分配采购保管费			768	768		
		9	结转入库材料成本					32 768	0
			本月发生额	24 000	8 000	768	32 768	32 768	0

表4-7　材料采购明细分类账

账户名称：丁材料　　　　　　　　　　　　　　　　单位：元

年		凭证号数	摘要	借方				贷方	余额
月	日			买价	运杂费	采购保管费	合计		
		4	购入	6 000	500		6 500		
		8	分配采购保管费			156	156		
		9	结转入库材料成本					6 656	0
			本月发生额	6 000	500	156	6 656	6 656	0

（四）周转材料的核算

施工企业在施工过程中，除使用上述各种一次性消耗材料外，还使用在施工中不断周转使用仍保持原有物质形态的材料，一般可分为四类：

（1）模板，指浇制混凝土用的钢、木或钢木组合的模型板，以及配合模板使用的支撑材料和滑模材料。

（2）挡板，指土方工程用的挡土板以及支撑材料。

（3）架料，指在工程施工中，用于搭设脚手架的竹竿、木杆和跳板，同时也包括金属架设工具,如钢管脚手架及其附件等。

(4) 其他,除了上述各类以外的其他周转材料,如塔吊使用的轻轨、枕木等。

周转材料与构成工程实体的材料所发挥的作用不同,具有自身的特点:

(1) 具有劳动手段的特征。周转材料在施工生产中可以多次使用,并保持原有实物形态,发挥着劳动手段的作用。同时,这就使得周转材料的价值具有分次转移的特征。

(2) 具有与材料相同的特征。周转材料中,有些是主要材料加工制成的,如模板、跳板等;有些是直接从外部购入,如脚手架等;但是,周转材料一般在使用时都要经过安装或组合后才能整体发挥工具的作用,未使用或使用完毕拆卸后所体现的却是材料形态。因此,在实物管理和价值核算上具有材料管理的相同之处,将之列入企业的流动资产,但为与其他材料进行区别,一般都要设专库。

(3) 价值核算上的特点。周转材料在施工中能反复使用,它的价值是逐渐转移到工程成本中去的,在实物管理上存在没有使用和正在使用两个阶段,因此,在核算上既要反映它的原值,又要反映它的损耗价值。根据这个要求,应在"周转材料"一级账户下,分别设置"周转材料——在库"、"周转材料——在用"和"周转材料——摊销"3个二级明细账户,用以反映库存周转材料及在用周转材料的原值和周转材料的损耗价值。由于周转材料具有与材料相同的特点,所以其收入核算与材料收入核算相同。

(4) 周转材料自身的特点。周转材料在每次使用完毕,就应该拆除、整理或入库保管,而拆除后的周转材料与使用前的周转材料无论在数量上还是在价值上往往不同,会发生损失。因此,这就需要对拆除后的周转材料进行成色和数量的盘点,同时,调整周转材料的账面价值。

建筑施工企业的周转材料在施工生产过程中可以反复使用,并不改变其原来的实物形态,其价值逐渐转移到成本、费用中去,所以根据周转材料的使用情况和特点,需要采取科学、合理的摊销方法进行价值摊销。周转材料的摊销方法常见的有以下几种:

(1) 一次摊销方法。一次摊销方法适用于对那些易腐、易潮或使用一次后便不能再使用的周转材料的价值转移,如安全网。在每次领用时,将其全部价值一次计入成本、费用中。

(2) 分期摊销法。分期摊销法是根据周转材料预计使用期限,计算其每期的摊销额的方法。它适用于脚手架、跳板、塔吊轻轨、枕木等周转材料的摊销。其计算公式如下:

$$周转材料每月摊销额 = \frac{周转材料原值 \times (1-残值率)}{预计使用月数}$$

(3) 分次摊销法。分次摊销法是根据周转材料预计使用次数,计算其每使用一次的摊销额的方法。它适用于挡土板、定型模板、模板等周转材料的摊销。其计算公式如下:

$$周转材料每次摊销额 = \frac{周转材料原值 \times (1-残值率)}{预计使用次数}$$

(4) 定额摊销法。定额摊销法是根据每月实际完成的实物工程量和规定的周转材料消耗定额计算本月摊销额的一种方法。它适用于各种模板等周转材料的摊销。其计算公式如下:

$$周转材料本月摊销额 = 本月完成的实物工程量 \times \frac{单位工程量}{周转材料消耗定额}$$

每月终了，会计部门应根据施工部门所通知的实际完成量，编制"周转材料摊销额计算表"，计算各项工程、费用应负担的周转材料摊销额。

周转材料无论采用哪种摊销方法，平时计算的摊销额一般与实际损耗都会有差异，因此，对使用中的周转材料应定期盘点，对盘点中发现的报废和短缺周转材料，并及时办理报废、短缺手续，计算应补提的摊销额。补提摊销计算公式如下：

报废、短缺的周转材料应补提的摊销额＝应提摊销额－已提摊销额

式中：

应提摊销额＝报废、短缺周转材料的计划成本－残料价值

对于补提的周转材料摊销额应该直接或分配计入有关成本、费用。

上述各种摊销方法，企业可以根据实际情况自行确定。一经确定了的周转材料摊销方法，则不能随意变动。如有变动必须在会计报表中加以披露。

为了核算企业周转材料的增减变化情况，施工企业应设置"周转材料"账户，既可以按实际成本核算，也可以按计划成本核算。根据周转材料的核算需要，在"周转材料"一级账户下设置"周转材料——在用"和"周转材料——摊销"两个二级账户，分别对周转材料的在用和摊销进行二级核算，同时，应按照周转材料的类别、品种规格设置明细项目，进行明细分类核算。

企业根据各施工单位领用周转材料时，要填制"领料单"，会计部门根据"领料单"，自"原材料"账户的贷方转入"周转材料"账户的借方。如是周转材料在购入时即与主要材料分开核算，则在"周转材料"账户下还要增设"周转材料——在库"二级账户，用以核算在库周转材料的原值。周转材料在使用过程中损耗的价值，要记入"周转材料——摊销"账户的贷方和"工程施工"账户的借方，并记入各工程成本的"材料费"项目。

在采用计划成本进行周转材料日常收发核算的企业，周转材料的计划成本与实际成本的差异，应在"材料成本差异"账户核算，并随着计划成本的转移而转入到有关账户中。企业领用周转材料应负担的材料成本差异的分配，视其不同的摊销方法而定。采用一次摊销方法的周转材料，在领用当月的月末按其领用周转材料的计划成本，计算与分配其应负担的材料成本差异；采用其他摊销方法的周转材料，可按各月在用周转材料的摊销额以及当月材料成本差异率计算应负担的成本差异；也可以在周转材料报废时，按其当月报废周转材料的计划成本分配成本差异。

1. 周转材料收入的核算

企业购入、自制、委托加工完成验收入库的周转材料，与"原材料"核算方法相同，此略。对于施工现场领用主要材料转作周转材料使用的，应将其成本由"原材料"账户转入"周转材料"账户。

【例4-7】施工现场领用板材一批转作模板，实际成本6 000元，作会计分录：

借：周转材料——在用模板　　　　　　　　　　　　　　　　6 000

　　贷：原材料　　　　　　　　　　　　　　　　　　　　　　6 000

2. 周转材料领用及摊销核算

（1）一次摊销方法。

【例4-8】施工现场领用一次报废的安全网，实际成本500元，作会计分录：

借：工程施工——材料费　　　　　　　　　　　　　　　　　　　　　500
　　贷：周转材料——在库其他周转材料　　　　　　　　　　　　　　500

（2）分期摊销法。

【例4-9】本月施工现场领用分次摊销的模板，实际成本80 000元，预计使用25个月，预计残值率5%，作相应账务处理。

本月领用时：
借：周转材料——在用模板　　　　　　　　　　　　　　　　　　80 000
　　贷：周转材料——在库模板　　　　　　　　　　　　　　　　　80 000

本月摊销时：

本月摊销额 $= \dfrac{80\,000 \times (1-5\%)}{25} = 3\,040$（元）

借：工程施工——材料费　　　　　　　　　　　　　　　　　　　3 040
　　贷：周转材料——在用模板摊销　　　　　　　　　　　　　　　3 040

【例4-10】如果上述模板在使用了22个月后全部报废，残值回收1 000元入库，作相应账务处理。

计算应提的摊销额=80 000-1 000=79 000（元）
已提摊销额=3 040×22=66 880（元）
应补提的摊销额=79 000-66 880=12 120（元）

补提摊销额：
借：工程施工——材料费　　　　　　　　　　　　　　　　　　　12 120
　　贷：周转材料——在用模板摊销　　　　　　　　　　　　　　　12 120

结转成本：
借：原材料——其他材料　　　　　　　　　　　　　　　　　　　1 000
　　周转材料——在用模板摊销　　　　　　　　　　　　　　　　　79 000
　　贷：周转材料——在用模板　　　　　　　　　　　　　　　　　80 000

【例4-11】期末盘点施工现场在用周转材料，钢管架料的估计成色为50%，账面成色45%，在用钢管架料50 000元，作相应账务处理。

已提摊销额=50 000×（1-45%）=27 500（元）
应提摊销额=50 000×（1-50%）=25 000（元）
应补提摊销额=27 500-25 000=-2 500（元）（即多提了2 500元摊销额）

冲减多提的2 500元摊销额：
借：工程施工——材料费　　　　　　　　　　　　　　　　　　　2 500
　　贷：周转材料——在用钢管架料摊销　　　　　　　　　　　　　2 500

【例4-12】将上述钢管架料办理退库手续，作相应账务处理。

结转退库钢管架料实际成本：
借：周转材料——在库钢管架料　　　　　　　　　　　　　　　　50 000
　　贷：周转材料——在用钢管架料　　　　　　　　　　　　　　　50 000

结转退库钢管架料的摊销额：
借：周转材料——在库钢管架料摊销 25 000
  贷：周转材料——在用钢管架料摊销 25 000

如果将上述钢管架料办理转移工地的手续，则账务处理为：
结转钢管架料由甲工地转移到乙工地的实际成本：
借：周转材料——在用钢管架料——乙工地 50 000
  贷：周转材料——在用钢管架料——甲工地 50 000
结转钢管架料由甲工地转移到乙工地的摊销额：
借：周转材料——在用钢管架料摊销——甲工地 25 000
  贷：周转材料——在用钢管架料摊销——乙工地 25 000

目前，一些建筑施工企业在工程施工中所用的周转材料主要通过内部或外部的租赁方式取得，通过支付租金反映周转材料的耗费。因此，工程成本含有的周转材料费用是以每期支付的租金体现，账务处理比较简单。

【例 4-13】通过周转材料租赁公司租入钢管架料用于工程施工，根据租赁合同通过银行转账按月支付租金 500 元。

借：工程施工——材料费 500
  贷：银行存款 500

二、临时设施的核算

（一）施工企业临时设施的内容

施工企业的临时设施是为了保证施工和管理的正常进行而建造的各种临时性生产、生活设施。建筑工地搭建的临时设施，通常可分为大型临时设施和小型临时设施两类，包括如下内容：

1. 大型临时设施

主要包括：（1）施工人员的临时宿舍。（2）食堂、浴室等现场临时福利设施。（3）施工单位及附属企业在现场的临时办公室。（4）临时铁路专用线、轻便铁道、塔式起重机路基、临时道路、场区刺网、围墙等。（5）施工过程中应用的临时给水、排水、供电、供热和管道（不包括设备）等。（6）现场各种临时仓库和施工机械设备库。（7）施工现场的混凝土构件预制厂、混凝土搅拌站、钢筋加工厂、木材加工厂以及配合单位的附属加工厂等临时性建筑物。

2. 小型临时设施

主要包括：（1）现场施工和警卫安全用的小型临时设施，如作业棚、机棚、休息棚、茶炉棚、化灰池、施工用不固定的水管、电线、宽 3 米以内的便道、临时刺网。（2）保管器材的小型临时设施，如简易料棚、工具储藏室等。（3）行政管理用的小型临时设施。

目前，施工企业在施工现场所需的临时设施，一种是由建设单位投资搭建，产权归建设单位所有，其费用由建设单位进入建设成本；另一种是由施工企业利用向发包单位收取的临时设施费来建造。其收费办法目前有两种：一是由企业按照地区规定的临时设施费的收取标准与工程价款一起向发包单位收取。临时设施费的收取标准，由各个地区根据情况经过测算确定。二是由企业按照施工组织设计的规划,编制临时设施预算,经有关部门审批后,向发包单位收取。

(二)临时设施的核算

1. 设置的主要账户

"临时设施"账户核算企业购置和搭建各种临时设施的实际成本。借方登记企业购置和搭建各种临时设施的实际成本,贷方登记企业出售、拆除、报废的不需用或不能继续使用的临时设施的实际成本,月末借方余额反映企业现有临时设施的实际成本。本账户按临时设施种类和使用部门进行明细核算。

"专项工程支出"账户核算企业进行各种专项工程,包括自行建造固定资产、固定资产修理、购入需安装设备的安装工程以及建造临时设施等各种专项工程所发生的实际支出。借方登记进行各项专项工程实际发生的支出,贷方登记结转已完专项工程的实际成本,期末余额在借方,表示企业未完工的专项工程实际支出。该账户按工程项目进行明细核算。

"临时设施摊销"账户贷方登记企业按月计提摊入工程成本的临时设施摊销额,借方登记企业出售、拆除、报废、盘亏和毁损临时设施的已提摊销额,月末贷方余额反映企业在用临时设施的已提摊销额。

2. 临时设施搭建的核算

施工企业购置、搭建临时设施发生的各项支出,应记入"临时设施"账户的借方。但对需要通过建筑安装施工活动才能完成的临时设施,其支出应先通过"专项工程支出"账户进行核算,待临时设施搭建完成交付使用时,再由"专项工程支出"账户的贷方将其实际成本转入"临时设施"账户的借方。

【例4-14】某施工企业在施工现场搭建临时办公室和仓库过程中,共领用建筑材料171 600元,工人工资60 000元、职工福利费用8 400元。编制会计分录如下:

借:专项工程支出　　　　　　　　　　　　　　　　　　　240 000
　　贷:原材料　　　　　　　　　　　　　　　　　　　　　171 600
　　　　应付职工薪酬——工资　　　　　　　　　　　　　　60 000
　　　　应付职工薪酬——福利费　　　　　　　　　　　　　 8 400

【例4-15】以上临时设施搭建完成交付使用。编制会计分录如下:

借:临时设施　　　　　　　　　　　　　　　　　　　　　240 000
　　贷:专项工程支出　　　　　　　　　　　　　　　　　　240 000

3. 临时设施摊销的核算

施工企业的临时设施,应根据其服务年限和服务对象,合理地确定摊销期限,将其价值摊入工程成本。由于临时设施一般在工程完工后必须拆除,临时设施的使用期限不得长于工程施工期限,要按耐用期限和工程施工期限中较短者来作为摊销期限。临时设施按月摊销的计算公式如下:

$$临时设施月摊销额 = 临时设施原值 \times (1 - 预计净残值率) / 使用期限(月)$$

【例4-16】以上述资料为原值,预计净残值率为5%,A工程施工期限为2年。

临时设施月摊销额 = 240 000 × (1-5%) / 24 = 9 500(元)

借：工程施工——A工程——其他直接费用　　　　　　　　　　　　9 500
　　贷：临时设施摊销　　　　　　　　　　　　　　　　　　　　　　9 500

4. 临时设施拆除清理的核算

施工企业在工地搭建的临时设施，在不需要或不能继续使用时，要拆除清理，清理时按临时设施账面净值借记"固定资产清理——临时设施清理"，按已计提摊销额借记"临时设施摊销"，按其账面值贷记"临时设施"。出售、拆除过程中发生的变价收入和残料价值，借记"银行存款"、"原材料"等账户，贷记"固定资产清理——临时设施清理"；若发生净收益，借记"固定资产清理——临时设施清理"，贷记"营业外收入"；若发生净损失，借记"营业外支出"，贷记"固定资产清理——临时设施清理"。

【例4-17】A工程竣工，临时办公室和仓库要拆除，拆除时已摊销228 000元，在拆除过程中支出费用600元，以银行存款支付，残料作价2 000元入库。编制会计分录如下：

将拆除的临时设施转入清理：

借：固定资产清理——临时设施清理　　　　　　　　　　　　　12 000
　　临时设施摊销　　　　　　　　　　　　　　　　　　　　　228 000
　　贷：临时设施　　　　　　　　　　　　　　　　　　　　　240 000

发生清理费用：

借：固定资产清理——临时设施清理　　　　　　　　　　　　　　　600
　　贷：银行存款　　　　　　　　　　　　　　　　　　　　　　　　600

残料回收：

借：原材料　　　　　　　　　　　　　　　　　　　　　　　　10 000
　　贷：固定资产清理——临时设施清理　　　　　　　　　　　　10 000

结转清理后的净损失：

借：营业外支出　　　　　　　　　　　　　　　　　　　　　　 2 600
　　贷：固定资产清理——临时设施清理　　　　　　　　　　　　 2 600

三、施工生产过程的核算

（一）施工生产过程的核算任务

施工生产过程是建筑企业生产经营过程的重要环节，在这一过程中建筑工人运用各种机器设备和工具，对各种建筑材料进行加工，最终形成建筑产品。

施工生产过程中，为了进行建筑工程施工，要投入一定数量的人力和物力，要消耗各种材料，使用的各种施工机械、设备要发生磨损，还要支付职工工资及各种费用。所有这些消耗，在会计上称为生产费用。生产费用的发生、归集和分配是施工生产过程的主要经济业务。把生产费用按工程成本核算对象及有关的成本项目进行归集，然后分配到工程的成本核算对象中去，这就形成了建筑产品成本，通常我们把它称为建筑工程成本。

施工生产过程的核算任务，概括地说就是汇集生产建筑产品所发生的生产费用，计算建筑工程成本。

（二）设置的主要账户

"工程施工"账户是用来核算企业在工程施工过程中发生的各项生产费用以及合同毛

利。其借方登记施工生产过程中发生的各种人工费、材料费、机械使用费、其他直接费、间接费用及合同毛利，贷方登记转销的已完工的建筑工程成本及合同毛利。月末应为借方余额，表示未完工程的实际成本及确认的合同毛利。该账户应按合同成本及合同毛利、成本核算对象即单位工程进行明细分类核算。

"应付职工薪酬"账户用来核算企业与职工有关薪酬的结算和分配情况。本账户贷方登记应付职工的薪酬，借方登记实际支付给职工的薪酬。月末贷方余额表示应付而未付的薪酬数。该账户按工资、福利费、社会保险费、住房公积金、工会经费及职工教育经费等设置明细分类账，进行明细分类核算。

"机械作业"账户用来归集和计算使用自有机械设备中所发生的各项耗费和成本。本账户借方登记发生的各项机械作业的费用，贷方登记将发生的机械作业成本按照受益对象进行的结转数。本账户期末无余额。

(三) 施工生产过程的核算

1. 工程成本的内容

施工企业工程成本的计算是施工企业会计核算的重要内容。企业在施工生产过程中所发生的各项生产费用，按照成本核算对象进行归集和分配，就构成了工程成本。

工程成本的内容主要有以下几项：

(1) 直接人工费，是指在施工过程中直接从事建筑安装工程施工人员的工资、奖金、工资附加费、工资性质的津贴、劳动保护费等。

(2) 直接材料费，指在施工过程中耗用的构成工程实体的原材料、辅助材料、机械配件、零件、半成品的费用和周转材料的摊销额及租赁费用。

(3) 机械使用费，指在施工过程中使用自有施工机械所发生的机械使用费和租用外单位施工机械的租赁费，以及施工机械安装、拆卸和进出场费等。

(4) 其他直接费，指施工过程中发生的材料二次搬运费、临时设施摊销费、生产工具用具使用费、检验试验费，工程定位复检费、工程点交费、场地清理费等。

(5) 间接费用，是指企业各个施工单位为组织和管理工程施工所发生的全部支出，包括施工单位管理人员工资、奖金、职工福利费、行政管理用固定资产折旧费、修理费、物料消耗、低值易耗品的摊销、取暖费、水电费、办公费、差旅费、财产保险费、工程保修费、劳动保护费、排污费及其他费用等。

前四项构成建筑安装工程的直接成本，第五项为间接成本，直接成本加间接成本，构成建筑安装工程成本。

2. 施工生产费用在有关总分类科目间的归集及结转程序

(1) 将本期发生的各项施工费用，按其用途和发生地点，归集到有关成本、费用账户。

(2) 月末，将归集在"辅助生产"科目中的辅助生产费用，按照受益对象和受益数量，经分配后，转入"工程施工"、"机械作业"等账户。

(3) 月末，根据归集在"机械作业"账户的各项费用，计算机械作业成本，按照受益数量，分配记入"工程施工"账户。

（4）月末，根据归集在"工程施工——间接费用"账户的各项费用，按照一定方法分配计入各工程受益对象"间接费用"成本项目。

（5）工程合同完工后，将已完工程实际成本从"工程施工"账户的贷方转入"工程结算"科目的账户。

（四）施工生产费用的归集与分配

1. 材料费的归集与分配

施工企业工程耗用的材料品种繁多，数量较大，领用的次数也比较频繁，因此，企业必须建立健全材料物资的收、发、领、退等管理制度，制定统一的定额领料单、领料单、大堆材料耗用计算单、集中配料耗用计算单、周转材料摊销分配表、退料单等自制原始凭证，并按按照不同的情况进行材料费的归集和分配。

（1）凡领用材料时能点清数量，分清对象的，应在有关领料凭证（定额领料单、领料单）上注明成本核算对象的名称，财会部门据以直接计入成本核算对象的"材料费"项目。

（2）领用材料时虽能点清数量，但系集中配料或需统一下料的，如油漆、玻璃等，应在领科凭证上注明"工程集中配料"字样，月末由材料管理人员或领用部门，根据用料情况，结合材料消耗定额编制"集中配料耗用计算表"，据以分配计入各受益成本核算对象。

（3）领料时，既不易点清数量，又难以分清成本受益对象的材料，如砖瓦、灰、砂、石等大堆材料，可根据具体情况，由材料员或施工现场保管员验收保管，月末实地盘点结存数量后，按月初结存与本月购进数量，倒挤本月实耗数量，结合材料耗用定额，编制"大堆材料耗用计算单"，据以计入各成本核算对象。

（4）周转使用的模板脚手架等周转材料，应根据各成本受益对象的实际在用数量和规定的摊销方法，计算当期应摊销额并编制各类"周转材料摊销分配表"，据以计入各成本核算对象。对某些租用的周转材料，则应接实际支付的租赁费用直接记入受益成本核算对象的"材料费"成本项目。

（5）工程竣工后的剩余材料，应填写"退料单"或用红字填写"领料单"，据以办理材料退库手续，以正确计算工程实际成本。

（6）施工中发生的残次材料和包装物等，应尽量回收利用，填制"废料交库单"估价入账，并冲减工程成本中的材料费。

（7）采取按月结算工程成本时，月末应对已经办理领料手续但尚未耗用，下月初仍需要继续使用的材料，进行盘点，办理"假退库"手续。

材料耗费核算根据"领料单"、"定额领料单"、"退料单"、"大堆材料耗用单"、"已领未用材料清单"，分材料类别按照成本核算对象及受益单位登记入账；或通过编制发出材料汇总表，反映各成本核算对象及受益单位领用的材料的实际成本，据此编制入账。

【例4-18】A建筑公司材料仓库发出以下材料，见表4-8。

表 4-8　　　　　　　　　　　　　　发出材料汇总表
20××年×月×日　　　　　　　　　　　　　　单位：元

受益对象	甲材料（t）			乙材料（t）			丙材料（m²）			丁材料（kg）			金额合计
	数量	单价	金额	数量	单价	金额	数量	单价	金额	数量	单价	金额	
甲工程	80	550	44 000	60	350	21 000				20	2	40	65 040
乙工程	150	550	82 500	90	350	31 500				30	2	60	114 060
机械作业				6	350	2 100				20	2	40	2 140
间接费用	20	550	11 000				80	40	3 200	10	2	20	14 220
管理费用	10	550	5 500							20	2	40	5 540
合　计	260		143 000	156		54 600	80	40	3 200	100		200	201 000

根据表 4-8 的有关资料，应编制有关会计分录如下：
　　借：工程施工——甲工程　　　　　　　　　　　　　　　　　　65 040
　　　　工程施工——乙工程　　　　　　　　　　　　　　　　　　114 060
　　　　工程施工——间接费用　　　　　　　　　　　　　　　　　14 220
　　　　机械作业　　　　　　　　　　　　　　　　　　　　　　　2 140
　　　　管理费用　　　　　　　　　　　　　　　　　　　　　　　5 540
　　　贷：原材料——甲材料　　　　　　　　　　　　　　　　　　143 000
　　　　　原材料——乙材料　　　　　　　　　　　　　　　　　　54 600
　　　　　原材料——丙材料　　　　　　　　　　　　　　　　　　3 200
　　　　　原材料——丁材料　　　　　　　　　　　　　　　　　　200

2. 人工费的归集与分配

职工薪酬，是指企业为获得职工提供的服务而给予的各种形式的报酬以及其他相关支出，包括企业为职工在职期间和离职后提供的全部货币性薪酬和非货币性福利。提供给职工配偶、子女或其他被赡养人的福利等，也属于职工薪酬。

（1）应付工资的核算。工资总额由计时工资、计件工资、奖金、津贴、加班加点工资、特殊情况下支付的工资组成。施工企业工资计算的依据包括：考勤记录、施工任务单、工资卡、扣款通知单、工资单、工资结算汇总表、工资分配表等。

企业应付职工的工资，是生产经营活动的耗费，不论是否已经支付，都应按不同人员类别和工资的用途将本月应付工资分配记入有关成本费用账户，具体分配如下：
①直接从事建筑安装工程施工人员的工资记入"工程施工"账户；
②施工机械作业人员的工资记入"机械作业"账户；
③辅助生产人员的工资记入"辅助生产"账户；
④物资采购供应人员的工资记入"采购保管费"账户；
⑤企业行政管理人员、长期病假人员的工资记入"管理费用"账户。

工资核算的程序：每月发放工资前，企业财会部门根据人事部门转来的职工录用、考勤、调动、工资级别、津贴变动等情况，按部门编制"工资单"，并在此基础上编制"工资结算汇总表"，出纳员根据"工资汇总表"中的实发金额总数开出现金支票，向银行提取现金。发放工资时，一方面，根据"工资单"上职工盖章签收的实付工资额支付现金；另一方面，根据"工资结算汇总表"中的代扣款项的内容和金额，结转代扣款项。月末，根据"工资结算汇总表"，进行本月工资费用的分配核算。

【例4-19】A建筑公司某月"工资结算汇总表"见表4-9，有关工资核算如下：

根据"工资结算汇总表"的实发金额，开出现金支票提取现金备发工资：

借：库存现金　　　　　　　　　　　　　　　　　　　　68 300
　　贷：银行存款　　　　　　　　　　　　　　　　　　　　68 300

以现金支付职工工资：

借：应付职工薪酬——工资　　　　　　　　　　　　　　68 300
　　贷：库存现金　　　　　　　　　　　　　　　　　　　　68 300

代扣款项：

借：应付职工薪酬——工资　　　　　　　　　　　　　　 1 240
　　贷：其他应付款　　　　　　　　　　　　　　　　　　　 1 240

月末分配工资费用：

借：工程施工——人工费　　　　　　　　　　　　　　　46 100
　　工程施工——间接费用　　　　　　　　　　　　　　　2 340
　　机械作业　　　　　　　　　　　　　　　　　　　　　3 400
　　采购保管费　　　　　　　　　　　　　　　　　　　　2 640
　　管理费用　　　　　　　　　　　　　　　　　　　　 15 060
　　贷：应付职工薪酬——工资　　　　　　　　　　　　　69 540

表4-9　　　　　　　　　　　　　　**工资结算汇总表**

20××年×月×日　　　　　　　　　　　　　　　单位：元

人员类别	计时工资	计件工资	加班工资	副食补贴	奖金	应付工资	代扣款项	实发工资
工程施工人员	5 020	30 480	2 000	2 800	5 800	46 100	700	45 400
施工现场管理人员	1 800			240	300	2 340	80	2 260
机械作业人员	2 600			280	520	3 400	60	3 340
长期病假人员	7 000			460		7 460	200	7 260
物资供应人员	2 240			200	200	2 640	40	2 600
行政管理人员	6 500			500	600	7 600	160	7 440
合　计	25 160	30 480	2 000	4 480	7 420	69 540	1 240	68 300

(2) 应付福利费的核算。职工福利费用于职工医疗卫生、集体福利、生活困难补助等方面的支出。提取职工福利费，一方面要计入费用，另一方面形成一笔应付款项。职工福利费作为一项费用，要按照工资费用的归属分别记入"工程施工"、"机械作业"、"辅助生产"、"采购保管费"、"管理费用"等账户的借方，并按提取的职工福利费总额记入"应付职工薪酬"账户的贷方。为了反映福利费的计提情况，企业财会部门应于月末根据"工资结算汇总表"编制"职工福利费计算分配表"，作为计提福利费的依据，并据以进行核算。

【例4-20】企业根据"工资结算汇总表"编制"职工福利费计算分配表"，见表4-10，有关工资核算如下：

借：工程施工——人工费　　　　　　　　　　　　　　　　　　6 454
　　工程施工——间接费用　　　　　　　　　　　　　　　　　　328
　　机械作业　　　　　　　　　　　　　　　　　　　　　　　　476
　　采购保管费　　　　　　　　　　　　　　　　　　　　　　　370
　　管理费用　　　　　　　　　　　　　　　　　　　　　　　2 108
　　贷：应付职工薪酬——福利费　　　　　　　　　　　　　　　　　9 736

表4-10　　　　　　　　　　　职工福利费计算分配表

应借科目	人员类别	应提取福利费的工资总额	职工福利费
工程施工	工程施工人员	46 100	6 454
工程施工——间接费用	施工现场管理人员	2 340	328
机械作业	机械作业人员	3 400	476
管理费用	长期病假人员	7 460	1 044
采购保管费	物资供应人员	2 640	370
管理费用	行政管理人员	7 600	1 064
合　计		69 540	9 736

(3) 应付社会保险费和住房公积金的核算。社会保险费和住房公积金是按照国家规定由企业和职工共同负担的费用。

社会保险费和住房公积金的提取，应按职工工资总额的一定比例计算。应由企业负担的部分，提取时一方面要计入费用，另一方面形成一笔应付款项。社会保险费和住房公积金作为一项费用，要按照工资费用的归属分别记入"工程施工"、"机械作业"、"辅助生产"、"采购保管费"、"管理费用"等账户的借方，并按提取的社会保险费和住房公积金总额记入"应付职工薪酬"账户的贷方。

(4) 人工费分配。工程成本中的人工费，是指在施工过程中直接从事工程施工的建筑安装工人以及在施工现场直接为工程制作结构件和运料、配料等工人的工资、奖金、工资性质的津贴、职工福利费、劳动保护费等。

人工费计入成本的方法，一般应根据企业实行的具体工资制度而定。

①计件工资制度下的人工费分配方法。在实行计件工资制度下，所支付工资，一般都能分清受益对象，应根据"工程任务单"和"工资结算汇总表"，将归集的人工费直接计入各工程成本，借记"工程施工——××工程——人工费"账户，贷记"应付职工薪酬——工资"账户。

②计时工资制度下的人工费分配方法。在计时工资制度下，如果施工项目只有一个工程，或所发生的工人人工资能分清在哪一个工程上施工，则应直接计入各该成本核算对象；如果建筑安装工人同时在若干项工程施工，就需要将所发生的工资在各个成本核算对象之间进行分配。一般应按照当月工资总额和工人的出勤工日计算的日平均工资及各工程当月实际用工数计算分配。分配人工费的计算公式如下：

每工日实际工资＝当期发生的实际工资总额/各受益对象实际耗用工日数之和

某受益对象应负担的工资费用＝该受益对象实际耗用的工时数×每工日实际工资

注意：式中计时工资包括标准工资、奖金、工资性津贴等。

此外，企业职工福利费、社会保险费、住房公积金等工资附加费，应单独采取比例法进行分配。其公式如下：

某受益对象当月负担的工资附加费 ＝ 该受益对象应负担的工资数 × 工资附加费用计提比例

【例4-21】A建筑公司有两个项目部分别承包甲、乙两工程。工程施工人员工资总额为46 100元。现对发生的工资在甲、乙两工程之间进行分配。本月发生的计件工资见表4-11。本月发生计时工资5 020元，其中甲工程耗用1 920工日，乙工程耗用1 280工日。计时工资分配见表4-12，工资附加费（副食补贴、奖金）的分配见表4-13，工资总额及福利费的分配见表4-14。

表4-11　　　　　　　　　　　工资分配表（计件工资）
单位：A建筑公司　　　　　　　　20××年×月　　　　　　　　　　单位：元

成本核算对象	计件工资	加班工资	合　计
甲工程	17 600	1 180	18 780
乙工程	12 880	820	13 700
合　计	30 480	2 000	32 480

表4-12　　　　　　　　　　　工资分配表（计时工资）
单位：A建筑公司　　　　　　　　20××年×月　　　　　　　　　　单位：元

成本核算对象	耗用工时	平均日工资	分配人工费
甲工程	1 920		3 014
乙工程	1 280		2 006
合　计	3 200	1.57	5 020

平均日工资=5 020÷3 200=1.57

表4-13　　　　　　　　　工资分配表（工资附加费）
单位：A建筑公司　　　　　　　20××年×月　　　　　　　　　　单位：元

成本核算对象	计时工资	分配率	副食补贴及奖金
甲工程	3 014		5 124
乙工程	2 006		3 476
合　计	5 020	1.7	8 600

分配率=8 600÷5 020=1.7

表4-14　　　　　　　　工资分配表（工资总额及福利费）
单位：A建筑公司　　　　　　　20××年×月　　　　　　　　　　单位：元

成本核算对象	计时工资	计件工资	工资附加费	合计	福利费
甲工程	3 014	18 780	5 124	26 918	3 769
乙工程	2 006	13 700	3 476	19 182	2 685
合　计	5 020	32 480	8 600	46 100	6 454

3. 机械使用费的归集与分配

工程成本中的机械使用费，是指在施工过程中使用自有施工机械所发生的机械台班费和租入施工机械的租赁费，以及按规定支付的施工机械安装、拆卸和进出场费等。

企业施工中使用的施工机械，分为自有机械和租用施工机械。因此，机械使用费的核算也分为两种情况。

（1）租入机械费用的核算。从外单位或本企业内部独立核算的机械站租入施工机械支付的租赁费。一般可以根据"机械租赁费结算单"所列金额，直接记入成本核算对象的"机械使用费"成本项目中。如果租入的施工机械为两个或两个以上的工程服务，应以租入机械所服务的各个工程受益对象提供的作业台班数量为基数进行分配。其计算公式如下：

$$某成本核算对象应负担租赁费 = \frac{该成本核算对象}{实际耗用台班} \times \frac{平均台班}{租赁费}$$

$$平均台班租赁费 = \frac{支出的租赁费总额}{租入机械作业总台班数}$$

（2）自有机械费用的核算。施工企业使用自有施工机械或运输设备进行机械作业，所发生的各项费用首先应通过"机械作业"账户，按机械类别或每台机械分别归集，月末再根据各成本核算对象，实际使用机械的台班数计算各成本核算对象应分摊的施工机械使用费。

【例4-22】A建筑公司本月施工现场发生机械使用费共计14 316元，机械设备提供台班数为82台班，其中甲工程36台班、乙工程46台班。本月机械使用费用分配见表4-15。

表 4-15　　　　　　　　　　　　　　机械使用费分配表
单位：A 建筑公司　　　　　　　　　20××年×月　　　　　　　　　　　　　　单位：元

成本核算对象	享受台班数	分配率	分配的机械使用费
甲工程	36		6 300
乙工程	46		8 016
合　计	82	175	14 316

分配率 = 14 316 ÷ 82 = 175

根据分配结果作如下会计分录：

借：工程施工——甲工程（机械使用费）　　　　　　　　　　　　　　6 300
　　工程施工——乙工程（机械使用费）　　　　　　　　　　　　　　8 016
　贷：机械作业　　　　　　　　　　　　　　　　　　　　　　　　14 316

4. 其他直接费的核算

工程成本中的其他直接费，是指在施工过程中发生的材料的二次搬运费、临时设施摊销费、生产工具用具使用费、检验试验费、工程定位复测费、工程点交费、场地清理费以及冬雨季施工增加费、夜间施工增加费等。

在实际工作中，其他直接费的核算可分为以下三种情况：

（1）费用发生时能分清成本受益对象的，发生时可直接计入各成本核算对象的成本，借记"工程施工——××工程（其他直接费）"账户，贷记有关账户。

（2）费用发生时不能分清受益对象的，将其发生的费用先归入"工程施工——其他直接费"账户，月末按适当方法分配计入成本核算对象（其他直接费的分配标准一般为各受益对象的生产工时数之和或各受益对象的工、料、机实际费用之和）。

（3）费用发生时难以同成本中的其他项目分开，如冬雨季施工用的防雨、保温材料费、夜间施工的电器材料及电费、流动施工津贴、场地清理费、材料二次搬运费中的人工费、机械使用费等。为了简化核算手续，便于成本分析和考核，可以将这些费用并入"人工费"、"材料费"、"机械使用费"成本项目中核算。

【例 4-23】本月施工现场以银行存款支付材料二次搬运费 10 000 元。根据分配计算结果，其中甲工程应分摊 4 000 元，乙工程应分摊 6 000 元，作如下分录：

借：工程施工——甲工程（其他直接费）　　　　　　　　　　　　　　4 000
　　工程施工——乙工程（其他直接费）　　　　　　　　　　　　　　6 000
　贷：银行存款　　　　　　　　　　　　　　　　　　　　　　　10 000

5. 间接费用的分配

间接费用是指施工企业各施工单位（含工区、施工队）为组织管理工程施工所发生的全部支出，包括施工单位管理人员工资、奖金、职工福利费，行政管理用固定资产折旧费及修理费、物料消耗、低值易耗品摊销、取暖费、水电费、办公费、差旅费、财产保险费、检验试验费、工程保修费及其他费用。

间接费用属于共同性费用，难以分清受益对象，企业应在"工程施工"账户下设置"间接费用"明细账户，汇总本期发生的各种间接费用，期末按一定标准分配计入各受益对象。其分配标准因工程类别不同而有所不同。土建工程一般应以工程成本的直接费用为分配标准。安装工程应以安装工程的人工费用为分配标准。

间接费用的分配公式如下：

$$间接费用分配率=\frac{间接费用总额}{各工程本月直接费用总额}\times100\%$$

某工程应分配间接费用＝该工程本月直接费总额×间接费用分配率

【例 4-24】本月施工现场发生间接费用 29 741 元，甲工程本月发生直接费用 106 027 元，乙工程本月发生直接费用 149 943 元，编制"间接费用分配表"（见表 4-16）进行分配。

表 4-16　　　　　　　　　　　间接费用分配表

20××年×月×日　　　　　　　　　　　　　　　　　单位：元

分配对象	分配标准	分配率	分配金额
甲工程	106 027	12%	12 723
乙工程	149 943	12%	17 018
	255 970		29 741

分配率＝（29 741÷255 970）×100%＝12%

根据分配结果作如下会计分录：

借：工程施工——甲工程（间接费用）　　　　　　　　　　　　　12 723
　　工程施工——乙工程（间接费用）　　　　　　　　　　　　　17 018
　　贷：工程施工——间接费用　　　　　　　　　　　　　　　　29 741

工程成本明细分类账见表 4-17、表 4-18。

表 4-17　　　　　　　　　　　工程成本明细分类账

账户名称：甲工程　　　　　　　　　　　　　　　　　　　　　　单位：元

年		凭证编号	摘　要	合 同 成 本					合同毛利
月	日			材料费	人工费	机械使用费	其他直接费	间接费用	
			期初余额	略	略	略	略	略	
		5-22	领材料	65 040					
		5-23	人工费		30 687				
		5-26	机械使用费			6 300			
		5-27	其他直接费				4 000		
		5-28	间接费用					12 723	
			合　计						

表 4-18　　　　　　　　　　　　　　工程成本明细分类账

账户名称：乙工程　　　　　　　　　　　　　　　　　　　　　　　　　　单位：元

年		凭证编号	摘要	合同成本					合同毛利
月	日			材料费	人工费	机械使用费	其他直接费	间接费用	
			期初余额	略	略	略	略	略	
		5-22	领材料	114 060					
		5-23	人工费		21 867				
		5-26	机械使用费			8 016			
		5-27	其他直接费				6 000		
		5-28	间接费用					17 018	
			合计						

四、工程结算过程的核算

在工程结算过程中，一方面向委托单位交付工程并进行工程价款结算，另一方面进行建造合同收入及建造合同成本的确认、核算。

（一）设置的主要账户

为了及时系统地核算和反映实施建造合同所发生的各项经济业务，登记实施建造合同所发生的实际成本、已结算的工程价款和实际收取的工程价款，并根据工程施工进展情况，准确地确定合同完工进度，计量和确认当期合同收入和费用，应设置下列账户进行账务处理：

（1）"工程结算"账户，核算根据合同完工进度已向客户开出工程价款结算账单办理结算的价款，是工程施工账户的备抵账户，已向客户开出工程价款结算账单办理结算的款项，记入本账户贷方，期末贷方余额反映企业尚未完工建造合同已办理结算的累计金额，合同完工后，本账户与"工程施工"账户对冲后结平。

（2）"主营业务收入"账户，核算当期确认的合同收入，当期确认的合同收入记入本账户贷方，期末将本账户余额全部转入"本年利润"账户，结转后，本账户应无余额。

（3）"主营业务成本"账户，核算当期确认的合同费用，当期确认的合同费用记入本账户借方，期末将本账户余额全部转入"本年利润"账户，结转后，本账户应无余额。

（4）"应收账款"账户，核算应收和实际收入的工程进度款。已向客户开出工程价款结算账单应收的工程进度款记入本账户借方，实际收到的工程进度款记本账户贷方。期末借方余额表示尚未收回的应收账款。"应收账款"需按债务人设置明细分类账户。

（5）"预收账款"账户，核算预收账款的发生及偿还情况。预收工程款、备料款时记入该账户的贷方，与发包单位结算已完工程款时记入该账户的借方，期末贷方余额表示企业预收的尚未结算扣还的各种预收款项。"预收账款"账户需按委托单位设置明细分类账户。

（二）工程价款结算的核算

工程价款结算是指建筑施工企业因承包合同的规定，向发包单位交付已完工程，收取工程价款的一种结算行为。

建筑施工企业工程价款结算方式一般有以下几种：

（1）按月结算方式。按月结算是指旬末或月中预支，月终结算，竣工后清算的方式。

（2）分段结算。分段结算是指按工程形象进度划分的不同阶段结算工程价款的方式。分段结算可按月向发包单位预支工程进度款。

（3）竣工后一次结算。竣工后一次结算是指在工程项目全部竣工后结算工程价款的方式。竣工后一次结算可按月向发包单位预支工程进度款，竣工后一次结清。

【例4-25】A建筑公司按工程合同规定，填列"工程价款预支账单"向发包单位收取上半月的工程进度款480 000元，已存入银行。编制会计分录如下：

  借：银行存款   480 000
    贷：预收账款   480 000

【例4-26】月末，A建筑公司根据"本月已完工程月报表"，提出"工程价款结算账单"与发包单位办理本月已完工程结算，应收取本月已完工程价款980 000元，按规定扣还本月预收的工程进度款，编制会计分录如下：

  借：应收账款   500 000
    预收账款   480 000
    贷：工程结算   980 000

【例4-27】收到银行转来发包单位支付工程价款500 000元的收款通知单，编制会计分录如下：

  借：银行存款   500 000
    贷：应收账款   500 000

（三）建造合同收入及建造合同费用的确认与核算

建造合同是指为建造一项资产或者在设计、技术、功能、最终用途等方面密切相关的数项资产而订立的合同。其中，资产是指房屋、道路、桥梁、水坝等建筑物以及船舶、飞机、大型机械设备等。

建造合同的特征是：（1）先有买方（客户）后有标底（资产），建造资产的造价在签订合同时已经确定；（2）资产建设期长，一般都要跨越一个会计年度，有的甚至长达数年；（3）所建造的资产的体积庞大，造价高；（4）建造合同一般为不可取消的合同。

《企业会计准则——建造合同》规定合同收入的组成内容包括：

（1）合同中规定的初始收入，即建造承包方与客户在双方签订的合同中最初商定的合同总金额，它构成合同收入的基本内容。

（2）因合同变更、索赔、奖励等形成的收入。这部分收入不构成合同双方在签订合同时在合同中商定的合同总金额，而是在执行合同过程中由于合同变更、索赔、奖励等原因形成的追加收入。

合同变更是指客户为改变合同规定的作业内容而提出的调整。

索赔是指因客户或第三方的原因造成的，由建造承包方向客户或第三方收取的用于补偿不包括在合同价款中的成本的款项。

合同收入包括合同规定的初始收入以及因合同变更、索赔、奖励等形成的收入两部分，在确认和计量合同收入时，首先应判断建造合同的结果能否可靠地估计。如果建造合同的结果能够可靠地估计，应在资产负债表日根据完工百分比法确认当期合同收入；如果建造合同在一个会计年度内能完成，应在完成时确认合同收入。如果建造合同的结果不能可靠地估计，则不能根据完工百分比法确认合同收入，而应区别两种情况进行处理：（1）合同成本能够收回的，合同收入根据能够收回的实际合同成本加以确认；（2）合同成本不可能收回的，应在发生时立即确认为费用，不确认收入。

建造合同费用包括从合同签订开始至合同完成时所发生的、与执行合同有关的直接费用和间接费用。

（1）直接费用，是指为完成合同发生的，可以直接计入合同成本对象的各项费用支出，包括耗用的材料费、人工费、机械使用费和其他直接费用。直接费用在发生时直接计入合同成本。

（2）间接费用，是指所属施工单位为组织和管理施工生产现场所发生的费用。间接费用在期末按照各受益对象及合理的方法分摊计入合同成本。

完工百分比法是根据合同的完工进度确认合同收入费用的方法。完工百分比法的具体运用包括以下步骤：

首先，确定建造合同的完工进度，计算出完工百分比。确定合同完工进度的方法有以下三种：

（1）根据累计实际发生的合同成本占合同预计总成本的比例确定。其计算公式如下：

$$合同完工进度 = \frac{累计实际发生的合同成本}{合同预计总成本} \times 100\%$$

（2）根据已经完成的合同工作量占合同预计总工作量的比例确定。其计算公式如下：

$$合同完工进度 = \frac{已经完成的合同工作量}{合同预计总工作量} \times 100\%$$

（3）已完合同工作的测量。该方法是在无法根据上述两种方法确定合同完工进度时采用的一种特殊的技术测量方法，适用于一些水下施工等特殊的建造合同。

然后，根据完工百分比计量和确认合同收入和费用。当期收入和费用的计算公式如下：

$$当期确认的合同收入 = （合同总收入 \times 完工进度） - 以前会计年度累计已确认的收入$$

$$当期确认的合同毛利 = （合同总收入 - 合同预计总成本） \times 完工进度 - 以前会计年度累计已确认的毛利$$

$$当期确认的合同费用 = 当期确认的合同收入 - 当期确认的合同毛利 - 以前会计年度预计损失准备$$

现举例说明完工百分比法确认合同收入及费用的会计处理方法。

【例4-28】A建筑公司签订了一项总金额为920万元的建造合同，承建一栋高级公寓楼。工程已于2012年7月开工，预计2014年10月完工。最初，预计工程总成本为800万元，到2013年底，预计工程总成本已为820万元。建造该项工程的其他有关资料如表4-19所示。

表 4-19　　　　　　　　　　　　　　　　　　　　　　　　　　　　　　　　单位：元

项目	2012 年	2013 年	2014 年	合计
合同总价款				9 200 000
实际发生成本	2 000 000	5 904 000	2 296 000	8 200 000
估计完工前还需发生成本	6 000 000	2 296 000		
开出账单结算工程价款	1 800 000	5 000 000	2 400 000	9 200 000
实际收到款项	1 500 000	3 600 000	4 000 000	9 100 000

该公司在进行合同核算时，应根据所发生的经济业务，及时登记合同发生的实际成本、已办理结算的工程价款和实际已收取的工程价款，并根据工程施工进展情况，准确地确定工程完工进度，计量和确认当年的合同收入和费用。

2012 年的账务处理如下：

登记实际发生的合同成本：

借：工程施工——合同成本　　　　　　　　　　　　　　　　　　　2 000 000
　　贷：原材料、应付职工薪酬等　　　　　　　　　　　　　　　　　　2 000 000

开出账单结算工程价款：

借：应收账款　　　　　　　　　　　　　　　　　　　　　　　　　1 800 000
　　贷：工程结算　　　　　　　　　　　　　　　　　　　　　　　　　1 800 000

收到当期工程价款：

借：银行存款　　　　　　　　　　　　　　　　　　　　　　　　　1 500 000
　　贷：应收账款　　　　　　　　　　　　　　　　　　　　　　　　　1 500 000

确认和计量当年的合同收入、费用和毛利，并登记入账：

合同完工进度＝200／（200＋600）×100％＝25％

当年确认的合同收入＝920×25％＝230（万元）

当年确认的合同毛利＝（920－800）×25％＝30（万元）

当年确认的合同费用＝230－30＝200（万元）

借：工程施工——合同毛利　　　　　　　　　　　　　　　　　　　　300 000
　　主营业务成本　　　　　　　　　　　　　　　　　　　　　　　　2 000 000
　　贷：主营业务收入　　　　　　　　　　　　　　　　　　　　　　　2 300 000

2013 年的账务处理如下：

登记实际发生的合同成本：

借：工程施工——合同成本　　　　　　　　　　　　　　　　　　　3 904 000
　　贷：原材料、应付职工薪酬等　　　　　　　　　　　　　　　　　　3 904 000

开出账单结算已完工程价款：

借：应收账款　　　　　　　　　　　　　　　　　　　　　　　　　5 000 000
　　贷：工程结算　　　　　　　　　　　　　　　　　　　　　　　　　5 000 000

收到工程价款：

借：银行存款	3 600 000
贷：应收账款	3 600 000

确认和计量当年的合同收入、费用和毛利，并登记入账：
合同完工进度：590.4/（590.4+229.6）×100% =72%
当年确认的合同收入=920×72% −230=432.4（万元）
当年确认的合同毛利=（920−820）×72% −30=42（万元）
当年确认的合同费用=432.4−42=390.4（万元）

借：工程施工——毛利	420 000
主营业务成本	3 904 000
贷：主营业务收入	4 324 000

2014年的账务处理如下：
登记实际发生的合同成本：

借：工程施工——合同成本	2 296 000
贷：原材料、应付职工薪酬等	2 296 000

开出账单，结算工程价款：

借：应收账款	2 400 000
贷：工程结算	2 400 000

收到工程价款：

借：银行存款	4 000 000
贷：应收账款	4 000 000

确认和计量当年的合同收入、费用和毛利，并登记入账：
当年确认的合同收入=920−230−432.4=257.6（万元）
当年确认的合同毛利=920−820−30−42=28（万元）
当年确认的合同费用=257.6−28=229.6（万元）

借：工程施工——毛利	280 000
主营业务成本	2 296 000
贷：主营业务收入	2 576 000

工程完工时，将"工程施工"科目的余额与"工程结算"科目的余额对冲：

借：工程结算	9 200 000
贷：工程施工——毛利	1 000 000
工程施工——合同成本	8 200 000

课 后 练 习

一、单项选择题
1. 工程施工所发生的（　　）和间接费用构成了工程的合同成本。
   A. 直接费用　　　B. 管理费用　　　C. 财务费用　　　D. 制造费用
2. 施工企业的工区、施工队、项目经营部为组织和管理施工生产活动所发生的费用称为（　　）。

  A. 间接费用　　　　B. 管理费用　　　　C. 财务费用　　　　D. 直接费用

3. M 工程本月完工，月初未完工程成本为 56 万元，本月发生直接费用 244 万元，本月应分配间接费用是直接费用的 20%；月末尚有部分未完工程，其未完工程成本占本月发生的施工生产费用的 5%，则本月已完工程的合同成本是（　　）。

  A. 348.8 万元　　　B. 300 万元　　　　C. 334.16 万元　　　D. 278.16 万元

4. 施工现场承包工程领用材料，应计入（　　）。

  A. 工程施工　　　　　　　　　　　B. 管理费用

  C. 采购保管费　　　　　　　　　　D. 工程施工——间接费用

5. "工程施工"账户的期末余额表示（　　）。

  A. 期末竣工工程成本　　　　　　　B. 期末原材料成本

  C. 期末尚未完工的建造合同成本和合同毛利

  D. 期末企业为在建工程准备的各种物资的成本

6. 按经济内容分类，"工程施工"账户属于（　　）。

  A. 资产类账户　　B. 负债类账户　　C. 成本类账户　　D. 损益类账户

7. 确认建造合同收入时，按应确认的合同费用，应借记（　　）。

  A. 主营业务成本　　B. 工程施工　　C. 主营业务收入　　D. 本年利润

8. 施工企业购入一批材料，买价 5 万元，另发生运杂费 400 元，材料已经入库，款以银行存款支付，并应分配采购保管费 1 000 元。则原材料的实际成本是（　　）。

  A. 51 400　　　　B. 50 400　　　　C. 50 000　　　　D. 51 000

9. 施工现场项目部用现金 150 元购办公用品，应借记（　　）科目，贷记"库存现金"科目。

  A. 采购保管费　　　　　　　　　　B. 管理费用

  C. 工程施工——间接费用　　　　　D. 营业费用

10. 材料采购员报销差旅费，企业财会部门以现金付讫，应借记（　　）科目，贷记"库存现金"科目。（　　）

  A. 采购保管费　　　　　　　　　　B. 管理费用

  C. 工程施工——间接费用　　　　　D. 营业费用

二、多项选择题

1. 施工企业材料物资的采购成本由（　　）组成。

  A. 材料的买价　　　　　　　　　　B. 运杂费

  C. 采购保管费　　　　　　　　　　D. 销售费用

2. "材料采购"账户的借方记入（　　）。

  A. 购入材料物资的买价

  B. 购入材料物资的运输费、装卸费、保险费

  C. 购入材料物资的采购保管费

  D. 购入材料物资的税金

3. 施工企业建造合同的合同费用由（　　）项目组成。

A. 材料费和人工费　　　　　　B. 机械使用费
C. 其他直接费用　　　　　　　D. 间接费用

4. 下列属于计入"工程施工——人工费"成本项目的内容有（　　）。
   A. 现场施工生产工人的工资、福利费
   B. 现场项目管理人员的工资、福利费
   C. 现场生产工人的养老保险、医疗保险金、失业保险金及住房公积金
   D. 现场项目管理人员的养老保险金、医疗保险金、失业保险金及住房公积金

5. 下列影响施工企业本月已完工程实际发生的合同费用的因素有（　　）。
   A. "工程施工"账户的月初未完施工的合同成本
   B. "工程施工"账户本月发生的施工生产费用
   C. "在建工程"本月的增加额合计
   D. "工程施工"账户月末未完工程的合同成本

6. 下列各项中，应计入材料采购成本的有（　　）。
   A. 买价　　　　　　　　　　　B. 采购费用
   C. 运输途中责任人丢失　　　　D. 公司管理人员工资

7. 下列项目可以作为施工企业营业收入的是（　　）。
   A. 承包工程的结算价款收入　　B. 出售固定资产的价款收入
   C. 对外单位罚款收入　　　　　D. 提供技术咨询服务收入

8. "工程施工——间接费用"账户核算的项目有（　　）。
   A. 施工现场管理人员的工资薪酬　B. 现场施工生产人员的工资薪酬
   C. 公司管理部门设备的修理费　　D. 施工现场办公室水电费

9. 可能与"工程施工——间接费用"账户发生对应关系的账户有（　　）。
   A. 原材料　　　　　　　　　　B. "工程施工——某工程——间接费用"
   C. 累计折旧　　　　　　　　　D. 银行存款

10. 施工企业应该在月末计算本月支付给生产职工的工资总额，并形成一项负债。借记（　　），贷记"应付职工薪酬"。
    A. 工程施工——人工费　　　　B. 工程施工——间接费用
    C. 采购保管费　　　　　　　　D. 管理费用

三、业务题

1. 供应过程核算。A 建筑公司 20××年 5 月的材料采购业务如下：
   （1）采购员王一预借差旅费 1 000 元，用现金支付。
   （2）购入钢材 60 吨，每吨 3 000 元，由企业存款户付讫。
   （3）应付市运输公司承担上述钢材运输费 12 000 元、运达工地仓库装卸费 500 元。
   （4）购买板材 15 立方米，每立方米单价 1 000 元，价款通过银行转账付讫。
   （5）王一报差旅费 920 元，余款退回，结清原借款。
   （6）材料供应处购买办公用品支付现金 680 元。

（7）本月应付材料采购人员工资 3 800 元。

（8）月末，钢材、板材已到达企业，并已经验收入库。根据本月实际发生的采购保管费，按钢材、板材的直接成本计算，分配本月应负担的采购保管费，并结转"采购保管费"账户。

（9）结转已验收入库的钢材、板材的实际成本。

要求：根据上述经济业务编制会计分录。

2. 施工生产过程核算。主要经济业务如下：

（1）仓库发出库存材料共计 850 000 元，其中用于仓库工程 380 000 元、住宅工程 460 000 元、现场项目部仪器检验设备维修 5 000 元、公司办公楼维修 6 500 元。

（2）应付市机械租赁公司的塔吊租赁费 90 000 元，其中用于仓库工程 40 000 元、住宅工程 50 000 元。

（3）应付职工薪酬 105 000 元，其中：仓库工程 34 000 元、住宅工程 43 000 元、材料供应部门 4 500 元、现场项目部 9 000 元、公司行政机关 14 500 元。

（4）用现金支付现场材料及物品的多次搬运费 5 500 元，其中：仓库工程 2 500 元、住宅工程 3 000 元。

（5）现场项目部发生施工管理费用，其中：差旅费 2 000 元、办公费 2 500 元、保险费 2 000 元及有关文具、纸张及账表等 1 000 元，除由现金付出 1 000 元外，其余均由银行存款支付。

（6）应付本月水费、电费共计 10 600 元，其中：仓库工程 3 300 元、住宅工程 3 700 元、现场项目部 600 元、材料供应部门 500 元、公司行政机关 2 500 元。

（7）本月固定资产计提折旧 8 000 元，其中：材料供应部门固定资产的折旧费 1 700 元、现场项目部固定资产的折旧费 3 800 元、公司管理部门固定资产的折旧费 2 500 元。

（8）月末，以本月发生的仓库工程、住宅工程的实际直接成本为标准，计算、分配仓库工程、住宅工程本月应负担的间接费用，并结转本月发生的间接费用。

要求：根据上述经济业务编制会计分录。

3. 工程结算的核算。A 建筑公司 20××年 5 月发生的工程合同收入及相关内容的经济业务如下（设仓库工程和住宅工程期初工程成本余额分别为 350 000 元和 620 000 元）：

（1）月末，本月仓库工程全部完工，该工程合同收入 1 100 000 元，计算其完工工程的合同成本，确认本月该工程合同毛利并结转其合同成本。

（2）月末，本月住宅工程的部分工程已完工，尚有 200 000 元未完工程的合同成本，该工程本月完工合同收入为 1 300 000 元，计算已完工程的合同成本，确认本月该工程的合同毛利并结转其合同成本。

（3）向仓库工程的建设单位 B 公司开出工程价款结算账单，办理仓库工程价款结算。

（4）接银行收款通知，B 公司通过银行转账付讫的工程价款 950 000 元已到账。

（5）仓库工程办理竣工结转。

（6）向住宅工程建设单位 C 公司开出工程价款结算账单，办理本月住宅工程价款结算。

（7）收到 C 公司开出并承兑为期 6 个月、金额为 1 050 000 元工程价款的商业汇票。

要求：根据上述经济业务编制会计分录。

学习情境五

交通运输企业会计核算

任务描述
掌握交通运输企业主要业务的会计核算方法。

能力目标
1. 能对交通运输企业的存货业务进行核算；
2. 能对交通运输企业的营业收入、成本费用进行核算；
3. 能对铁路运输企业的资金转拨和内部往来进行核算；
4. 能对铁路运输企业的专用资产进行核算；
5. 能对铁路运输企业的营业收入、成本费用进行核算。

知识目标
1. 掌握燃料的管理制度、辅助营运费用的内容、营运间接费用的内容；
2. 熟悉铁路运输企业的专用材料、专用固定资产的内容；
3. 掌握铁路运输企业收入的内容，了解运输进款的存汇。

任务一　走进交通运输企业

一、交通运输企业及其主要经营活动

广义的交通运输企业包括铁路运输、公路运输、水路运输、航空运输、管道运输等所有交通运输企业，而按照我国现行会计制度规定的狭义的交通运输企业，是指不包括铁路运输、航空运输与管道运输企业在内的其他交通运输企业。

财政部于1993年颁布的《（交通）企业会计制度》规定，该制度适用于"设在中华人民共和国境内的所有交通运输企业，包括从事远洋、沿海、内河、公路运输企业，海河港口，仓储企业，外轮代理企业，以及城市公共汽（电）车、出租汽车、轮渡、地铁等企业"。与工业企业相比，交通运输企业的生产经营过程有其明显的特征：工业企业的生产经营过程包括供应、生产和销售三个环节，而交通运输企业的经营过程主要包括供应过程和营运过程，没有与生产过程相脱离而独立存在的销售过程。在供应过程中，企业购买燃料、材料，货币资金转化为储备资金；营运过程中，企业要发生各种各样的耗费，包括汽车、船舶、装卸机构等固定资产的折旧、燃料的消耗、工资支出、其他各项费用等，它们构成运输、装卸等营运业务的成本，储备资金转化为生产资金。同时，企业向货主、旅客核收运费、装卸费等，收回货币资金，并形成运输、装卸等业务的营运收入。营运收入减

去营运业务成本，即为企业的纯收入。其中一部分以税金形式上交国家财政，另一部分按规定提取公积金、公益金，并向投资人分配。上述经济活动即为交通运输企业会计应反映和监督的内容。

与其他运输企业相比，铁路运输企业的主要特点是：

（1）企业生产能力的表现形式不同。其他运输企业大多是以运送工具为生产能力的主体而形成独立企业，例如，汽车运输企业以汽车为主形成企业的生产能力，其固定资产可不包括港口、航道设施，也不一定要求每个企业都拥有自己的专用码头；航空公司以飞机为主形成企业的生产能力，成立独立的企业，也一定要求每个企业都拥有自己的专用机场。而在现行管理体制下的铁路运输企业则不同，它是以铁路、通讯信号设施、车站（包括直接为运输服务的各生产段）机车车辆互相配套形成输送能力，它们构成特定的铁道运输企业的专用固定资产，全部由铁路运输企业统一管理。

（2）作为固定资产的铁路，其更新方式与一般固定资产不同。铁路不是在整体上等到使用终了全部废弃之后才更新的，而是在使用过程中进行局部更新和投资。这种更新往往是伴随着支量需求的增长和科学技术的进步而逐步进行的。铁路运输企业即使不建新的线路，要维持现有线路的运营，也需要经常进行更新改造方面的投资。

二、交通运输企业会计核算的特征

交通运输企业会计是一种特殊业务会计，它适用于那些从事对外提供各种运输服务以获得一定收入的企业。交通运输企业的特点决定了其会计核算具有以下特点：

（一）收入结算的复杂性

运输企业通过提供各种运输服务而获得营运收入。由于公路、海域、水系、航道的区域性，货物流向要求运输的连续性，从而产生了各种运输方式，如直达运输、江海河联运、水陆联运等。此外，运输货物的种类较多，比较复杂，运量大小不等，运输距离有长途、短途，还有省内、省外、国内与国外之分。而运输收入通常却一次性由运地或目的地核收，由此产生在参与运输的各部门、各企业、各地区，以至于各个国家之间进行结算与清算的大量工作。在运输企业的内部，各部门和单位之间因进行相互协作提供服务，也会产生各种内部结算工作，这些运输企业内、外的结算工作量大，发生频繁，涉及环节多，内容也复杂，这就形成了运输业务会计的一大特殊性。

（二）基本业务核算的特殊性

运输营运过程是生产过程和销售过程相统一的过程，即运输生产的完成也就是销售的实现。故交通运输企业与制造业的不同之处在于没有与生产过程相分离的产品销售过程。企业进行运输生产过程，经过核收费用和装卸费等的结算过程（统称为营运过程），即可获得更多的货币资金。因而交通运输企业会计在基本业务中不需要组织产成品和销售的核算。

（三）成本费用构成的特殊性

运输企业为了完成运输生产也需发生各项运营支出，形成营运成本。在运输企业营运成本的构成中，没有像工业产品成本那样具有构成产品实体并占相当高的比重的原材料和主要材料，而多是与运输工具使用有关的费用，如燃料、修理、折旧等支出。所以，在一定时期内的运输生产成本可视为这一期间的产品销售成本。根据现行会计制度，这些成本在运输企业的"运输成本"科目中核算。

（四）计算对象的特殊性

交通运输企业的劳动对象，不是对原材料加工制造，而是它所运输的商品。商品在运输后，不是物质形态的变化，而是空间位置的变化。商品经过运输，所追加的交换价值和其他任何商品的交换价值一样，都要由生产过程，也就是运输过程中所消耗的生产要素的价值所决定。交通运输企业的材料，基本上是被运输设备在执行职能时所消费的，或是在生产过程中起协助作用，或是以维护修理的形式将价值转移到所运输的商品上。因此，成本和利润的计算对象不是各批产品，而是货物、船舶、车辆、航线、航次等。

任务二 交通运输企业主要业务的会计核算方法

一、交通运输企业存货业务核算

交通运输企业存货，可以分为以下几类：燃料、轮胎、材料、低值易耗品。材料、低值易耗品的核算方法与工业企业类似。燃料和轮胎在运输企业中所占的比重较大，一般应单独设置"燃料"和"轮胎"账户进行核算。

（一）燃料的核算

1. 燃料的管理制度

交通运输企业的燃料包括各种用途的固体燃料、液体燃料、气体燃料及可作燃料使用的废料。燃料购入和库存与一般企业的原材料基本相同，所不同的是在购进过程中支付的增值税计入采购成本。

（1）车存燃料的管理。车存燃料是营运车辆投产后，接受任务出车运行前储存于车辆油箱内的燃料。在实际操作中，车存燃料的管理方法有两种：一是满油箱制，它要求投入运营的车（船）在每次加油时必须充满油箱，月末根据领油凭证计算出车（船）耗油的数额，从而考核车（船）的耗油情况。二是盘存制，它要求每一投入运营的车（船）根据实际需要领油加油，月末，经过盘存油箱的实存数后，计算出当月实际耗油数量。

（2）车耗燃料的管理。在实际工作中，车耗燃料管理可采用路单领油记录和行车燃料颁发记录表、路单套写领油收据、路单贴附燃料领用凭证、定额油票等方法。

2. 燃料的核算

企业应设置"燃料"科目核算企业库存和车（船）存的各种燃料，包括各种用途的固体燃料、液体燃料和气体燃料，以及可以作为燃料使用的废料的计划成本或实际成本。实行盘存制的企业，应在"燃料"账户下分别设置"库存"和"车存"明细账户核算。实行满油箱的企业，可以不设置明细账户。验收入库的燃料比照"材料"科目的有关规定，在"燃料（库存）"科目中核算。车（船）领用燃料时，借记本科目（车（船）存），贷记本科目（库存）；月末根据实际耗用，借记"运输支出"等科目，贷记本科目（车（船）存）。其他业务和管理部门等单位领用燃料时，借记"其他业务支出"、"管理费用"等科目，贷记本科目（库存）。月末，采用计划成本核算的企业，应结转材料成本差异,实际成本大于计划成本的差异,借记"运输支出"、"其他业务支出"、"管理费用"等科目,贷记"材料成本差异"科目(实际成本小于计划成本的差异用红字)。

【例 5-1】 A 汽车运输公司车存燃料实行满油箱制,3 月的燃料发出汇总表如表 5-1 所示。

表 5-1　　　　　　　　　　　　燃料发出汇总表

领用单位或用途	计划成本
货运一队	40 000
货运二队	45 000
职工班车	3 000
合计	88 000

根据上述燃料发出汇总表,应作如下会计分录:

借:运输成本　　　　　　　　　　　　　　　　　　　　　　85 000
　　管理费用　　　　　　　　　　　　　　　　　　　　　　 3 000
　　贷:燃料　　　　　　　　　　　　　　　　　　　　　　88 000

同时结转支出燃料应负担的成本差异,假设当月成本差异率为 2%,应作如下会计分录:

借:运输成本　　　　　　　　　　　　　　　　　　　　　　 1 700
　　管理费用　　　　　　　　　　　　　　　　　　　　　　　 600
　　贷:材料成本差异——燃料　　　　　　　　　　　　　　 2 300

(二) 轮胎的核算

1. 设置的账户

轮胎是汽车运输企业的重要部件。应设置"轮胎"账户,专门核算轮胎的收发和结存情况。该科目核算汽车运输企业在库和在用轮胎外胎的计划成本或实际成本。非汽车运输单位所有的在库轮胎外胎,可视同修理用零件,在"材料"科目内核算。轮胎的内胎和垫带,在"材料"科目内核算,领用时直接计入运输成本。企业轮胎采购和入库的核算方法,与"材料"科目的有关规定相同。

2. 轮胎的核算

轮胎的购入核算与工业企业材料购入的核算相似,这里只介绍轮胎发出的核算方法。领用、发出轮胎时,可以采用一次摊销法或分期摊销法。

(1) 一次摊销法,即运输企业领用轮胎外胎时,一次将轮胎外胎的成本计入运输成本。领用轮胎,作会计分录:

借:运输成本
　　贷:轮胎

假如一次性领用轮胎的数量很大,可以先将轮胎成本计入待摊费用,然后再分期摊入运输成本。

借：待摊费用
　　贷：轮胎
借：运输成本
　　贷：待摊费用

（2）按行驶公里数预提。具体如下：

①月终按照轮胎实际行驶里程和规定的胎公里摊销额计算轮胎费用时，借记"运输支出"科目，贷记"预提费用"科目。

②轮胎不能继续使用需要报废时，按收回的残料价值，借记"材料"科目，贷记"运输支出"科目；报废轮胎的实际行驶里程与定额里程比较，其超、亏驶里程应按规定的胎公里摊销额计算调整运输成本，其亏驶里程，借记"运输支出"科目，贷记"预提费用"科目（超驶里程调减成本时用红字）。

③领用新胎（包括周转胎）时，借记"预提费用"科目，贷记"轮胎"科目。按计划成本核算的企业，月末按领用新胎的计划成本，计算应负担的成本差异，直接计入运输成本，借记"运输支出"科目，贷记"材料成本差异"科目（实际成本小于计划成本的差异用红字）。

④汽车不能使用报废时，应计算、冲减第一套轮胎的预提费用，借记"预提费用"科目，贷记"运输支出"科目。

【例 5-2】A 运输公司 3 月发生如下经济业务：

（1）领用新轮胎，计划成本为 8 000 元。
（2）月末计算出本月领用新轮胎应负担的材料成本差异为 700 元（超支差）。
（3）月末计算出本月应预提的轮胎费用为 700 元。
（4）本月报废轮胎残值 800 元，已验收入库。经计算报废轮胎应补提运输费用为 1 000 元。

根据上述资料编制分录如下：

借：预提费用　　　　　　　　　　　　　　　　　　　　　　　8 000
　　贷：轮胎　　　　　　　　　　　　　　　　　　　　　　　　　8 000
借：运输支出　　　　　　　　　　　　　　　　　　　　　　　　700
　　贷：材料成本差异　　　　　　　　　　　　　　　　　　　　　　700
借：运输支出　　　　　　　　　　　　　　　　　　　　　　　　700
　　贷：预提费用　　　　　　　　　　　　　　　　　　　　　　　　700

报废轮胎：
借：材料　　　　　　　　　　　　　　　　　　　　　　　　　　800
　　贷：运输支出　　　　　　　　　　　　　　　　　　　　　　　　800

补提轮胎运输费用：
借：运输支出　　　　　　　　　　　　　　　　　　　　　　　1 000
　　贷：预提费用　　　　　　　　　　　　　　　　　　　　　　　1 000

二、交通运输企业营业收入核算

（一）核算营业收入的科目

交通运输企业的营业收入是指运输企业完成客、货运输业务和装卸业务及其他业务时按照规定费率向旅客、货物托运人收取的运费、装卸费和杂费收入。以上各项营业收入，应分别设置"运输收入"、"其他业务收入"等账户来核算，并按每项收入的具体类别或场所设置明细分类账户核算。

（二）公司营业收入的核算

交通运输企业一般是在企业一级之下设置各基层站、所，两者之间有时候是平行关系，有时候是所属关系。基层站、所一般为企业内部独立的核算单位，基层站所实现的营业收入要定期向上级报账，并及时将收入款项交付上级。为了核算企业各个内部单位之间应收、应付营业收入款项的解缴与结算情况，一般可设"应收内部单位款"和"应付内部单位款"。

【例5-3】A运输公司收到各基层站、所上月欠交的营业收入35 000元已收入账。其中第一中心站15 000元，第二中心站20 000元。根据银行收账通知单编制，会计部门应作如下会计分录：

借：银行存款　　　　　　　　　　　　　　　　　　　　　　35 000
　　贷：应收内部单位款——第一中心站　　　　　　　　　　15 000
　　　　应收内部单位款——第二中心站　　　　　　　　　　20 000

【例5-4】A运输公司根据各基层站、所的营业收入月报汇总编制本月营业收入汇总表如表5-2所示。

表5-2　　　　　　　　　　　　20××年3月营业收入汇总表

站名	运输收入			装卸收入	代理业务收入	合　计
	客运收入	货运收入	合计			
第一中心站	30 000	40 000	70 000		5 000	75 000
第二中心站	50 000	20 000	70 000		2 000	72 000
合计	80 000	60 000	140 000		7 000	147 000

会计部门应作如下会计分录：

借：应收内部单位款——第一中心站　　　　　　　　　　　75 000
　　应收内部单位款——第二中心站　　　　　　　　　　　72 000
　　贷：运输收入——客运收入　　　　　　　　　　　　　80 000
　　　　运输收入——货运收入　　　　　　　　　　　　　60 000
　　　　代理业务收入　　　　　　　　　　　　　　　　　 7 000

(三) 企业之间营业收入相互结算的核算

运输企业时常办理联运业务和代理业务,因此与其他企业之间的收入资金划拨和结算也非常频繁。企业应建立相应往来账的会计科目进行核算。

1. 货运收入的相互结算

运输企业之间相互为对方车辆办理货物运输业务所取得的运输收入,收款企业可于月终根据各基层站、所营业收入月报中,按货票、代理业务货票分别统计列报的应付其他企业货运收入进行汇总,通过"应付账款"科目进行核算。按照双方协议规定,扣收代理业务手续费后,汇付对方企业;也可以由承运企业根据货票结算联汇总,一次性向收款企业办理托收。

【例5-5】A 运输公司为 B 企业车辆代办货运业务,货运收入共 50 000 元,手续费 5%,余款汇给 B 企业。会计部门应作如下会计分录:

借:应付账款——B 企业　　　　　　　　　　　　　　　　　　　　50 000
　贷:银行存款　　　　　　　　　　　　　　　　　　　　　　　　37 500
　　　代理业务收入　　　　　　　　　　　　　　　　　　　　　　2 500

2. 客运收入的相互结算

不同运输企业同在一条路线上对开固定班车时,如相互代收客票并相互结算时,其结算方法及账务处理与上述货运收入的相互结算相同。如采用其他结算方法,则有所不同。

【例5-6】A 运输公司与 B 运输公司在所在市之间 80 公里线上对开客运班车。根据本月行车路单汇总计算,B 公司售票额中 A 运输公司车辆在该区间运费收入为 15 000 元,A 公司的销售额中 B 公司车辆在该区间运费收入为 10 000 元。A 运输公司与 B 公司客运收入差额为 5 000 元。B 公司扣除代理业务手续费(按2%计算)后汇给 A 公司 4 900 元。

A 运输公司根据在该区间的运费收入,扣除代理业务手续费 300 元。会计部门应作如下会计分录:

借:应收账款——B 公司　　　　　　　　　　　　　　　　　　　　14 700
　贷:运输收入——客运收入　　　　　　　　　　　　　　　　　　14 700

A 运输公司根据 B 公司在该区间的运费收入,扣除代理业务手续费 200 元,会计部门应作如下会计分录:

借:银行存款　　　　　　　　　　　　　　　　　　　　　　　　　10 000
　贷:应付账款——B 企业　　　　　　　　　　　　　　　　　　　9 800
　　　代理业务收入　　　　　　　　　　　　　　　　　　　　　　200

A 运输公司收到 B 公司汇付客运收入补差额 4 900 元,会计部门应作如下会计分录:

借:银行存款　　　　　　　　　　　　　　　　　　　　　　　　　4 900
　　应付账款——B 公司　　　　　　　　　　　　　　　　　　　　9 800
　贷:应收账款——B 公司　　　　　　　　　　　　　　　　　　　14 700

三、交通运输企业成本费用核算

（一）营运成本核算的内容及账户设置

在交通运输企业中，广义的费用可以分为营运成本和期间费用。交通运输企业的期间费用包括两项：管理费用、财务费用，其中期间费用的核算方法与工业企业相似，这里不再重复。交通运输企业的营运成本是指企业在营运生产过程中实际发生的与运输、装卸、堆积和代理业务等营运生产直接有关的支出，包括运输成本、装卸成本、堆存成本等。

1. 运输成本的内容及账户设置

运输成本指企业完成一定的客运和货运运输周转量所发生各项营运费用，包括工资、福利费、轮胎、折旧、辅助营运费用转入等内容。为了核算企业的运输成本，应设置"运输支出"账户，该账户核算沿海、内河、远洋和汽车运输企业经营旅客运输、货物运输业务所发生的各项费用支出。借方登记经营运输业务所发生的各项费用，贷方登记期末转入"本年利润"，结转后无余额。该账户应按费用要素设置成本项目，如工资、职工福利费、燃料、折旧费、养路费、公路运输管理费。

2. 装卸成本的内容及账户设置

装卸成本是指企业完成一定的装卸操作量所发生的各项营运费用。为了核算企业的装卸成本，应设置"装卸支出"账户，该账户借方登记经营装卸业务所发生的各项费用，贷方登记期末转入"本年利润"，结转后无余额。该账户应按专业区域或货种和规定的成本项目设置明细账。

3. 堆存成本的内容及账户设置

堆存成本是指企业经营仓库和堆场业务完成一定的业务量所发生的各项营运费用。为了核算企业的堆存成本，企业应设置"堆存支出"账户，该账户借方登记经营仓库和堆场业务所发生的各项费用，贷方登记期末转入"本年利润"，结转后无余额。该账户应按装卸作业区、仓库种类设置明细账。

4. 代理业务成本的内容及账户设置

代理业务成本是指企业经营各种代理业务所发生的各项费用，包括工资、福利费、材料、水电、租赁费、修理费等。为了核算企业的代理业务成本，企业应设置"代理业务支出"账户，该账户借方登记经营代理业务所发生的各项费用，贷方登记期末转入"本年利润"，结转后无余额。

5. 营运间接费用的内容及账户设置

营运间接费用是指企业在运营过程中车站、车队为管理和组织运营而发生的各项费用以及辅助车间发生的不能直接计入成本核算对象的种种间接费用，如辅助车间管理人员的工资及福利费、差旅费、折旧费等。为了核算企业的营运间接费用，应设置"营运间接费用"账户，该账户借方登记实际发生的营运间接费用，贷方登记月中按一定分配标准分配转入"运输支出"、"装卸支出"、"代理业务支出"、"其他业务支出"等账户的数额。分配结转后该账户无余额。

6. 辅助营运费用的内容及账户设置

辅助营运费用是指运输企业辅助生产部门生产产品和供应劳务所发生的辅助生产费

用，包括工资、福利费、燃料、折旧、事故损失等。具体包括直接材料、直接人工及分配的辅助管理费等内容。为了核算企业的辅助营运费用，应设置"辅助营运费用"账户，该账户借方登记实际发生的辅助营运费用，贷方登记月中按一定分配标准分配转入"运输支出"、"装卸支出"、"代理业务支出"、"其他业务支出"等账户的数额。分配结转后该账户无余额。

（二）营运成本的核算

1. 燃料费用的归集与分摊

【例 5-7】A 汽车运输公司的营运生产单位有车站、客车队和货车队。汽车运输成本按客车、货车运输成本分类计算。车站、车队等基层营运单位的管理和业务费用合并设账归集并统一分配。该公司实行盘存制管理方式，20××年 8 月公路运输中心及其所属的运输车队车车站实际耗用的燃料信息如表 5-3 所示。燃料的计划单位成本为 6 元/升，材料成本差异率为 2%。

表 5-3　　　　　　　　　　　　　　　　燃料耗用量汇总表

领用单位或用途	月初车存数	本月领用数	月末车存数	燃料的计划成本	材料成本差异率	应负担的成本差异
客车领用	1 200	102 100	21 300	492 000	2%	9 640
货车领用	1 300	104 800	21 100	510 000	2%	10 200
职工班车领用	1 100	11 200	1 300	66 000	2%	1 120
车站	500	200	500	1 200		24
车队	500	200	500	1 200		24
合计	3 600	218 100	43 700	1 070 400		21 408

根据表 5-3 编制分录如下：

借：运输成本——客车　　　　　　　　　　　　　　　　　　　　　　492 000
　　运输成本——货车　　　　　　　　　　　　　　　　　　　　　　510 000
　　营运间接费用——车站　　　　　　　　　　　　　　　　　　　　1 200
　　营运间接费用——车队　　　　　　　　　　　　　　　　　　　　1 200
　　管理费用　　　　　　　　　　　　　　　　　　　　　　　　　　66 000
　贷：燃料　　　　　　　　　　　　　　　　　　　　　　　　　　1 070 400
借：运输成本——客车　　　　　　　　　　　　　　　　　　　　　　9 640
　　运输成本——货车　　　　　　　　　　　　　　　　　　　　　　10 200
　　营运间接费用——车站　　　　　　　　　　　　　　　　　　　　24
　　营运间接费用——车队　　　　　　　　　　　　　　　　　　　　24
　　管理费用　　　　　　　　　　　　　　　　　　　　　　　　　　1 120
　贷：材料成本差异　　　　　　　　　　　　　　　　　　　　　　　21 408

2. 轮胎费用的归集与分配

【例 5-8】A 汽车运输公司 20××年 9 月按实际行驶里程摊销轮胎费用，轮胎费用摊销计算表见表 5-4。

表 5-4　　　　　　　　　　　　轮胎费用摊销计算表

领用单位或用途	实际千胎公里	千胎公里摊销额	摊销额
客车领用	1 480	7	10 360
货车领用	2 200	7	15 400
车站	700	7	4 900
车队	700	7	4 900
职工班车领用	500	6	3 000
合计	5 580		38 560

借：运输成本——客车　　　　　　　　　　　　　　　　10 360
　　运输成本——货车　　　　　　　　　　　　　　　　15 400
　　营运间接费用——车站　　　　　　　　　　　　　　4 900
　　营运间接费用——车队　　　　　　　　　　　　　　4 900
　　管理费用　　　　　　　　　　　　　　　　　　　　3 000
　　贷：预提费用　　　　　　　　　　　　　　　　　　38 560

公司 9 月领用新轮胎情况如表 5-5 所示。

表 5-5　　　　　　　　　　　　轮胎领料表

材料类别	领用单位或用途	计价单位	本月领用数		单位成本	金额
			请领	实发		
外胎	客车领用	元/个	42	42	500	21 000
	货车领用		38	38		19 000
	车站		20	20		10 000
	车队		20	20		10 000
	职工班车领用		8	8		4 000
	合计		128	128		64 000

据此作会计分录：

借：预提费用　　　　　　　　　　　　　　　　　　　　64 000
　　贷：轮胎　　　　　　　　　　　　　　　　　　　　64 000

报废轮胎一批，摊销费用计算表见表 5-6。

表 5-6　　　　　　　　　　　　报废胎摊销费用计算表

领用单位或用途	报废胎超、亏千胎公里	千胎公里摊销额	摊销额	残料价值
客车领用	−20	7	−140	1 000
货车领用	40	7	280	2 000
车站	20	7	140	500
车队	30	7	210	400
职工班车领用		6		
合计	70		490	3 900

报废轮胎，作会计分录：
借：材料　　　　　　　　　　　　　　　　　　　　　　　　3 900
　　贷：运输支出——客车　　　　　　　　　　　　　　　　1 000
　　　　运输支出——货车　　　　　　　　　　　　　　　　2 000
　　　　营运间接费用——车站　　　　　　　　　　　　　　500
　　　　营运间接费用——车队　　　　　　　　　　　　　　400
补提轮胎运输费用，作会计分录：
借：运输支出——货车　　　　　　　　　　　　　　　　　　280
　　营运间接费用——车站　　　　　　　　　　　　　　　　140
　　营运间接费用——车队　　　　　　　　　　　　　　　　210
　　贷：预提费用　　　　　　　　　　　　　　　　　　　　630
冲减多提的轮胎费用，作会计分录：
借：预提费用　　　　　　　　　　　　　　　　　　　　　　140
　　贷：运输支出——客车　　　　　　　　　　　　　　　　140

3. 材料费用的分配

【例 5-9】A 运输公司 20××年 9 月材料费用的领用如表 5-7 所示。

表 5-7　　　　　　　　　　　　材料领用汇总表

领料单位	领用材料			合计
	内胎、垫胎	修理用配件	消耗性材料	
客车	20 000			20 000
货车	20 000			20 000
修理车间		50 000	10 000	60 000
车站	5 000			5 000

续表

领料单位	领用材料			合计
	内胎、垫胎	修理用配件	消耗性材料	
车队			2 000	2 000
管理部门			3 000	3 000
合计	60 000	50 000	10 000	120 000

根据表5-7编制如下会计分录：

借：运输成本——客车　　　　　　　　　　　　　　　　20 000
　　运输成本——货车　　　　　　　　　　　　　　　　20 000
　　辅助营运费用——修理车间　　　　　　　　　　　　60 000
　　营运间接费用——车站　　　　　　　　　　　　　　5 000
　　营运间接费用——车队　　　　　　　　　　　　　　2 000
　　管理费用　　　　　　　　　　　　　　　　　　　　3 000
　　贷：材料　　　　　　　　　　　　　　　　　　　　120 000

4. 人工费用的核算

【例5-10】A汽车运输公司20××年9月工资和职工福利费的分配见表5-8。

表5-8　　　　　　　　　　　　工资及职工福利费分配表

借记科目		工资总额	福利费提取率	职工福利费	合计
运输成本	客车	180 000	14%	25 200	205 200
	货车	240 000	14%	33 600	273 600
辅助营运费用		10 000	14%	1 400	11 400
营运间接费用	车站	40 000	14%	5 600	45 600
	车队	40 000	14%	5 600	45 600
	维修车间管理人员	50 000	14%	7 000	57 000
管理费用		6 000	14%	840	6 840
合计		566 000	14%	79 240	645 240

根据表5-8，编制会计分录如下：

借：运输成本——客车　　　　　　　　　　　　　　　　205 200
　　运输成本——货车　　　　　　　　　　　　　　　　273 600
　　辅助营运费用——修理车间　　　　　　　　　　　　11 400
　　营运间接费用——车站　　　　　　　　　　　　　　45 600
　　营运间接费用——车队　　　　　　　　　　　　　　45 600

营运间接费用——修理车间	57 000
管理费用	6 840
贷：应付职工薪酬——工资	566 000
应付职工薪酬——福利费	79 240

5. 折旧费用的归集与分摊

【例5-11】A 汽车运输公司20××年9月折旧费用分配如表5-9所示。

表5-9　　　　　　　　　　　折旧费用分配表

借方科目	本月提取折旧		
	客车	货车	其他固定资产
客车	150 000		
货车		130 000	
修理车间			50 000
车站			30 000
车队			20 000
管理部门			10 000
合计	150 000	130 000	11 000

根据表5-9，编制会计分录如下：

借：运输成本——客车	150 000
运输成本——货车	130 000
营运间接费用——修理车间	50 000
营运间接费用——车站	30 000
营运间接费用——车队	20 000
管理费用	10 000
贷：累计折旧	390 000

6. 保险费的分配

【例5-12】A 运输公司20××年9月分担本月应负担的车辆保险费共计60 000元，其中客车20 000元，货车30 000元，车站用车3 000元，车队用车3 000元，管理部门用车4 000元。

借：运输成本——客车	20 000
运输成本——货车	30 000
营运间接费用——车站	3 000
营运间接费用——车队	3 000
管理费用	4 000
贷：待摊费用	60 000

7. 辅助管理费用的归集和分配

辅助生产部门耗费的直接材料、直接人工，可由财务部门根据有关的原始凭证和费用分配表，直接计入辅助营运费用，辅助管理费则先在"营运间接费用"（辅助车间名称）科目进行归集，月末再分配计入各辅助车间的辅助营运费用。

【例5-13】承上例，假设A公司只有一个修理车间。根据以上的各项费用，该公司有关辅助管理费用结转的分录如下：

借：辅助营运费用——修理车间　　　　　　　　　　　　　　　　107 000
　　贷：营运间接费用——修理车间　　　　　　　　　　　　　　　　107 000

8. 辅助营运费用的归集和分配

月末，"辅助营运费用"科目归集的费用，应在各受益对象之间按所耗数量或其他比例进行分配，借记"运输支出"科目，贷记"辅助营运费用"科目。

【例5-14】承上例，假设该公司按修理公式计算分配辅助营运费用。当月修理车间的修理工时共计300工时，其中客车耗用150工时，货车耗用150工时。辅助营运费用分配表如表5-10所示。

表5-10　　　　　　　　　　　辅助营运费用分配明细表

借方科目		耗用修理工时	单位工时费用分配率	辅助营业费用分配额
运输成本	客车	150	594.67	89 200
	货车	150	594.67	89 200
合计		300		178 400

根据表5-10编制会计分录如下：

借：运输成本——客车　　　　　　　　　　　　　　　　　　　　89 200
　　运输成本——货车　　　　　　　　　　　　　　　　　　　　89 200
　　贷：营运间接费用——车站　　　　　　　　　　　　　　　　　178 400

公司当月的辅助营运费用明细账如表5-11所示。

表5-11　　　　　　　　　　　辅助营运费用明细账
车间：修理车间　　　　　　　20××年9月　　　　　　　　　　单位：元

20××年		摘要	直接材料	直接人工	辅助管理费用	合计	转出	余额
9	30	根据材料领用汇总表	60 000			60 000		
9	30	根据工资及职工福利分配表		11 400		11 400		
9	30	根据辅助管理费用分配的有关凭证			107 000	107 000		

续表

20××年		摘要	直接材料	直接人工	辅助管理费用	合计	转出	余额
9	30	合计	60 000	11 400	107 000	178 400		
9	30	根据辅助营运费用分配表					178 400	0

9. 营运间接费用的归集和分配

核算时，按车站、车队、辅助生产车间设明细账，根据有关的原始凭证和费用分配表，分别归集车站经费、车队经费和辅助管理费用，月末，再按照一定的分配方法，分别计入各类成本。

【例5-15】承上例，假设公司按客车和货车的营运车日分担车站、车队费用。该公司客车的营运车日为20 000车日，货车为30 000车日，营运间接费用的分配如表5-12、表5-13、表5-14所示。

表5-12　　　　　　　　　　营运间接费用分配明细表
核算单位：车站　　　　　　　　20××年9月

借方科目		营运车日	单位工时费用分配率	营业间接费用分配额
运输成本	客车	20 000	1.788	35 745
	货车	30 000	1.788	53 619
合计		50 000		89 364

编制会计分录如下：
借：运输成本——客车　　　　　　　　　　　　　　　35 745
　　运输成本——货车　　　　　　　　　　　　　　　53 619
　　贷：营运间接费用——车站　　　　　　　　　　　　　　89 364

表5-13　　　　　　　　　　辅助营运费用明细账
核算单位：车站　　　　　　　　20××年9月　　　　　　　　　　　单位：元

20××年		摘要	燃料	轮胎	直接材料	直接人工	折旧	保险费	合计	转出	余额
9	30	根据燃料耗用量汇总表	1 224						1 224		
9	30	根据轮胎摊销费用计算表		4 900					4 900		
9	30	报废胎摊销费用计算表		−500					−500		

续表

20××年		摘要	燃料	轮胎	直接材料	直接人工	折旧	保险费	合计	转出	余额
9	30	报废胎摊销费用计算表		140					140		
9	30	报废胎摊销费用计算表			5 000				5 000		
9	30	根据工资及职工福利分配表				45 600			45 600		
9	30	根据折旧费用分配表					30 000		30 000		
9	30	根据保险费用摊销的有关凭证						3 000	3 000		
9	30	合计	1 224	4 540	5 000	45 600	30 000	3 000	89 364		
9	30	根据辅助营运费用分配表								89 364	0

表 5-14　　　　　　　　　　　　　营运间接费用分配明细表
核算单位：车队　　　　　　　　　　20××年9月

借方科目		营运车日	单位工时费用分配率	营业间接费用分配额
运输成本	客车	20 000	1.53	30 614
	货车	30 000	1.527	45 920
合计		50 000		76 534

编制会计分录如下：
　　借：运输成本——客车　　　　　　　　　　　　　　　　　　　30 614
　　　　运输成本——货车　　　　　　　　　　　　　　　　　　　45 920
　　　贷：营运间接费用——车站　　　　　　　　　　　　　　　　76 534

10. 成本计算

运输企业月末应编制运输成本计算表，反映运输总成本和单位成本。

【例5-16】承上例，假设公司当月客车运输周转量为12 000千人·公里，货车运输周转量为3 000千吨·公里。根据上面的材料，该公司当月成本计算见表5-15。

表 5-15　　　　　　　　　　A 运输公司运输成本计算表
　　　　　　　　　　　　　　　　20××年9月　　　　　　　　　　　　　　　　单位：元

项目	客车	货车	合计
燃料	501 640	520 200	1 021 840
轮胎	9 220	13 680	141 900
材料	20 000	20 000	40 000
人工	205 200	273 600	578 800
折旧	150 000	130 000	145 000
保险	20 000	30 000	50 000
辅助营运费	89 200	89 200	178 400
营运间接费	67 359	99 539	165 698
运输总成本	1 062 619	1 176 219	2 238 838
周转量（千人·公里、千吨·公里）	12 000	3 000	
单位运输成本	88.55	392.1	

任务三　铁路运输企业特殊业务的会计核算方法

为了规范铁路运输企业的会计核算，提高铁路运输企业会计信息质量，根据我国《会计法》、《企业财务会计报告条例》、《企业会计制度》以及国家有关法律、法规，结合铁路运输企业的实际情况，财政部制定了《铁路运输企业会计核算办法》，于 2004 年 1 月 1 日起在已执行《企业会计制度》的各铁路运输企业执行。

与其他行业相比，铁路运输企业会计的主要特色在于资金拨转和内部往来的核算、专用资产核算、运输收入进款的核算、成本费用核算四部分。

一、资金拨转和内部往来的核算

（一）资金拨转业务的核算

1. 资金拨转业务核算的内容

铁路运输企业资金拨转业务，是指在企业内部所进行的资金拨付和资产调拨业务，主要包括资金拨付、国家铁路运输企业之间按规定无偿调拨资产、铁路基本建设业务移交资产、按批准的投资数额转增实收资本。

（1）资金拨付。资金拨付是铁路运输企业内部上级对所属单位进行的资金划拨，视同投资。

（2）国家铁路运输企业之间按规定无偿调拨资产。在国家铁路运输企业间无偿划转资产，视同上级投资拨款，可理解为铁道部在全路范围内的国家铁路运输企业间无偿划转资产，是一种内部资源的配置。

(3) 铁路基本建设业务移交资产。铁路基本建设业务形成资产经过正式验收并交付企业时，由接收企业按交付资产清单列账，增加相应资产和上级拨入投资。建设项目竣工后，由建设单位向接管企业提供估价资料，企业根据资产分布情况将估价资料转至资产列账单位。

(4) 按批准的投资数额转增实收资本。铁路运输企业一定时期后可根据上级对增加本单位资本的投资的确认，将上级拨入投资转入"实收资本"。上级批准的时间，可以是年终，也可以是年度内的某一时间。

2. 资金拨转业务的账户设置及核算

资金拨转业务核算应设置"拨付所属投资"和"上级拨入投资"两个会计科目。

(1) "拨付所属投资"科目，属资产类内部核算科目，核算企业拨付所属单位投资的增加或减少，包括拨付所属单位投资款、国家铁路运输企业之间按规定无偿划转资产、基本建设项目移交资产等。①对所属单位拨出投资，借记本科目，贷记"银行存款"等科目。②企业所属单位之间无偿划转资产，企业借记本科目（资产划入单位），贷记本科目（资产划出单位）。企业所属的资产划入单位借记"固定资产"等科目，贷记"上级拨入投资"科目；企业所属的资产划出单位借记"上级拨入投资"科目，贷记"固定资产"等科目。③接收基本建设项目移交资产并下转所属单位，借记本科目，贷记"上级拨入投资"科目。本科目的期末借方余额，反映企业拨付所属单位的投资额。

(2) "上级拨入投资"科目，属所有者权益类内部核算科目，核算上级拨入投资的增加或减少，包括上级拨入投资款、国家铁路运输企业之间按规定无偿划转资产、基本建设项目移交资产等。①企业收到上级拨入投资，借记"银行存款"等科目，贷记本科目。②国家铁路运输企业之间按规定无偿划转资产，划出单位，借记本科目等，贷记"固定资产"等科目；划入单位，借记"固定资产"等科目，贷记本科目。③基本建设项目竣工接收资产，借记"固定资产"、"原材料"等科目，贷记本科目。④按批准的投资数额转增实收资本，借记本科目，贷记"实收资本"科目。本科目的期末贷方余额，反映企业尚未转增实收资本的投资额或所属非法人单位收到上级累计拨入的投资额。

【例5-17】A铁路局拨付B机务段投资500 000元，办理汇款拨付。

A铁路局会计部门根据汇款凭证和拨付凭证编制记账凭证：

借：拨付所属投资——B机务段　　　　　　　　　　　　　　　　500 000
　　贷：银行存款　　　　　　　　　　　　　　　　　　　　　　　500 000

B机务段会计部门收到汇款，根据进账凭单编制记账凭证：

借：银行存款　　　　　　　　　　　　　　　　　　　　　　　　500 000
　　贷：上级拨入资金——A铁路局　　　　　　　　　　　　　　　500 000

铁路运输企业所属单位之间无偿划转资产，资产划出单位借记"上级拨入投资"科目，贷记相关资产科目；上级单位借记"拨付所属投资（资产接收单位）"科目，贷记"拨付所属投资（资产划出单位）"科目；资产接收单位借记相关资产科目，贷记"上级拨入投资"科目。

【例5-18】A铁路局下达调拨令，将所属B机务段一辆列车无偿划入所属C机务段，B机务段用银行存款支付代付运费10 000元，该列车账面原价100 000 000元，已提折旧

6 000 000元。C机务段收到上级单位的无偿调拨通知和运费结算凭证。

B机务段应作会计分录：

借：上级拨入投资——A铁路局		94 010 000
累计折旧		6 000 000
贷：固定资产——电力机车		100 000 000
银行存款		10 000

C机务段应作会计分录：

借：固定资产		94 010 000
贷：上级拨入投资——A铁路局		94 010 000

A铁路局应作会计分录：

借：拨付所属投资——C机务段		94 010 000
贷：拨付所属投资——B机务段		94 010 000

（二）内部往来业务的核算

内部往来是指企业内部具有财务隶属关系的单位间相互往来的款项，主要包括运输进款、运营资金、代垫所属单位资金、运输收入结算、上交税金、利润分配等款项的往来。

为反映和监督内部往来业务，设置"内部往来"科目。该科目按照往来单位和款项类别进行明细核算。本科目的期末借方余额，反映应收未收的往来款项；期末贷方余额，反映应付未付的往来款项。

1. 运输进款往来款项

（1）收到所属单位上交的运输进款，借记"银行存款"科目，贷记本科目（下级单位）或"其他货币资金"科目。

（2）根据相关运输进款凭证转列运输进款，借记本科目（下级单位），贷记"运输进款结算"科目。

（3）本企业独立完成运输业务取得的收入，根据相关运输进款凭证，借记"运输进款结算"科目，贷记本科目。

（4）结算运输进款，借记本科目（上级单位），贷记"银行存款"科目。

（5）拨付运营资金，借记本科目，贷记"银行存款"科目。

（6）运输进款垫付事故款项等，借记"应收账款"等科目，贷记本科目（下级单位）或"其他货币资金"科目。

2. 运营往来款项

（1）收到拨付的运营资金，借记"银行存款"科目，贷记本科目。

（2）上级单位向所属单位拨付或为所属单位垫付资金，借记本科目（下级单位），贷记"银行存款"等科目；下级单位收到上级单位拨付资金或垫付资金，借记"银行存款"、"物资采购"、"原材料"等科目，贷记本科目（上级单位）。

（3）企业独立完成运输任务取得的收入，按进款部门的通知书，借记本科目，贷记"应收账款（资金清算中心）"科目。

（4）按规定进行收入结算或完成工作清算，上级单位借记"完成工作清算"科目，贷记本科目（下级单位）；下级单位借记本科目（上级单位），贷记"主营业务收入"或

"完成工作清算"等科目。

（5）上交税金及附加、分配利润，上级单位借记本科目（下级单位），贷记"应交税金"、"利润分配"等科目；下级单位借记"应交税金"、"应付股利"等科目，贷记本科目（上级单位）。

【例 5-19】 承上例，A 铁路局签发转账支票拨付 B 机务段营运资金 1 000 000 元。

编制 A 铁路局的记账凭证：

借：内部往来——B 机务段　　　　　　　　　　　　　1 000 000
　　贷：银行存款　　　　　　　　　　　　　　　　　　　　1 000 000

B 机务段会计部门收到转账支票办妥进账手续，根据进账单回单编制记账凭证：

借：银行存款　　　　　　　　　　　　　　　　　　　　2 000 000
　　贷：内部往来——A 铁路局　　　　　　　　　　　　　　2 000 000

【例 5-20】 向石油公司购入柴油 100 吨，每吨价格 5 000 元，计货款 500 000 元，运杂费 3 000 元。款项签发转账支票支付。柴油已分送 B 机务段和 C 机务段各 50 吨，已分别向 B 机务段和 C 机务段下转列账通知书和石油公司的账单与货票。

编制 A 铁路局的记账凭证：

借：内部往来——B 机务段　　　　　　　　　　　　　　251 500
　　内部往来——C 机务段　　　　　　　　　　　　　　251 500
　　贷：银行存款　　　　　　　　　　　　　　　　　　　　503 000

B 机务段会计部门收到列账通知书和石油公司的账单与货票时，作会计分录：

借：物资采购　　　　　　　　　　　　　　　　　　　　251 500
　　贷：内部往来——A 铁路局　　　　　　　　　　　　　　251 500

C 机务段会计部门收到列账通知书和石油公司的账单与货票时，作会计分录：

借：物资采购　　　　　　　　　　　　　　　　　　　　251 500
　　贷：内部往来——A 铁路局　　　　　　　　　　　　　　251 500

二、专用资产核算

（一）铁路运输企业专用材料

铁路运输企业专用料包括一般互换配件、线上料、备用轨料、旧轨料。

1. 一般互换配件

互换配件是指铁路运输企业修理机车车辆等运输生产设备时，为缩短修理停时、提高检修效率和质量而事先储备的价值较高、使用期限较长且可反复修理和互换使用的配件，主要包括机车、车辆互换配件和其他互换配件等。

铁路运输企业的互换配件按照价值的大小分为高价互换配件和一般互换配件。高价互换配件按固定资产管理。一般互换配件，购入时作为原材料核算，其核算比照企业一般材料核算方法。生产领用时，一次性列入当期损益，借记"主营业务成本"科目，贷记"原材料——库存一般互换配件"科目。

2. 线上料

线上料是指铁路线路上的建筑材料，包括钢轨、连接零件、轨枕、道岔等。线上料是工务段和大修段进行线路维修和大、中修的专用材料。

线上料的核算比照企业一般材料核算方法,使用"物资采购"、"原材料——线上料"等科目。按照购进方式分为直供、厂供、自购。

①直供。采用直供方式,工务段收到上级转来的通知书和所附账单发票与运输凭证等,借记"物资采购"科目,贷记"内部往来——上级单位"科目。收到直供线上料后,借记"原材料——线上料"科目,贷记"物资采购"科目。工务段支付的取送车费、装卸费等,列入采购成本,借记"物资采购"科目,贷记"银行存款"等科目。领用线上料,借记"主营业务成本"科目,贷记"原材料——线上料"科目。

②厂供。采用厂供方式,工务段对厂发线上料的请领和核算与一般原材料核算相同。

③自购。采用自购方式,购入后直接运往沿线,全额列入成本费用支出,借记"主营业务成本"等科目,贷记"应付账款"等科目。月末,应对线路上未用的材料进行盘点,并办理"假退料"手续,借记"原材料——线上料",贷记"主营业务成本",下月初用红字作同样分录,予以冲回。

3. 备用轨料

备用轨料是指铁路沿线每公里常备轨料、维修周转用轨料和事故抢修备用轨料,铁路设置备用轨料是为了解决铁路线路点多线长给维修或突发事件带来的困难。备用轨料实际上就是企业储备料,只是与其他储备料相比存放的地点和数量有专门规定而已。因此,备用轨料应作为库存原材料管理核算。为了加强备用轨料的管理,确保备用轨料的数量与质量,备用轨料管理部门要建立健全管理卡,对备用轨料进行动态管理,动用后应及时补充。

线路修理动用备用轨料时,借记"主营业务成本"科目,贷记"原材料——线上料——备用轨料"科目。如果备用轨料数量不足,有两种补充方式:一是用新轨补充;二是用旧轨补充。用新轨补充时,借记"原材料——线上料——备用轨料",贷记"原材料——线上料"。用旧轨料补充时,借记"原材料——线上料——备用轨料",贷记"原材料——旧轨料"。

对于新线建设移交的备用轨料,应按流动资产移交,而不应按固定资产移交,接受单位接收备用轨料按计划价作为原材料入账,而不应作固定资产入账。收到备用轨料时,按计划价借记"原材料——线上料——备用轨料",贷记"上级拨入投资"。

4. 旧轨料

旧轨料是指线路维修、大中修时从线路上拆下来的经过整修后仍可继续使用的线上料,包括旧的钢轨、道岔及配件等。旧轨料按存货管理和核算。铁路运输企业应在"原材料"科目下设置"旧轨料"明细科目,用以核算旧轨料的收发、结存情况,并应制定统一的旧轨料回收价格,作为点收时确定入账价值的依据。旧轨料一般均需整修才能使用,所发生的整修费用列入当期成本费用。

线路维修、大中修等拆下的旧轨料,经整修后仍可继续使用的,根据点收记录的数量和统一的回收价格,借记"原材料——旧轨料"科目,贷记"主营业务成本"科目;不能使用的,根据点收记录确认的数量和残料价格,借记"原材料———般材料"科目,贷记"主营业务成本"等科目。点收更改工程更换下来的旧轨料,按统一的回收价值,借记"原材料——旧轨料"科目,贷记"在建工程"科目。

旧轨料整修时所发生的收集、拆卸、整理和运输等整修费用,借记"主营业务成本"科目,贷记"银行存款"等科目。

生产领用旧轨料,按账面价值,借记"主营业务成本"等科目,贷记"原材料——旧轨料"科目。出售旧轨料,按售价借记"银行存款"等科目,贷记"其他业务收入"科目;按账面价值借记"其他业务支出"科目,贷记"原材料——旧轨料"科目。

(三) 铁路运输企业专用固定资产

1. 专用固定资产的内容

固定资产是指单位价值较高,使用期限超过1年,为生产商品、提供劳务、出租或经营管理持有的有形资产。铁路运输企业专用固定资产包括:机车车辆(其中机车有蒸汽机车、内燃机车、电力机车,车辆有客车和货车)、集装箱、线路(其中有路基、道口、桥梁、隧道、涵渠、防护林、线路隔离网、钢轨、轨枕、道砟)、信号设备、高价互换配件。

铁路运输企业所属的机构和部门多,专用固定资产配备复杂,有些专用固定资产流动性大,如全路行驶的货车和集装箱。为了便于对铁路运输企业专用固定资产的管理和核算,《铁路运输企业固定资产管理办法》对固定资产的列账单位的规定如下:

(1) 全路运用的货车(含机械保温车及铁道部直接购置分配给工务、电务、大修等单位使用的专用货车)、集装箱由铁道部有关部门列固定资产账;其他专用车辆由配属单位列固定资产账。

(2) 线路、桥隧、信号设备、接触网由维修单位列固定资产账。

(3) 单独计价的土地由使用单位列账,土地管理部门设立台账或备查簿进行登记。

(4) 人防设施产权属于铁路系统的,由人防设施的管理单位列固定资产账。

(5) 经营性租出、租入的固定资产列账单位不变,租出、租入单位为加强固定资产管理,应设立备查簿进行登记。

上述以外的固定资产,其列账由铁路局自定。

2. 专用固定资产的科目设置

企业设置"固定资产"科目核算企业固定资产的原价。企业应制定高价互换配件目录,列明各种高价互换配件的类别、名称、规格、单价和预计使用年限等,作为高价互换配件核算的标准和依据。高价互换配件目录一经确定,不得随意变更。本科目设置以下明细科目:机车车辆、集装箱、线路、信号设备、房屋、建筑物、机械动力设备、运输起重设备、传导设备、电气化供电设备、仪器仪表、工具及器具、信息技术设备、高价互换配件、土地、其他。

3. "固定资产"科目的核算方法

铁路运输企业专用固定资产的购置、新增、补充等会计核算与一般企业固定资产增加的核算相同。

(1) 企业高价互换配件按类别进行明细核算,原则上不计提减值准备。如果确因技术进步等原因造成该类高价互换配件已无使用价值和转让价值,应当按照该类高价互换配件的账面价值计提固定资产减值准备。由于设备转型等原因造成该类高价互换配件已无使用价值和转让价值，应将其账面价值计入当期损益。

（2）国家铁路运输企业间无偿划转固定资产，划出单位按固定资产账面价值借记"上级拨入投资"科目，按已提折旧借记"累计折旧"科目，按已计提的减值准备借记"固定资产减值准备"科目，按固定资产原价贷记本科目，所发生的拆卸费、运输费等相关费用计入当期损益。划入单位按划出单位的账面价值和本单位发生的拆卸费、运输费、安装费等相关费用作为划入固定资产的入账价值，借记本科目或"在建工程"科目，贷记"上级拨入投资"等科目。

（3）基本建设项目移交固定资产的核算。建设项目竣工后，由建设单位向接管企业提供估价资料，企业根据资产分布情况将估价资料转至资产列账单位。列账单位将资产按估价入账，借记本科目，贷记"上级拨入投资"和"实收资本"等科目。建设项目正式验收后，交接双方应根据项目竣工决算办理资产交接手续，资产接管单位按实际价值调整已估价入账资产的价值、已计提的折旧和上级拨入投资额等。

按《国有建设单位会计制度》核算的铁路基本建设业务，在形成资产经过正式验收并交付企业时，企业应分别按不同的具体资产项目和对应的权益或负债纳入会计核算。

【例5-21】A机务段3月发生如下高价互换配件业务。

4日，经鉴定须报废3个机车轮对，按照先进先出法计算，本次报废的机车轮对的原始价值为90 000元，已计提折旧78 000元，作会计分录：

借：累计折旧　　　　　　　　　　　　　　　　　　　　　　78 000
　　管理费用　　　　　　　　　　　　　　　　　　　　　　12 000
　　贷：固定资产——高价互换配件　　　　　　　　　　　　　　90 000

12日，架修车间修理高价互换配件领用材料3 500元，作会计分录：

借：主营业务成本　　　　　　　　　　　　　　　　　　　　3 500
　　贷：原材料———般材料　　　　　　　　　　　　　　　　3 500

30日，计提高价互换配件折旧共计48 750元，作会计分录：

借：主营业务成本　　　　　　　　　　　　　　　　　　　　48 750
　　贷：累计折旧　　　　　　　　　　　　　　　　　　　　　48 750

三、运输收入进款的核算

（一）铁路运输企业收入核算的内容

铁路运输收入，是指铁路运输企业在办理客货运输业务和辅助作业中，向旅客、托运人、收货人核收的票款、运费、杂费等运输费用的总称。运输收入按运送对象不同，分为：货物运输收入、旅客票价收入、行李运输收入、包裹运输收入、邮运费收入、客货运输服务收入、保价收入、其他收入。

铁路运输企业在办理客货运输业务时，必须使用铁道部规定的铁路客货运输票据核收运输费用。使用计算机制票的，必须使用铁道部统一制、售票软件计算运输费用。应在铁路站线各个点上集中后，按规定手续通过银行向铁路分局、铁路局上缴，最后由铁道部集中后,重新分配使用。

(二) 运输进款的存汇

铁路运输企业和所属客货营业单位应在当地银行开立运输收入存款专户。当地无银行或未在当地银行开户的车站,应按上级收入管理部门规定日期和指定的列车将运输收入进款寄送至代缴站办理存汇或由收入管理部门派专车取送。各级运输收入存款专户均应建立"运输收入进款银行日记账"。车站必须按月将银行对账单报收入管理部门审核。

运输收入进款必须坚持专户管理的原则,专户内不办理运输收入范围以外的其他收付款业务。站、段的运输收入进款必须在收款次日12点前送存银行,并按规定日期上缴上级收入管理部门。各级运输收入会计核算单位应按上级规定办法办理运输收入资金的缴拨。

各级运输进款专户的存款利息收入应在银行结息的当月列账,铁路运输企业和专业运输公司应按国务院铁路主管部门规定,根据每季度运输进款专户结息期内铁路建设基金占全部运输进款的比例,计算应缴铁路建设基金银行存款利息,全额报缴;其他存款利息由铁路运输企业和专业运输公司冲减财务费用。存汇款单据、汇款手续费的费用支出由决算单位列财务费用。

(三) 运输进款结账与报账

车站、列车运输进款应遵守先交款后结账的原则,按日进行结账,当月进款应在当月列账。实行电子计算机售票和制票的车站、列车,直接收款人员必须在办理交款手续后方可打印结账报表。货运结账时间为18点,客运结账时间为24点前,客列车结账时间为本次乘务工作终了。

现金交接必须当面清点,不准以支票套取现金。结账时发生多出款,应在当日列账上缴,严禁保留账外现金。短少款由责任者当时赔补,不准以运输进款或找零款顶数滚欠。

车站必须按日登记"运输进款收支报告",做到收支正确,账款相符。运输进款收支报告、各种票据、收付款凭证及有关收入报表按规定日期分别向上级收入管理部门报账。

列车长每次值乘终了应正确编报"车内补票移交报告",在退乘当日连同票据存根页、报告页和缴款收据一并送交本单位收入管理部门。

(四) 运输收入进款的核算

1. 设置会计科目

"运输进款结算"科目,核算铁路运输企业办理客货运输业务过程中向旅客、托运人或收货人等核收的全部款项及其结算。该科目贷方反映应收取的全部款项,借方反映已结算的款项。

"应交铁路建设基金"科目,核算应上交的铁路建设基金及利息。

"其他货币资金"科目下增设"在途货币资金"科目,分别按"车站银行存款"、"车站未存款"、"汇缴途中款"进行分项核算。与运输进款相关的债权债务项目,分别在相关的债权债务科目中进行明细核算。

"内部往来"科目中增设"应缴运输进款"和"运营财务部门"明细科目,反映对上应缴运输进款情况和下级欠缴运输进款情况,以及对本企业运营财务部门的资金往来情况。其中"应缴运输进款"明细科目分别按"客运进款"、"货运进款"、"路网进款"、"运输相关进款"、"保价进款"、"应缴铁路建设基金"等项目进行分项核算,本明细科目的贷方余额为欠缴运输进款；"运营财务部门"明细科目核算与运营财务部门的资金往来情况。

2. 收入进款的核算

收入进款应在铁路站线各个点集中后，按规定手续通过银行向铁路分局、铁路局上缴，最后由铁道部集中后，重新分配使用。

（1）站段运输收入进款核算。站段应配备专职的进款人员，负责进款的管理，每天按规定的结账时间当日结清运输收入进款，并于次日将进款全部送存银行。站段应设置"运输收入进款日记账"及"运输收入银行存款明细账"。

（2）铁路分局运输收入进款核算。

铁路分局收到车站汇缴的某日运输收入进款，作会计分录：

借：银行存款
　　贷：车站在途——汇缴途中款

分局上缴运输收入进款，作会计分录：

借：已缴运输收入进款——上缴运输进款
　　贷：银行存款

分局收到车站向旅客的行李保价费等，作会计分录：

借：银行存款
　　贷：应缴保价收入——行李保价收入

根据分局运输收入总表，分局应作如下会计分录：

借：运输进款
　　贷：应缴运输收入进款——客运收入
　　　　应缴运输收入进款——行包收入
　　　　应缴运输收入进款——邮运收入
　　　　应缴运输收入进款——货运收入
　　　　应缴运输收入进款——旅游车上浮票价

借：运输进款
　　贷：其他应收款——少缴款
　　　　其他应收款——保价赔款

借：运输进款
　　贷：应收账款——迟缴运杂费

借：运输进款
　　贷：应付运营款——运营临管线收入
　　　　应付运营款——路内装卸费

借：运输进款
　　贷：应缴保价收入——货物保价收入

借：应收账款——少收款
　　　应收账款——迟缴款
　　贷：运输进款

借：应收运营款——记账费用
　　　应收运营款——其他
　　贷：运输进款
借：应缴运输收入
　　　其他应付款——多收款
　　　车站在途——未存款
　　贷：运输进款

年终，分局将"已缴运输进款"科目余额、"应缴运输收入"科目余额，转入"欠交上级运输进款"，并作如下会计分录：

借：应缴运输收入
　　贷：欠缴上级运输进款
借：欠缴上级运输进款
　　贷：已缴运输进款

（3）铁路局运输收入进款核算。

铁路局收到分局汇缴运输收入进款，应作如下会计分录：
借：银行存款
　　贷：其他货币资金——分局汇缴途中款——某分局

收到后付单位邮运运费，应作如下会计分录：
借：银行存款
　　贷：应收账款——应收邮运运费

根据铁路分局应缴运输收入进款和已缴运输收入进款表，分局应作如下会计分录：
借：下级欠缴运输进款（甲铁路分局）
　　贷：应缴运输收入——旅客票价收入
　　　　应缴运输收入——货物运费收入
　　　　应缴运输收入——行李运费收入
　　　　应缴运输收入——其他收入
　　　　应缴运输收入——客货运输服务收入
借：下级欠缴运输进款（乙铁路分局）
　　贷：应缴运输收入——旅客票价收入
　　　　应缴运输收入——货物运费收入
　　　　应缴运输收入——行李运费收入
　　　　应缴运输收入——其他收入
　　　　应缴运输收入——客货运输服务收入
借：其他货币资金——分局汇缴途中款——甲铁路分局
　　　其他货币资金——分局汇缴途中款——乙铁路分局
　　贷：下级欠缴运输进款——甲铁路分局
　　　　下级欠缴运输进款——乙铁路分局

另外，铁路局自身应根据运输收入进款收支总表进行运输进款核算，年终结转"应缴运输收入"与"已缴运输进款"余额，其核算方法与铁路分局类似。

四、成本费用核算

铁路运输企业的产品——旅客和货物运输不具有实物形态，生产过程的结束同时也是销售过程的结束，因此铁路运输企业的成本计算有别于一般工业企业，不存在成本在产成品与在产品之间分摊，本期发生的成本费用，就是销售产品的成本费用。

（一）铁路运输企业运输成本核算的一般程序

（1）将本期发生的营运生产费用，按用途归集在相关成本、费用账户；

（2）将待摊费用、预提费用记入相关成本、费用账户；

（3）期末，结转营运成本。

铁路运输成本，分为经常性成本和非经常性成本两种。

经常性成本是定期进行的成本计算。应分别计算客运成本和货运成本：计算客运成本和货运成本的关键是把运输支出总额划分为客运支出额和货运支出额两部分。划分的原则是：(1) 凡是直接与客运有关的支出，以及属于客运专用固定资产的折旧费和维修费全部划入客运支出总额内；(2) 凡是直接与货运有关的支出，以及属于货运专用固定资产的折旧费和维修费全部划入货运支出总额内；(3) 凡是客货运输混合支出，以及客货运输共用的固定资产的折旧费、维修费和管理费等，分别用客货列车公里、客货机车总走行公里、客货机车总重吨公里等统计指标中所包含的客、货工作量比例和客货生产人员工资比例、客货运生产费比例等进行划分。

非经常性成本计算是为解决某些特定的任务而进行的成本计算，如为制定运价，就要计算煤炭、焦炭、钢铁、石油、粮食等各类货物在不同运输距离上的运输成本；为评价合理运输方案而计算区段别的运输成本等。非经常性成本计算通常是采用支出率法来计算。支出率法是根据在运输过程中消耗的运营指标数和该指标的支出费率来计算并分析运输成本的一种方法。这种方法还可以用来预测运营指标变动对运输成本的影响程度。

（二）铁路运输成本的核算

铁路运输企业的主营业务成本的总分类核算就其账务处理而言是比较简单的。铁路运输企业的主营业务成本设旅客运输成本、货物运输成本、行包运输成本、基础设施成本、其他成本等明细科目。

（1）运输生产领用材料、燃料、低值易耗品，应作如下会计分录：

借：主营业务成本

　　贷：材料、低值易耗品等

（2）分配生产人员工资，应作如下会计分录：

借：主营业务成本

　　贷：应付职工薪酬

（3）支付生产用水、用电等其他费用，应作如下会计分录：

借：主营业务成本

　　贷：银行存款

（4）按规定计提固定资产折旧费，应作如下会计分录：

借：主营业务成本
　　贷：累计折旧
（5）本月结转营运成本，应作如下会计分录：
借：本年利润
　　贷：主营业务成本

课 后 练 习

一、单项选择题

1. 满油箱制和盘存制是（　　）管理的两种方法。
   A. 车耗燃料　　　B. 车存燃料　　　C. 库存燃料　　　D. 发出燃料
2. 汽车运输企业领用新轮胎，若金额不大，可一次性计入（　　）。
   A. 车耗燃料　　　B. 车存燃料　　　C. 库存燃料　　　D. 发出燃料
3. 下列项目不在"材料"科目中核算的是（　　）。
   A. 燃料　　　　　B. 内胎　　　　　C. 垫带　　　　　D. 修理用备件
4. 交通运输企业的期间费用包括两项：管理费用和（　　）。
   A. 销售费用　　　B. 利息费用　　　C. 营业费用　　　D. 财务费用
5. 运输成本由四部分组成：直接材料、直接人工、其他直接费用和（　　）。
   A. 制造费用　　　B. 折旧费　　　　C. 营运间接费用　D. 其他间接费用
6. 汽车运输企业的装卸业务的全部费用应计入（　　）账户。
   A. 运输支出　　　B. 堆存支出　　　C. 装卸支出　　　D. 其他业务成本
7. 营运车辆的维修费用应先记入（　　）科目再进行归集和分配。
   A. 营运间接费用　B. 辅助营运费用　C. 运输支出　　　D. 修理费用
8. 交通运输企业的营运间接费用相当于制造业的（　　）。
   A. 管理费用　　　B. 制造费用　　　C. 营业费用　　　D. 生产成本
9. 交通运输企业的收入主要由营业收入、（　　）等组成。
   A. 营业外收入　　B. 其他业务收入　C. 投资收益　　　D. 装卸收入
10. 下列项目不属于内部往来核算内容的是（　　）。
    A. 运输进款　　　B. 运输收入结算　C. 上交税金　　　D. 款项拨付

二、多项选择题

1. 轮胎领用发出时，其核算方法有（　　）。
   A. 一次摊销法　　　　　　　　　　B. 五五摊销法
   C. 按行驶里程摊销法　　　　　　　D. 分次平均摊销法
2. 交通运输企业成本构成内容包括（　　）。
   A. 轮胎成本的摊销　　　　　　　　B. 车队、车站经费
   C. 保险费库存燃料　　　　　　　　D. 运输公司管理支出
3. 交通运输企业的主营业务收入包括（　　）。
   A. 运输收入　　　B. 装卸收入　　　C. 堆存收入　　　D. 港务管理费

4. 交通运输企业的"营运间接费用"科目核算的内容包括（　　）。
　　A. 车站水电费　　　　　　　　B. 车站折旧费
　　C. 修理车间维修人员工资　　　D. 职工班车燃料费
5. 交通运输企业存货，按其在生产中发挥的作用不同，可分为（　　）。
　　A. 燃料　　　B. 低值易耗品　　　C. 材料　　　D. 轮胎
6. 交通运输企业维修车间发生的下列支出在辅助营运费用核算的是（　　）。
　　A. 修理车间管理人员工资　　　B. 领用的材料
　　C. 设备的折旧费　　　　　　　D. 维修工人工资
7. 铁路运输企业专用料包括（　　）。
　　A. 般互换配件　　B. 线上料　　C. 备用轨料　　D. 旧轨料
8. 按照《铁路运输企业固定资产管理办法》，下列各项中应由维修单位列固定资产账的是（　　）。
　　A. 线路　　　　　　　　　　　B. 通信信号设备
　　C. 房屋　　　　　　　　　　　D. 机车车辆的备用轮对

三、业务题

1. 某运输企业燃料采用满油箱制管理方法，当月客车领用汽油累计价值20 000元，货车领用累计80 000元。当月的燃料成本差异率为–1%。编制相应会计分录。

2. 某汽车运输公司领用新轮胎，计划成本10 000元，成本差异率1%，本月报废轮胎残值1 600元，验收入库，经计算报废轮胎亏驶里程应补提运输费用2 000元。编制相应会计分录。

3. 某汽车运输公司设有货车队、客车队、装卸队、货运仓库、汽车保养场，油耗实行满油箱制，轮胎外胎采用分次摊销法。8月下旬发生如下业务，据以编制记账凭证。

（1）21日，收到货车队、客车队、装卸队、货运仓库"营业收入日报表"各1张、银行进账单各1张，计列货运收入20 000元，客运收入30 000元，装卸收入5 000元，货主货物仓储收入3 000元，全部存入银行。

（2）21日，货车队领用轮胎外胎12个，每个成本380元；客车队领用轮胎外胎10个，每个成本390元。

（3）22日，以银行存款支付车站公共费用2 000元。

（4）24日，计提本月固定资产折旧50 000元，其中货车折旧费18 000元，客车折旧费20 000元，货运仓库折旧3 000元，装卸设备折旧费1 000元，汽车保养场折旧费1 200元，公司办公大楼折旧费6 800元。

（5）25日，分配本月工资210 000元，其中货车队人员工资54 500元，客车队人员工资55 000元，装卸队人员工资15 000元，货运仓库人员工资20 000元，汽车保养场人员工资16 000元，公司管理人员工资49 500元。

（6）30日，按行驶里程计算，本月货车应摊销轮胎费用3 200元，客车应摊销轮胎费用3 000元。

（7）31日，收到业务部门报来材料领用汇总表，本月货车队领用汽油50 000公升，每公升6元；客车队领用汽油46 000公升，每公升6元。

（8）31日，"营运间接费用"科目本月累计发生费用30 000元，货车队应分配12 000元，客车队应分配10 600元，装卸队应分配2 000元，汽车保养场应分配2 000元，货运仓库应分配3 400元。

（9）31日，"辅助营运费用"科目本月累计发生费用50 000元，货车队应分配22 000元，客车队应分配21 000元，装卸队应分配3 000元，货运仓库应分配4 000元。

4. 某工务段8月发生如下有关备用轨和旧轨料经济业务，据以编制记账凭证。

（1）1日，线路维修动用常备钢轨10根，每根8 500元。

（2）3日，维修线路拆下旧轨10根，有4根经过整修后仍可继续使用，每根回收价格3 500元；6根为废轨，其残料价格每根800元。

（3）5日，用8根新轨料和2根旧轨料补充动用的备用轨料，新轨料每根9 000元，旧轨料每根5 500元。

（4）15日，维修线路领用旧轨6根，每根5 500元。

（5）30日，整修车间整修旧轨料本月发生人工费用4 800元，领用材料5 200元。出售旧轨20根，每根账面价值800元，每根售价1 000元，款项收存银行。

学习情境六

房地产企业会计核算

任务描述
掌握房地产企业主要业务的会计核算方法。

能力目标
1. 能够对房地产企业的开发成本进行正确的确认和核算;
2. 能够对房地产企业开发产品的销售、出租及周转房进行正确的确认和核算;
3. 能够对房地产企业的营业收入进行正确的确认和核算。

知识目标
1. 掌握房地产企业主要经营活动和会计核算的特点;
2. 掌握房地产企业开发成本的内容。

任务一 走进房地产企业

一、房地产企业及其主要经营活动

房地产企业,是指从事房地产开发、经营、管理和服务活动,并以营利为目的进行自主经营、独立核算的经济组织,其生产经营的范围包括规划设计、土地开发、工程施工、经营销售直到物业管理等各个方面。

房地产企业的类型可以从两个角度进行划分:

(1) 按照经营内容和经营方式的不同,房地产企业可以分为房地产开发企业、房地产中介服务企业和物业管理企业等。房地产开发企业是以营利为目的,从事房地产开发和经营的企业。主要业务范围包括城镇土地开发、房屋营造、基础设施建设,以及房地产营销等经营活动。这类企业又称为房地产开发经营企业。房地产中介服务企业包括房地产咨询企业、房地产价格评估企业、房地产经纪企业等。物业管理企业指以住宅小区、商业楼宇等大型物业管理为核心的经营服务型企业。这类企业的业务范围包括售后或租赁物业的维修保养、住宅小区的清洁绿化、治安保卫、房屋租赁、居室装修、商业服务、搬家服务,以及其他经营服务等。

(2) 按照经营范围的不同,房地产企业可以分为房地产综合企业、房地产专营企业和房地产项目企业。房地产综合企业是指综合从事房地产开发、经营、管理和服务的企业。房地产专营企业是指长期专门从事如房地产开发、租售、中介服务,以及物业管理等某一方面经营业务的企业。房地产项目企业是指针对某一特定房地产开发项目而设立的企业。许多合资经营和合作经营的房地产开发公司即属于这种类型。项目企业是在项目可行并确立的基础上设立的，其生命期从项目开始，当项目结束时企业终了，这种组织形式便于进行经营核算，是房地产开发企业常用的一种形式。

房地产企业的经营活动主要有：

(1) 土地的开发与经营。土地开发是将土地平整，及进行相应设施配套，使土地成为符合建设要求的开发产品。企业将有偿获得的土地开发完成后，既可有偿转让给其他单位使用，也可自行组织建造房屋和其他设施，然后作为商品作价出售，还可以开展土地出租业务。

(2) 房屋的开发与经营。房屋的开发指房屋的建造。房屋的经营指房屋的销售与出租。企业可以在开发完成的土地上继续开发房屋，开发完成后，可作为商品作价出售或出租。企业开发的房屋，按用途可分为商品房、出租房、周转房、安置房和代建房等。

(3) 配套设施的开发。房地产企业开发的配套设施，可以分为以下两类：一类是开发小区的不能有偿转让的公共配套设施，如水塔、锅炉房、居民委、派出所、消防、自行车车棚等设施；另一类是能有偿转让的搭配套设施，如商店、银行、邮局等设施。

(4) 代建工程的开发。代建工程的开发是企业接受政府和其他单位委托，代为开发的工程。

房地产企业所进行的开发项目，既可以自行组建施工队伍进行自营开发施工，也可以采用发包的形式发包给施工企业。

二、房地产企业会计核算的特征

房地产企业会计就是运用会计的基本原则和核算方法，以货币的形式，对房地产开发经营的全过程进行反映和监督。

房地产企业会计核算的对象是房地产项目，其特点在于：

(1) 开发经营的计划性。企业征用的土地、建设的房屋、基础设施以及其他设施都应严格控制在国家计划范围之内，按照规划、征地、设计、施工、配套、管理"六统一"原则和企业的建设计划、销售计划进行开发经营。

(2) 开发产品的商品性。房地产开发企业的产品全部作为商品进入市场，按照供需双方合同协议规定的价格或市场价格作价转让或销售。

(3) 开发经营业务的复杂性。所谓复杂性包括两个方面：

第一，经营业务内容复杂。企业除了土地和房屋开发外，还要建设相应的基础设施和公共配套设施。经营业务囊括了从征地、拆迁、勘察、设计、施工、销售到售后服务全过程。

第二，涉及面广，经济往来对象多。企业不仅因购销关系与设备、材料物资供应单位等发生经济往来，而且因工程的发包和招标与勘察设计单位、施工单位发生经济往来，还会因受托代建开发产品、出租开发产品等与委托单位和承租单位发生经济往来。

(4) 开发建设周期长，投资数额大。开发产品要从规划设计开始，经过可行性研究、征地拆迁、安置补偿、三通一平、建筑安装、配套工程、绿化环卫工程等几个开发阶段，少则一年，多则数年才能全部完成。另外，上述每一个开发阶段都需要投入大量资金，加上开发产品本身的造价很高，需要不断地投入大量的资金。

（5）经营风险大。开发产品单位价值高，建设周期长、负债经营程度高、不确定因素多，一旦决策失误，销路不畅，将造成大量开发产品积压，使企业资金周转不灵，导致企业陷入困境。

因此，房地产企业会计核算有如下特点：

其一，成本核算对象具有多样性，核算方法不同。

其二，产品成本的核算复杂。

其三，经营收入及其相关税金的核算不同。

其四，会计核算周期较长，因而在核算上要特别注意按照权责发生制原则和配比原则处理好各期损益的计算问题。

任务二　开发成本的核算

房地产的开发建设和经营，是房地产开发企业的基本经济行为。在开发经营的过程中，企业一方面要建成并且向社会提供可供使用的房屋、建设场地、基础设施以及配套设施，另一方面还要发生人、财、物等物化劳动和活劳动的耗费。企业在开发经营过程中发生的各种耗费，称为开发经营费用，而其中为某个特定开发项目所发生的各种费用，应该计入各开发项目的成本，称为开发成本。因此，房地产开发和经营企业的成本费用核算由开发经营费用的归集、分配、结转和开发项目成本计算两部分组成。它是房地产开发企业会计核算的中心环节。正确地进行成本费用核算，对于控制企业的各项费用支出，降低开发成本，提高经济效益，增强企业的市场竞争能力，有着重要的意义。

一、开发成本的内容

房地产企业要进行成本核算，必须合理地确定成本核算对象。所谓成本核算对象，即房地产开发企业在开发经营过程中，为归集和分配费用而确定的费用承担者。合理确定成本核算对象，是正确组织企业成本费用核算的重要条件。

房地产开发企业确定成本计算对象具有其特定的要求。因为开发企业按照国家城市总体建设规划，在特定的地点进行开发建设。土地是一种自然资源，每一块土地因其水文、地质条件不同，工程技术条件不同，用途不同，使土地开发过程及其费用开支有很大差异。对于房屋建设，由于城市规划对其层高、外形、结构等有多样要求，房屋的性能、用途各异，所以建筑产品不可能像工业产品那样，按照同一设计图纸大量复制，批量生产。由此可知，房地产开发企业不存在完全相同的开发过程，必须按照每块土地和每栋房屋单件地组织开发经营，其产品成本核算也必须按每一开发项目分别设置成本计算单，以各开发项目为对象，归集费用，计算成本。房地产开发企业的开发成本，按其开发项目种类可以分为以下四类：

（1）土地开发成本，是指房地产开发企业开发土地（即建设场地）所发生的各项费用支出。

（2）房屋开发成本，是指房地产开发企业开发各种房屋（包括商品房、出租房、周转房、代建房等）所发生的各项费用支出。

（3）配套设施开发成本，是指房地产开发企业根据城市建设规划的要求或项目建设设计规划的要求，为满足居住的需要而与开发项目配套建设各种服务性设施所发生的各项费用支出。

（4）代建工程开发成本，是指房地产开发企业接受有关单位的委托，代为开发建设的工程，或参加委托单位招标，经过投标中标后承建的开发项目所发生的各项费用支出。

《施工、房地产开发企业财务制度》规定，房地产开发企业的成本费用分为开发产品成本和期间费用两大类。针对房地产开发企业的生产经营特点和成本管理要求，以上四类开发产品成本又包括如下具体内容：

（1）土地征用及拆迁补偿费，是指房地产开发企业按照城市建设总体规划进行土地开发所发生的各项费用，包括土地征用费、耕地占用税、劳动力安置费及有关地上、地下附着物拆迁补偿的净支出（即扣除拆迁旧建筑物回收的残值）、安置动迁用房支出等。

（2）前期工程费，是指房地产开发项目前期工程所发生的各项费用，包括规划、设计、项目可行性研究、水文、地质、勘察、测绘、"三通一平"（即通水、通电、通道路和平整场地）等支出。

（3）建筑安装工程费，是指房地产开发项目在开发过程中发生的各项建筑安装费用，包括房地产开发企业以出包方式支付给承包单位的建筑安装工程费，以自营方式发生的列入开发项目工程施工预算的各项费用。

（4）基础设施费，是指房地产开发项目在开发过程中所发生的各项基础设施支出，包括开发小区内道路、供水、供电、供气、排污、排洪、通信、照明、环卫、绿化等工程支出。

（5）公共配套设施费，是指房地产开发项目内发生的、独立的、非营业性的（不能有偿转让）公共配套设施支出，包括居委会、派出所、幼儿园、消防设施、锅炉房、水塔、自行车棚、公共厕所等设施支出。

以上 5 项均为开发产品的直接费用。

（6）开发间接费用，是指房地产开发企业所属二级管理机构直接组织和管理开发项目所发生的费用，包括管理人员工资、职工福利费、折旧费、修理费、办公费、水电费、劳动保护费、周转房摊销等。

注意：房地产开发企业内部如未设二级管理机构，由公司直接组织、管理房地产开发项目所发生的开发间接费用列入管理费用，不设开发间接费用项目。

房地产开发企业的期间费用包括管理费用、财务费用和销售费用三部分。管理费用是指企业行政管理部门为管理和组织经营活动而发生的各项费用；财务费用是指企业为筹集资金而发生的各项费用；销售费用是指企业在销售产品或提供劳务等过程中发生的各项费用，以及专设销售机构的各项费用。其内容与核算均与工业企业无异，故在这里不再详述。

另外，需要注意的是，国家规定房地产开发企业的下列支出不得列入成本费用：（1）为购置和建造固定资产、无形资产和其他资产的支出；（2）对外投资的支出；（3）没收的财物，支付的滞纳金、罚款、违约金、赔偿金，以及企业赞助、捐赠支出；（4）国家法律、法规规定以外的各种付费；（5）国家规定不得列入成本费用的其他支出。

二、开发成本的核算

由前述内容可知，房地产企业的开发成本包括直接费用和间接费用两个部分，在进行会计核算时，也要分别核算。主要涉及以下三个账户：

（1）"开发成本"账户。该账户为成本类账户，核算企业在土地、房屋、配套设施和代建工程的开发过程中所发生的各项直接费用。其借方登记成本核算对象所发生的直接费用，其贷方登记结转开发项目的完工成本，期末借方余额反映在建开发项目的实际成本。本账户应按开发成本的种类，如"土地开发"、"房屋开发"、"配套设施开发"和"代建工程开发"设置明细账，并在明细账下，按成本核算对象和成本项目（如土地征用及拆迁补偿费、前期工程费、基础设施费、建筑工程安装费等）进行明细核算。

（2）"开发间接费用"账户。该账户为成本类账户，核算企业内部独立核算单位为开发产品而发生的各项间接费用。其借方登记当期开发过程中发生的各项间接费用，贷方登记期末分配结转的间接费用，结转后期末无余额。本账户应按企业内部不同的单位、部门（分公司）进行明细核算。

（3）"开发产品"账户。该账户为资产类账户，核算企业已完工开发产品的实际成本。其借方登记已竣工验收的开发产品的实际成本，贷方登记月末结转的已销售、转让或结算的开发产品的实际成本，期末余额为尚未销售、转让和结算的开发产品的实际成本。该账户应按企业开发产品的种类，如土地、房屋、配套设施和代建工程等设置明细账。

由于不同房地产开发项目的成本核算具有各自的特殊性，下面将按照开发项目种类介绍开发成本的核算。

（一）土地开发成本的核算

企业开发的土地，因其设计要求不同，开发的层次、程度和内容都不相同，有的只是进行场地的清理平整，如原有建筑物、障碍物的拆除和土地的平整；有的除了场地平整外，还要进行地下各种管线的铺设、地面道路的建设等。因此，就各个具体的土地开发项目来说，它的开发支出内容是不完全相同的。企业要根据所开发土地的具体情况和会计制度规定的成本项目，设置土地开发项目的成本项目。根据土地开发支出的一般情况，企业对土地开发成本的核算，可设置土地征用及拆迁补偿费、前期工程费、基础设施费等几个成本项目。

房地产开发企业开发的土地，按其用途可分为以下两种：一种是为了销售或有偿转让而开发的商品性建设场地；另一种是直接为本企业兴建商品房或其他经营性房屋而开发的自用建设场地。前者是企业的最终开发产品，而后者则是企业的中间开发产品。在进行成本核算时应区别对待。

1. 商品性建设场地

土地开发的直接费用，如土地征用及拆迁补偿费、前期工程费、基础设施费等，在费用发生时，根据有关凭证直接记入"开发成本——土地开发"账户的借方；发生的开发间接费用先记入"开发间接费用"账户的借方，期末按一定分配标准结转应由土地开发成本负担的开发间接费用，借记"开发成本——土地开发"账户，贷记"开发间接费用"

账户；结转开发完工的建设场地成本，借记"开发产品——土地"，贷记"开发成本——土地开发"。

2. 自用建设场地

企业开发自用建设场地，其直接费用和间接费用的核算原理同商品性建设场地，另外需注意的是如果其开发成本能够分清负担对象的，应直接计入有关房屋的开发成本，在"开发成本——房屋开发"账户的借方核算。如果企业开发的自用土地，分不清负担对象，或应由两个或两个以上成本核算对象负担的，其费用先通过"开发成本——土地开发"账户的借方进行归集，待土地开发完成投入使用时，再按一定的标准（如房屋占地面积或房屋建筑面积等）将其分配计入有关房屋开发成本，即借记"开发成本——房屋开发"，贷记"开发成本——土地开发"。

【例6-1】某房地产企业开发土地6 000平方米，已用银行存款支付征地拆迁费2 000 000元，并结算应付承包设计单位前期工程费100 000元。根据有关凭证，作如下会计处理：

借：开发成本——土地开发　　　　　　　　　　　　　　　　　　　2 100 000
　　贷：银行存款　　　　　　　　　　　　　　　　　　　　　　　　2 000 000
　　　　应付账款　　　　　　　　　　　　　　　　　　　　　　　　　100 000

【例6-2】承【例6-1】，期末分配结转开发间接费用，该项目应负担80 000元，作如下会计处理：

借：开发成本——土地开发　　　　　　　　　　　　　　　　　　　　80 000
　　贷：开发间接费用　　　　　　　　　　　　　　　　　　　　　　　80 000

【例6-3】承【例6-2】，土地开发工程完工并验收合格，该房地产公司准备将开发土地的30%作为商品性建设用地对外销售，70%留作商品房开发用地。结转其成本，作如下会计处理：

计算各成本核算对象应分摊的土地开发成本：

土地开发总成本=2 000 000+100 000+80 000=2 180 000（元）

对外销售土地应分摊额=2 180 000×30%=654 000（元）

自用土地应分摊额=2 180 000×70%=1 526 000（元）

结转土地开发成本：

借：开发产品——土地　　　　　　　　　　　　　　　　　　　　　　654 000
　　开发成本——房屋开发　　　　　　　　　　　　　　　　　　　1 526 000
　　贷：开发成本——土地开发　　　　　　　　　　　　　　　　　2 180 000

（二）配套设施开发成本的核算

配套设施开发成本是指房地产开发企业开发能有偿转让的配套设施及不能有偿转让、不能直接计入开发产品成本的公共配套设施所发生的各项费用支出。

房地产开发企业开发的配套设施，可以分为以下两类：一类是开发小区内开发的不能有偿转让的公共配套设施，如派出所、居委会、幼儿园、消防设施、锅炉房、水塔、自行车棚、公厕等；另一类是能有偿转让的城市规划中规定的大配套设施项目，包括：

（1）开发小区内营业性公共配套设施，如商店、银行、邮局等；

（2）开发小区内非营业性配套设施，如中小学、文化站、医院等；

（3）开发项目外为居民服务的给排水、供电、供气的增容增压设施及交通道路等。这类配套设施如果没有投资来源，不能有偿转让，也将它归入第一类中，计入房屋开发成本。

按照现行财务制度规定，城市建设规划中的大型配套设施项目，不得计入商品房成本；不能有偿转让的大配套设施发生的支出可以计入开发产品成本。

为了正确核算和反映企业开发建设中各种配套设施所发生的支出，并准确地计算房屋开发成本和各种大配套设施的开发成本，对配套设施支出的归集，可分为如下三种：

（1）对能分清并直接计入某个成本核算对象的第一类配套设施支出，可直接计入有关房屋等开发成本，并在"开发成本——房屋开发"账户中归集其发生的支出。

（2）对不能直接计入有关房屋开发成本的第一类配套设施支出，即开发小区内开发的不能有偿转让，应计入开发项目成本，由于不能同受益开发项目同步建设或虽可同步建设，但有两个或两个以上受益对象的公共配套设施工程，应先在"开发成本——配套设施开发"账户进行归集，于开发完成后再按一定标准分配计入有关房屋等开发成本。

（3）对能有偿转让的第二类大配套设施支出，应在"开发成本——配套设施开发"账户进行归集。

由上可知，在配套设施开发成本中核算的配套设施支出，包括两个部分：一是不能直接计入有关房屋等成本核算对象的第一类配套设施支出；二是能有偿转让的公共配套设施支出。

企业发生的各项配套设施支出，应在"开发成本——配套设施开发"账户进行核算，并按成本核算对象和成本项目进行明细分类核算。对发生的土地征用及拆迁补偿费或批租地价、前期工程费、基础设施费、建筑安装工程费等支出，借记"开发成本——配套设施开发"账户，贷记"银行存款"、"应付账款——应付工程款"等账户；对能有偿转让大配套设施分配的开发间接费用，借记"开发成本——配套设施开发"账户，贷记"开发间接费用"账户；开发完工后，第一部分配套设施工程的开发成本，应按一定标准进行分配结转，借记"开发成本——房屋开发"账户，贷记"开发成本——配套设施开发"账户；第二部分配套设施工程的开发成本，应转入开发产品，借记"开发产品——配套设施"账户，贷记"开发成本——配套设施开发"账户。期末，"开发成本——配套设施开发"账户的余额，表示正在开发的配套设施的成本。

【例6-4】某房地产企业开发建设小区配套的商店和自行车棚，以银行存款支付征地拆迁费和前期工程款 200 000 元，作如下会计处理：

借：开发成本——配套设施开发　　　　　　　　　　　　　　　　200 000
　　贷：银行存款　　　　　　　　　　　　　　　　　　　　　　　　200 000

（三）房屋开发成本的核算

房屋的开发是房地产开发企业的主要经济业务。开发企业开发的房屋，按其用途可分为以下几类：一是为销售而开发的商品房；二是为出租经营而开发的出租房；三是为安置被拆迁居民周转使用而开发的周转房；四是受其他单位的委托，代为开发的如职工住宅等代建房。这些房屋，虽然用途不同，但其所发生的开发费用的性质和内容大体相同，在成本核算上采用相同的方法，其开发成本均在"开发成本——房屋开发"账户中核算。为了既能总括反映房屋开发所发生的支出，又能分门别类地反映企业各类房屋的开发支出，并便于计算开发成本，在会计上除设置"开发成本——房屋开发成本"账户外，还应按开发房屋的性质和用途，分别设置商品房、出租房、周转房、代建房等三级账户，并按各成本核算对象和成本项目进行明细分类核算。

企业在开发房屋的过程中发生的土地征用及拆迁补偿费、前期工程费、基础设施费，能分清成本核算对象的，应直接计入该房屋成本核算对象的"土地征用及拆迁补偿费"、"前期工程费"、"基础设施费"成本项目。如果费用发生时分不清成本核算对象，或应由两个或两个以上成本核算对象负担的，应先通过"开发成本——土地开发"账户进行归集，待土地开发完成用于房屋建设时，再采用一定的方法分配结转记入"开发成本——房屋开发"账户。

房屋开发过程中进行的建筑安装工程，有的采用出包方式，有的采用自营方式。应根据工程的不同施工方式，采用不同的核算方法。采用出包方式进行建筑安装工程施工的房屋开发项目，其建筑安装工程支出，应根据承包企业提出的"工程价款结算单"所列工程价款，结算出包工程款，直接计入有关房屋开发成本核算对象的"建筑安装工程费"成本项目，即借记"开发成本——房屋开发成本"账户，贷记"应付账款——应付工程款"等账户。采用自营方式进行建筑安装工程施工的房屋开发项目，其发生的各项建筑安装工程支出，一般可直接计入有关房屋开发成本核算对象的"建筑安装工程费"成本项目，即借记"开发成本——房屋开发成本"账户，贷记"库存材料"、"应付工资"、"银行存款"等账户。如果开发企业自行施工大型建筑安装工程，可以设置"工程施工"、"施工间接费用"等账户，用来核算和归集各项建筑安装工程支出，月末将其实际成本转入"开发成本——房屋开发成本"账户，并计入有关房屋开发成本核算对象的"建筑安装工程费"成本项目。

房屋开发成本中的配套设施费用，是指不能有偿转让的开发小区内公共配套设施发生的支出。在前述配套设施的成本核算中有涉及。根据其配套设施开发的不同情况，其具体会计处理会有所差异：

（1）若配套设施与商品房同步建设，发生的公共配套设施费能分清受益对象的，直接计入房屋开发成本的"公共配套设施费"成本项目；如果发生的配套设施费不能分清受益对象，由两个或两个以上受益对象负担，则应先在"开发成本——配套设施开发"账户的借方归集，待公共配套设施竣工时，在从其贷方分配结转记入"开发成本——房屋开发"账户的借方。

（2）若公共配套设施与商品房非同步建设，即先开发房屋，后建配套设施，或房屋已开发等待出售，而配套设施尚未全部完成，为及时结算完工商品房的开发成本，对应负担的配套设施费，按规定报批后可采取预提的办法，即根据配套设施的预算成本（或计划成本）和采用的分配标准，计算完工房屋应负担的配套设施支出，计入有关房屋开发成本核算对象的"配套设施费"成本项目，即借记"开发成本——房屋开发"账户，贷记"预提费用"账户。待公共配套设施完工后，按配套设施工程的实际支出数，冲销已预提的配套设施费，并调整有关成本核算对象的成本。

房屋开发项目应负担的开发间接费用，应先通过"开发间接费用"账户进行归集，期末，按一定标准分配计入房屋开发的成本，即借记"开发成本——房屋开发成本"账户，贷记"开发间接费用"账户。

结转开发完工商品房等开发产品成本，借记"开发产品——房屋"账户，贷记"开发成本——房屋开发"。期末，"开发成本——房屋开发"账户的余额，表示正在开发的房屋的成本。

【例6-5】某房地产企业将开发小区中的一栋商品房工程出包给某建筑公司。工程已完工，用银行存款支付工程款12 000 000元，作如下会计处理：

  借：开发成本——房屋开发   12 000 000
    贷：银行存款   12 000 000

【例6-6】承【例6-5】，该小区的公共配套设施工程尚未开工建设，为及时结转已完工程实际成本，经批准预提配套设施费800 000元，作如下会计处理：

  借：开发成本——房屋开发   800 000
    贷：预提费用   800 000

【例6-7】承【例6-6】，期末分配结转应有该商品房开发工程应负担的开发间接费用90 000元，作如下会计处理：

  借：开发成本——房屋开发   90 000
    贷：开发间接费用   90 000

【例6-8】承【例6-7】，该商品房开发工程完工，结转其总成本45 000 000元，作如下会计处理：

  借：开发产品——房屋   45 000 000
    贷：开发成本——房屋开发   45 000 000

（四）代建工程开发成本的核算

代建工程是指开发企业接受委托单位的委托，代为开发的各种工程。包括土地、房屋、市政工程等。由于各种代建工程有着不同的开发特点和内容，在会计上也应根据各类代建工程成本核算的不同特点和要求，采用相应的费用归集和成本核算方法。

开发企业接受委托代为开发的土地（即建设场地和房屋，其建设内容和特点与企业的土地开发和房屋开发基本相同，所以其开发费用可比照土地开发和房屋开发的核算方法，分别通过"开发成本——土地开发"和"开发成本——房屋开发"账户进行核算，并在这两个账户下分别按土地、房屋成本核算对象和成本项目归集各项支出，待开发工程完工，验收合格时，再转入"开发产品——代建工程"账户。

除土地、房屋以外企业代委托单位开发的其他工程如市政工程等，其所发生的支出，则通过"开发成本——代建工程开发"账户进行核算。发生各项开发直接费用，借记"开发成本——代建工程开发"账户，贷记"银行存款"等账户；期末分配结转开发间接费用，借记"开发成本——代建工程开发"账户，贷记"开发间接费用"账户；代建工程竣工并验收合格后，结转其开发成本，借记"开发产品——代建工程"账户，贷记"开发成本——代建工程开发"账户。期末，"开发成本——代建工程开发"账户的余额，表示正在开发的代建工程的成本。

由此可见，开发企业在"开发成本——代建工程开发"账户核算的，仅限于企业接受委托单位委托，代为开发的除土地、房屋以外的其他工程所发生的支出。

【例6-9】 某房地产企业如某开发企业接受市政工程管理部门的委托，代为扩建开发小区旁边的一条道路。扩建过程中，用银行存款支付拆迁补偿费800 000元，前期工程费250 000元，应付基础设施工程款680 000元，分配开发间接费用50 000元。根据有关费用支出凭证，作如下会计处理：

借：开发成本——代建工程开发　　　　　　　　　　　　　1 780 000
　　贷：银行存款　　　　　　　　　　　　　　　　　　　　1 050 000
　　　　应付账款——应付工程款　　　　　　　　　　　　　　680 000
　　　　开发间接费用　　　　　　　　　　　　　　　　　　　 50 000

【例6-10】 该道路扩建工程完工并经验收，结转已完工程成本1 780 000元，作如下会计处理：

借：开发产品——代建工程　　　　　　　　　　　　　　　1 780 000
　　贷：开发成本——代建工程开发　　　　　　　　　　　　1 780 000

任务三　开发产品的核算

开发产品是指企业已经完成全部开发建设过程，并已验收合格，符合国家建设标准和设计要求，可以按照合同规定的条件移交订购单位，或者作为商品对外销售的产品，包括土地（建设场地）、房屋、配套设施和代建工程等。

为了正确核算开发产品的增加、减少、结存情况，企业应设置"开发产品"账户。企业开发的产品在竣工验收时，借记"开发产品"账户，贷记"开发成本"账户。

对于企业开发完工形成的开发产品，企业可以有不同的用途，比如直接用于销售、出租或安置拆迁居民周转使用等。在不同的用途下，企业需要进行不同的账务处理，下面将重点介绍这三种用途下的会计核算。

一、开发产品销售的核算

销售房地产企业开发的产品是房地产企业主要的经营业务之一，其会计处理和一般工业企业销售生产的产品很相似，都要确认收入并结转成本。不过，由于其开发产品的价值一般较高，所以很多时候，房地产企业并不能一次性收回销售收入，而需要分次收回。这里主要介绍通过分期收款方式销售开发产品的账务处理。

房地产企业若以分期收款的方式销售开发产品，则需设置"分期收款开发产品"账户。该科目核算以分期收款方式销售开发产品，并按合同约定的收款日期确定销售收入实现的企业，移交开发产品的实际成本。

当房地产企业将开发产品移交给购买单位或个人，或办妥分期收款销售合同时，应进行开发产品实际成本的结转，即借记"分期收款开发产品"账户，贷记"开发产品"账户。

当房地产企业按合同规定的期限收取销售价款时，包括第一次收款，借记"银行存款"、"应收账款"等账户，贷记"主营业务收入"账户。同时，按收入与费用相配比的原则,根据当期应收回的价款(即合同规定当期应收价款数额)占分期收款开发产品应收价款总额(即全部售价)的比例,计算分期收款开发产品应结转的成本,借记"主营业务成本"账户,贷记"分期收款开发产品"账户。

"分期收款开发产品"账户应按销售对象设置明细账或设置"分期收款开发产品备查簿",详细记录分期收款开发产品的坐落地点、结构、面积、售价、成本、分次收款时间、价款及已收取价款和尚未收取的价款等有关资料。

【例6-11】某房地产企业以分期收款的方式销售一套商品房,售价为3 000 000元,销售合同规定,价款分两次支付:房屋交付使用时支付60%,共计1 800 000元;3个月后支付余款,共计1 200 000元。该商品房的开发成本为2 100 000元,作如下会计处理:

签订合同:
借:分期收款开发产品   2 100 000
　　贷:开发产品   2 100 000
移交房屋,收到第一笔房款:
借:银行存款   3 000 000
　　贷:主营业务收入   3 000 000
同时结转与商品房销售收入相关的销售成本1 260 000元(2 100 000×60%):
借:主营业务成本   1 260 000
　　贷:分期收款开发产品   1 260 000
3个月后,收到余款:
借:银行存款   1 200 000
　　贷:主营业务收入   1 200 000
同时结转与商品房销售收入相关的销售成本840 000元(2 100 000×40%):
借:主营业务成本   840 000
　　贷:分期收款开发产品   840 000

二、开发产品出租的核算

出租开发产品是指房地产企业开发完成、用于出租经营的土地和房屋等开发产品。它们的盈利是以收取租金的方式逐步实现的。出租的开发产品是企业资产的一部分,但不同于企业的固定资产,也不同于企业的一般劳动产品,财务制度规定出租经营的开发产品,应视作存货。

为核算企业出租经营的土地、房屋等开发产品的使用、摊销及增减变动情况,房地产企业应设置"出租开发产品"账户,并在其下设置"出租产品"和"出租产品摊销"两个明细账户。同时,应根据出租经营的实际情况,建立"出租产品"卡片,按出租产品的类别、土地(或房屋)的编号、承租单位等进行明细核算,详细记录出租产品的地点、结构、层次、面积、租金、单价等情况。

"出租产品"明细账主要用于核算出租开发产品的原始价值,其借方登记出租的土地及房屋的原始价值,贷方登记改变出租开发产品用途对外销售的出租开发产品的原始价值。借方余额反映实际出租的土地、房屋的原始价值。

"出租产品摊销"明细账主要用于核算实际出租的开发产品的摊销价值,其贷方登记按月计提出租产品的摊销价值,借方登记改变出租产品用途,对外销售出租产品时冲销的出租开发产品的已摊销价值。贷方余额反映实际出租的土地、房屋等出租开发产品累计摊销价值。

(一)出租开发产品增加的核算

企业开发的产品,应于竣工验收时,借记"开发产品"账户,贷记"开发成本"账户,完成开发成本的结转。当企业将开发完成的土地和房屋用于出租时,应于签订出租合同、协议后,按土地和房屋的实际成本,借记"出租开发产品——出租产品"账户,贷记"开发产品"账户。

【例6-12】 某房地产企业将竣工的一栋公寓楼出租给甲公司,该公寓的总成本为7 500 000元,作如下会计处理:

    借:开发产品——房屋   7 500 000
      贷:开发成本   7 500 000
    借:出租开发产品——出租产品   7 500 000
      贷:开发产品——房屋   7 500 000

(二)出租开发产品取得租金收入的核算

出租开发产品在租赁经营期间,应对其租金收入进行核算,确认租金收入,借记"银行存款"或"应收账款"账户,贷记"主营业务收入"账户。

【例6-13】 承【例6-12】,因出租该公寓楼,房地产企业本月收到租金15 000元。作如下会计处理:

    借:银行存款   15 000
      贷:主营业务收入   15 000

(三)出租开发产品摊销的核算

出租开发产品在租赁经营期间,随着使用及自然力的侵蚀,会逐渐发生损耗而减少其价值,对于这部分损耗的价值,房地产企业应根据出租开发产品的账面原价(实际成本)、净残值和预计摊销年限,计算其损耗价值,并按月摊销计入主营业务成本。出租开发产品摊销额的计算公式如下:

出租开发产品年摊销率=(1-净残值率)/预计摊销年限×100%

出租开发产品月摊销率=出租开发产品年摊销率÷12

出租开发产品月摊销额=应计提摊销的出租开发产品原值×该出租开发产品月摊销率

企业按月计提出租产品摊销,借记"主营业务成本——出租产品"账户,贷记"出租开发产品——出租产品摊销"账户。

【例6-14】 承【例6-13】,假定出租给甲公司的公寓楼的摊销期限为50年,净残值率为4%,按月计提摊销额时,作如下会计处理:

月摊销率=(1-4%)/50×100%÷12=0.16%

月摊销额=7 500 000×0.16%=12 000(元)

    借:主营业务成本   12 000
      贷:出租开发产品——出租产品摊销   12 000

(四) 出租开发产品修理的核算

出租开发产品在租赁期间发生的修理支出，应由出租方房地产公司负担，应列为其主营业务成本，数额不大的直接记入"主营业务成本"账户，即借记"主营业务成本"账户，贷记"银行存款"、"应付职工薪酬"等账户；若数额较大，为了均衡各月的成本负担，可先在"待摊费用"账户归集，再分期摊入"主营业务成本"账户。

需要注意的是，房地产企业为了进行出租，对出租房屋进行装饰及增补室内设施而发生的装饰工程支出，应先通过"开发成本"账户归集，即借记"开发成本"账户，贷记"银行存款"、"应付职工薪酬"等账户；待装饰工程完工后，及时结转工程的实际成本，即借记"出租开发产品"账户，贷记"开发成本"账户。另外，房地产企业的出租开发产品改变用途，作为商品房对外销售而发生的修理费支出，应列为销售费用，不得作为主营业务成本列支。

【例6-15】 承【例6-14】，假定该公寓楼在出租后的第二年，公寓的顶楼出现了漏水现象，房地产公司对其进行了维修，发生修理费5 500元，已用银行存款支付。作如下会计处理：

借：主营业务成本　　　　　　　　　　　　　　　　　　　　　　　　5 500
　　贷：银行存款　　　　　　　　　　　　　　　　　　　　　　　　　5 500

(五) 出租开发产品改变用途对外销售的核算

如果房地产企业改变出租产品的用途，将其对外销售，则应视同开发产品销售处理。在销售实现时，按其销售价格，借记"银行存款"或"应收账款"账户，贷记"主营业务收入"账户；同时，按其摊余价值借记"主营业务成本"账户，按其累计已提摊销额借记"出租开发产品——出租产品摊销"账户，按出租产品的原始价值贷记"出租开发产品——出租产品"账户。

【例6-16】 某房地产企业将原租赁经营的房屋对外销售，双方协议作价为2 800 000元，该房屋账面原值为4 000 000元，账面累计已提摊销额为2 000 000元，现企业已收到一张金额为2 800 000元的支票并将房屋移交给买主。作如下会计处理：

收到房屋销售款：
借：银行存款　　　　　　　　　　　　　　　　　　　　　　　　　2 800 000
　　贷：主营业务收入　　　　　　　　　　　　　　　　　　　　　　2 800 000
结转其销售成本：
借：主营业务成本　　　　　　　　　　　　　　　　　　　　　　　2 000 000
　　出租开发产品——出租产品摊销　　　　　　　　　　　　　　　　2 000 000
　　贷：出租开发产品——出租产品　　　　　　　　　　　　　　　　4 000 000

三、周转房的核算

房地产企业的周转房是指企业用于安置拆迁居民周转使用，产权归企业所有的各种房屋，包括：(1) 在开发建设过程中已明确为安置被拆迁居民周转使用的房屋；(2) 企业开发完成的商品房，在尚未销售之前用于安置被拆迁居民周转使用的部分；(3) 搭建的用于安置被拆迁居民周转使用的临时性简易房屋。

为了核算周转房的使用、摊销及其增减变动情况，企业应设置"周转房"账户，并在该账户下设置"在用周转房"和"周转房摊销"两个明细账户，用以核算在用周转房的使用情况。同时，应根据周转房的具体使用情况，建立"周转房卡片"，按每一套周转房的栋号（或楼层、房间号）进行明细核算，详细记录周转房的坐落地点、结构、层次、面积、安置居民姓名等情况。

"在用周转房"明细账主要用于核算在用周转房实际成本，其借方登记增加的在用周转房实际成本，贷方登记减少的在用周转房实际成本。借方余额反映在用周转房的原始价值。

"周转房摊销"明细账主要用于核算周转房的摊销价值，其贷方登记按月提取的在用周转房摊销价值，借方登记改变周转房用途，对外销售应冲减的已提摊销价值。贷方余额反映在用周转房的累计已提摊销价值。

（一）周转房增加的核算

企业开发建成的周转房，应在其竣工验收后，按其实际成本，借记"开发产品"账户，贷记"开发成本"账户。明确作为周转房后，借记"周转房——在用周转房"账户，贷记"开发产品"账户。

【例6-17】 某房地产企业为安置被拆迁居民，将其建造的1号楼作为周转房，实际成本为6 000 000元，已经竣工验收，并办理了交付手续。作如下会计处理：

借：开发产品——房屋　　　　　　　　　　　　　　　　　　6 000 000
　　贷：开发成本　　　　　　　　　　　　　　　　　　　　　6 000 000
借：周转房——在用周转房　　　　　　　　　　　　　　　　6 000 000
　　贷：开发产品——房屋　　　　　　　　　　　　　　　　　6 000 000

（二）周转房摊销的核算

周转房在周转使用过程中随着使用和自然力的侵蚀，会逐渐发生损耗而减少其价值，其损耗价值应转移到受益对象的成本中。周转房并非以营利为目的，因而其每期的摊销额不能计入"主营业务成本"，只能由入住的拆迁居民原所在地正在开发的工程来负担。

周转房摊销价值一般应按月计提，其计算原理类同于出租开发产品摊销额的计算，基本计算公式如下：

$$周转房年摊销率 = (1-净残值率)/预计摊销年限 \times 100\%$$

$$周转房月摊销率 = 周转房年摊销率 \div 12$$

$$周转房月摊销额 = 应计提摊销的周转房原值 \times 该周转房月摊销率$$

周转房损耗价值的摊销额，应在"周转房——周转房摊销"账户核算。每月计提的周转房摊销额，若能确定其为某项土地或房屋开发项目负担，应计入该土地或房屋的开发成本，即借记"开发成本——土地开发"或"开发成本——房屋开发"账户，贷记"周转房——周转房摊销"账户；若不能确定其为某项土地或房屋开发项目负担，则应借记"开发间接费用"账户，贷记"周转房——周转房摊销"账户。

【例6-18】 承【例6-17】，12月31日，计提1号楼周转房的摊销额10 000元。作如下会计处理：

借：开发成本（或开发间接费用） 10 000
　　贷：周转房——周转房摊销 10 000

（三）周转房修理的核算

周转房是为了安置因开发项目而动迁的居民的，是直接服务于企业各有关的开发项目的，因此，周转房在使用过程中发生的修理费用，应作为有关开发项目的成本。数额小的修理费，可直接计入有关的开发产品成本，即借记"开发成本"、"开发间接费用"账户，贷记"银行存款"、"应付职工薪酬"等账户；数额较大的修理费，可先通过"待摊费用"账户进行归集，再分次摊销计入有关开发产品的成本。

需要注意的是，企业根据实际情况经常会改变周转房的用途，将其作价对外销售，在销售前，企业往往会对周转房进行恢复性修缮；所支付的修缮费用，与一般修理费一样，计入有关开发产品成本。

【例6-19】 承【例6-18】，1号楼周转房发生修理费用120 000元，以银行存款支付，该费用分12个月计入成本。作如下会计处理：

支付费用时：
借：待摊费用 120 000
　　贷：银行存款 120 000

每月摊销修理费时：
借：开发成本（或开发间接费用） 10 000
　　贷：待摊费用 10 000

（四）周转房改变用途对外销售的核算

企业将周转房改变用途，对外销售时，应视同商品房销售处理。取得销售收入时，借记"银行存款"、"应收账款"等账户，贷记"主营业务收入"账户；同时，结转销售成本，按周转房的摊余价值借记"主营业务成本"账户，按累计已提摊销价值借记"周转房——周转房摊销"账户，按周转房的原始价值贷记"周转房——在用周转房"账户。

【例6-20】 承【例6-19】，某房地产企业在1号楼周转房使用2年后，将其对外销售，销售收入为8 000 000元，款项已经收存银行。销售时，其累计摊销额为240 000元（10 000×24）。作如下会计处理：

借：银行存款 8 000 000
　　贷：主营业务收入 8 000 000
借：主营业务成本 5 760 000
　　周转房——周转房摊销 240 000
　　贷：周转房——在用周转房 6 000 000

任务四　营业收入的核算

一、房地产企业营业收入的构成

房地产企业的营业收入是对外销售开发产品、材料、提供劳务、代建房屋及代建工程、出租房地产及其他多种经营活动所形成的经济利益的总流入。一般包括主营业务收入和其他业务收入两部分。

主营业务收入是指从事主要经营活动所取得的收入。在企业的经营收入中，主营业务收入是主要部分，它直接影响企业的经济效益。房地产开发企业的主要业务是从事土地开发、房屋开发、配套设施开发和代建工程开发等，因此房地产开发企业的主营业务收入主要是房地产的经营收入，包括土地转让收入、商品房销售收入、配套设施销售收入、代建工程结算收入和出租开发产品的租金收入等。

其他业务收入是指从事主营业务活动以外的其他业务活动所取得的收入。其他业务收入是主营业务收入的补充，房地产开发企业的其他业务收入主要包括商品房售后服务收入、材料销售收入、无形资产转让收入和固定资产出租收入等。另外，房地产开发企业还可能从事多种经营，比如附属的商业、饮食服务业等，从事多种经营取得的收入也属于其他业务收入的范围。

二、房地产企业营业收入的确认

房地产企业营业收入的确认是指何时将营业收入登记入账。一般来说，营业收入的确认应以权责发生制为基础，而不是以是否收到货币资金的收付实现制为基础。按照企业会计准则的规定，企业应当在发出商品、提供劳务、同时收讫或者取得索取价款的凭据时，确认营业收入。由此可以看出，企业确认营业收入，应符合两个基本条件：第一，是物权转移，即企业已经发出商品或产品，或者已经提供劳务；第二，是已经收到商品或产品的价款，或者得到了收取价款的凭据。房地产企业在确认营业收入时，应结合房地产企业的经营特点具体应用会计准则。

根据确认营业收入实现的两个基本条件，结合房地产企业经营的特点，房地产企业营业收入的确认分为以下几种情况：

（1）房地产企业转让、销售土地和商品房，应在土地和商品房已经移交，已将发票结算账单提交给买主时，作为销售实现。

（2）房地产企业代建的房屋和代建的工程，应在房屋和工程竣工验收，办妥财产交接手续，并已将代建的房屋和工程价款结算账单提交委托单位时，作为销售实现。

（3）房地产企业采取赊销或分期收款销售办法销售土地和商品房的，可以按合同规定的收款时间分次转为收入，但是必须以土地和商品房已经移交给买主作为销售实现的前提条件。

（4）房地产企业出租开发产品，应该在出租合同（或协议）规定日期收取租金时，作为收入实现；如果合同规定的日期已到，租用方未付租金时，仍视为营业收入的实现。

三、房地产企业营业收入的核算

（一）主营业务收入的核算

房地产企业为了核算对外转让、销售、结算和出租房地产所取得的营业收入，应设置"主营业务收入"账户，为了反映主营业务收入的具体内容，可以设置"土地转让收入"、"商品房销售收入"、"配套设施销售收入"、"代建工程结算收入"、"出租产品租金收入"

等明细账。房地产企业按照签订的销售合同,结算开发产品的价款,借记"银行存款"、"应收账款"等账户,贷记"主营业务收入"账户。

按照会计核算的配比原则,企业在实现收入的同时,应该结转与该收入相关的成本,此时应设置"主营业务成本"账户。当房地产企业将各期实现的主营业务收入入账时,应同时将其相关的主营业务成本结转入账,即借记"主营业务成本"账户,贷记"开发产品"、"出租开发产品"、"周转房"等账户。

【例6-21】某房地产企业对外转让已开发完成的一块土地,价值10 000 000元,实际开发成本7 800 000元,已办理交接手续,价款已收讫并存入开户银行。作如下会计处理:

借:银行存款 10 000 000
　　贷:主营业务收入——土地转让收入 10 000 000
借:主营业务成本 7 800 000
　　贷:开发产品——土地 7 800 000

【例6-22】某房地产企业出售商品房一套,价款2 800 000元,款项已收存银行。该商品房的实际成本为1 950 000元。作如下会计处理:

借:银行存款 2 800 000
　　贷:主营业务收入——商品房销售收入 2 800 000
借:主营业务成本 1 950 000
　　贷:开发产品——房屋 1 950 000

【例6-23】某房地产企业为某单位代建一栋职工住房,合同价款为42 000 000元,按照代建合同规定,工程竣工后一次结算。目前其住房已全部竣工,并验收合格,已将"工程价款结算单"送交该单位进行结算,其代建工程的成本为34 500 000元。作如下会计处理:

借:应收账款 42 000 000
　　贷:主营业务收入——代建工程结算收入 42 000 000
借:主营业务成本 34 500 000
　　贷:开发产品——代建工程 34 500 000

【例6-24】某房地产企业出租写字楼一栋,本月收到租金收入900 000元,款项已收存银行,同时计提月摊销额650 000元。作如下会计处理:

借:银行存款 900 000
　　贷:主营业务收入——出租产品租金收入 900 000
借:主营业务成本 650 000
　　贷:出租开发产品——出租产品摊销 650 000

(二) 其他业务收入的核算

房地产企业为了反映其他业务收入的核算,应设置"其他业务收入"账户,并可在其下设置"商品房售后服务收入"、"材料销售收入"、"无形资产转让收入"、"固定资产出租收入"、等明细账。房地产企业确认其他业务收入,借记"银行存款"、"应收账款"等账户,贷记"其他业务收入"账户。

同样,按照会计核算的配比原则,企业在实现收入的同时,应该结转与该收入相关的成本，此时应设置"其他业务成本"账户，即借记"其他业务成本"账户，贷记"银行存款"、"库存材料"、"应付职工薪酬"等账户。

【例6-25】某房地产企业附设的物业管理处对建成售出的住宅小区进行售后服务。本月收取治安管理费、卫生费、管理费等共计320 000元，并发生以下支出：职工薪酬120 000元，领用材料80 000元，以银行存款支付其他费用45 000元。根据有关凭证，作如下会计处理：

```
借：银行存款                                    320 000
    贷：其他业务收入——商品房售后服务收入              320 000
借：其他业务成本                                245 000
    贷：应付职工薪酬                              120 000
        库存材料                                80 000
        银行存款                                45 000
```

课后练习

一、单项选择题

1. （　　）的主要业务范围包括城镇土地开发、房屋营造、基础设施建设以及房地产营销。
   A. 房地产综合企业   B. 房地产专营企业
   C. 房地产开发企业   D. 房地产项目企业

2. 下列各项不属于开发成本中的基础设施费的是（　　）。
   A. 排污   B. 照明   C. 绿化   D. 消防

3. 房地产企业所属二级管理机构直接组织和管理开发项目所发生的折旧费、水电费、修理费等属于开发产品成本中的（　　）。
   A. 直接费用   B. 开发间接费用   C. 期间费用   D. 管理费用

4. 配套设施的开发成本不包括（　　）。
   A. 能分清并直接计入某成本核算对象的托儿所、锅炉房等支出
   B. 不能直接计入某成本核算对象的托儿所、锅炉房等支出
   C. 能有偿转让的开发小区内营业性公共配套设施支出
   D. 能有偿转让的开发小区内非营业性配套设施

5. 按分期收款的方式销售开发产品时，其成本应（　　）结转。
   A. 在合同成立时一次   B. 按收款比例
   C. 在全部房款收齐后   D. 按月

6. 对出租的商品房进行维修，发生的修理费应记入（　　）账户。
   A. 主营业务成本   B. 开发成本
   C. 开发间接费用   D. 其他业务成本

7. 房地产企业为了出租经营活动，对出租房屋发生的装饰工程支出，应记入（　　）

账户的借方。

  A. 主营业务成本 B. 其他业务成本 C. 开发间接费用 D. 开发成本

 8. 房地产企业的出租开发产品改变用途，作为商品房对外销售而发生的修理费支出，应列为（ ）。

  A. 主营业务成本 B. 其他业务成本 C. 销售费用 D. 开发成本

 9. 房地产企业对周转房进行维修，其修理费应记入（ ）账户。

  A. 主营业务成本 B. 其他业务成本 C. 开发成本 D. 管理费用

 10. 房地产企业的周转房改变用途对外销售前，会进行恢复性修缮，其发生的修缮费用应记入（ ）账户。

  A. 主营业务成本 B. 其他业务成本 C. 销售费用 D. 开发成本

二、多项选择题

1. 按照经营内容和经营方式的不同，房地产企业可以分为（ ）。

  A. 房地产开发企业   B. 房地产中介服务企业

  C. 物业管理企业   D. 房地产项目企业

2. 按照经营范围的不同，房地产企业可以分为（ ）。

  A. 房地产开发企业   B. 房地产综合企业

  C. 房地产专营企业   D. 房地产项目企业

3. 房地产开发企业的主要业务包括（ ）。

  A. 土地的开发与经营   B. 房屋的开发与经营

  C. 配套设施的开发   D. 代建工程的开发

4. 开发成本中的前期工程费包括（ ）。

  A. 土地征用费 B. 规划设计费 C. 勘察测绘费 D. 三通一平费

5. 开发成本中的公共配套设施费包括（ ）的支出。

  A. 居委会   B. 水塔   C. 小区内道路 D. 通信

6. 开发成本中的土地征用及拆迁补偿费包括（ ）。

  A. 耕地占用税   B. 三通一平费

  C. 劳动力安置费   D. 安置动迁用房支出

7. 房地产开发企业开发的房屋包括（ ）。

  A. 商品房   B. 出租房   C. 周转房   D. 代建房

8. 企业在房屋建设过程中进行建筑安装工程，若采用自营方式，其发生的建筑安装工程费，可通过（ ）账户进行核算。

  A. 开发成本——房屋开发   B. 工程施工

  C. 施工间接费用   D. 开发产品

9. 周转房每月计提的摊销额，应借记（ ）账户。

  A. 主营业务成本 B. 开发成本 C. 周转房摊销 D. 开发间接费用

10. 房地产企业的主营业务收入包括（ ）。

A. 商品房销售收入　　　　　　B. 商品房售后服务收入
C. 配套设施销售收入　　　　　D. 出租开发产品的租金收入

三、业务题

1. 房地产企业开发成本的核算。C 房地产企业开发江南小区，规划建造商品住宅 50 000 平方米、商店 500 平方米、自行车棚 100 平方米，其中商店建好后将有偿转让。该小区发生的土地征用及拆迁补偿费、前期工程费、基础设施费按各项开发产品的建筑面积进行分配。在开发过程中，发生如下业务：

（1）用银行存款支付土地征用及拆迁补偿费 28 000 000 元、前期工程费 840 000 元、基础设施费 12 000 000 元。

（2）土地开发完工，结转其开发成本。

（3）将建筑面积为 4 200 平方米的 3 号楼商品住宅的建筑安装工程发包给某建筑公司施工，工程款共计 6 480 000 元，已经预付工程款 5 000 000 元，工程完工验收后用银行存款支付余款。

（4）用银行存款支付各项开发间接费用 842 000 元。

（5）经分配，3 号楼应负担开发间接费用 12 000 元。

（6）自行车棚完工，结算应付工程价款 180 000 元。

（7）计算 3 号楼应负担的自行车棚开发成本。

（8）结转 3 号楼的开发成本。

（9）商店完工，支付工程价款 482 000 元，并结转其成本。

要求：对上述业务进行会计处理。

2. 房地产企业代建工程的核算。C 房地产企业接受某单位的委托，代为建设职工公寓，发生下列经济业务：用银行存款支付土地征用及拆迁补偿费、前期工程费等共计 5 600 000 元，结转应付建筑安装工程费 2 800 000 元，应负担开发间接费用 125 000 元。工程完工验收合格，结转其开发成本。对上述业务进行会计处理。

3. 房地产企业分期收款销售开发产品的核算。C 房地产企业于 2011 年 1 月将一栋开发完工的写字楼采用分期收款方式出售给某单位作为办公楼，售价 62 000 000 元。双方合同规定，价款分三次支付：第一次在写字楼交付使用时，支付价款的 50%；第二次在 2011 年 6 月，支付价款的 30%；第三次在 2011 年年末，支付 20% 的余款。该写字楼的开发成本为 48 000 000 元。对上述业务进行会计处理。

4. 房地产企业出租开发产品的核算。C 房地产企业在 20××年度发生下列有关出租开发产品的经济业务：

（1）企业开发的一栋商品房于 3 月份完工，其开发成本为 34 000 000 元，4 月份签订出租合同，将其出租。

（2）按月计提该出租房的摊销额，预计摊销期限为 60 年，预计净残值率为 4%。

（3）9 月份承租人退租，则该房地产企业对该出租房进行装修，用银行存款支付装修费 600 000 元。

（4）12月份将装修后的出租房对外销售，价款42 000 000元，款项收存银行。

要求：对上述业务进行会计处理。

5. 房地产企业周转房的核算。C房地产企业发生下列有关周转房的经济业务：

（1）为安置被拆迁居民，将其建造的1号楼作为周转房，实际成本为5 400 000元。

（2）按月计提该周转房的摊销额8 000元。

（3）该周转房发生修理费75 000元，以银行存款支付。

（4）该周转房在使用两年后，改变用途对外销售，销售收入为9 200 000元，款项已收存银行，此时累计摊销额为192 000元。

要求：对上述业务进行会计处理。

学习情境七

行政事业单位会计核算

任务描述
掌握行政事业单位主要业务的会计核算方法。

技能目标
1. 能够正确区分行政单位、事业单位、企业三者的核算特征；
2. 能够正确设置相关基础会计账户；
3. 能够正确处理常见的经济业务；
4. 能够正确编制资产负债表和收入支出总表。

知识目标
1. 掌握行政事业单位会计要素的含义；
2. 掌握行政事业单位收入、支出、净资产包含的内容及具体内涵；
3. 熟悉行政事业单位收入、支出、净资产的会计账户设置和账务处理方法；
4. 了解行政事业单位会计报表的种类及各类报表的编制方法。

任务一　走进行政事业单位

我国的会计体系在理论上可以划分为企业会计（营利组织会计）和非营利组织会计两大系统。非营利组织会计包括预算会计和民间非营利组织会计。

预算会计是以预算管理为中心，对中央和各级政府预算，以及行政事业单位收支预算的执行情况进行核算和监督的会计活动。根据国家预算组成体系，我国预算会计相应分为财政部门总预算会计和单位预算会计。单位预算会计按单位业务活动的特点又分为行政单位会计和事业单位会计。

一、行政事业单位的概念

（一）行政单位的概念

行政单位，是指进行国家行政管理，组织经济建设和文化建设，维护社会公共秩序的单位。我国的行政单位通常包括：

（1）国家权力机关，指行使国家权力的机关，即全国人民代表大会和地方各级人民代表大会及其常务委员会。

（2）国家行政机关，指从事国家行政工作的机关，即国务院及其所属各部委和地方各级人民政府的常设机构和派出机构。

(3) 国家司法机关，指行使国家审判职能和检察职能等的机关，即各级人民法院和各级人民检察院等。

(4) 国家政协机关，指全国政治协商会议和地方各级政协机关。

(5) 政党组织，指中国共产党、各民主党派以及共青团、妇联、工会等组织。

(二) 事业单位的概念

事业单位是指国家为了社会公益目的，由国家机关举办或者其他组织利用国有资产举办，从事教育、科技、文化、卫生等活动的社会服务组织。我国事业单位通常包括：

(1) 全额拨款事业单位，也称为全供事业单位，指全额预算管理的事业单位，是其所需的事业经费全部由国家预算拨款。主要是没有收入或收入不稳定的事业单位，如学校、科研单位、卫生防疫等。

(2) 差额拨款事业单位，指按差额比例，财政承担的部分，由财政列入预算；单位承担的部分，由单位在税前列支，如医院等。

(3) 自主事业单位，又称为自收自支事业单位，指国家不拨款的事业单位。自收自支事业单位作为事业单位的一种主要形式，由于不需要地方财政直接拨款，一些地方往往放松对它的管理，造成自收自支事业单位有不断膨胀的趋势。

(4) 参公（即参照公务员）事业单位，指一些涉及国家安全，对政策和经济管理工作有明确辅助作用，以及明显具有社会公益性的事业单位。

二、行政事业单位会计核算的特征

行政单位会计、事业单位会计的业务活动内容、具体会计任务与企业会计的主要区别如表 7-1 所示。

表 7-1

类别 区别	行政单位会计	事业单位会计	企业会计
会计主体	行政单位	事业单位	生产经营组织
会计核算对象不同	经费的领拨、使用和结果	预算资金运作情况及其结果，经营资金运作情况及其结果	企业经营资金运作情况及其结果
会计记账基础不同	行政单位没有经营性业务活动，所以行政单位会计核算只采用"收付实现制"一种记账基础	由于事业单位既有专业业务活动及其辅助活动，又有在此之外的经营活动，所以同一事业单位会计核算既采用"权责发生制"，同时又可能采用"收付实现制"	企业会计对于收入费用的确认采用"权责发生制"为记账基础，在编制现金流量表时，采用"收付实现制"为记账基础，同一企业会计核算以"权责发生制"为主，"收付实现制"为辅

续表

区别 \ 类别	行政单位会计	事业单位会计	企业会计
会计要素不同	资产、负债、净资产、收入、支出		资产、负债、所有者权益、收入、费用、利润
会计等式不同	资产+支出＝负债+净资产+收入		资产=负债+所有者权益
内部成本核算不同	不进行成本核算	根据《事业单位会计制度》的规定,事业单位应视情况进行内部成本核算,设置"成本费用"账户进行费用的归集和成本计算	企业会计必须按照规范的成本计算方法,确定成本项目设置"生产成本"和"制造费用"等成本账户,进行成本费用的归集和成本计算
资金来源不同	主要来源于财政拨入经费	主要有财政补助收入、上级补助收入、事业收入、附属单位缴款和其他收入等	主要来源于商品销售收入和其他业务收入

三、行政事业单位的会计要素与会计账户

(一) 会计要素

1998年1月1日开始实行的新预算会计制度,借鉴企业会计改革的经验和国外通行做法,重新确定了会计要素的类别和内容,将行政事业单位会计的会计要素确定为资产、负债、净资产、收入和支出五个要素。

1. 资产

(1) 行政单位资产。行政单位资产是行政单位拥有的能以货币计量的经济资源,包括各种财产、债权和其他权利。

(2) 事业单位资产。事业单位资产是事业单位占用或者使用的能以货币计量的经济资源,包括各种财产、债权和对外投资等。

2. 负债

(1) 行政单位负债,是行政单位承担的能以货币计量,需以各项资产偿付的债务,包括应缴预算款、暂存款、应缴财政专户款。

(2) 事业单位负债,是事业单位承担的能以货币计量,需要以资产或者劳务偿还的债务。事业单位负债包括借入款项、应付账款、预收账款、其他应付款、各种应缴款项等。

3. 净资产

(1) 行政单位净资产。行政单位净资产是指资产减去负债的差额,包括固定基金、结余等。

(2) 事业单位净资产。事业单位净资产是指资产减去负债的差额,包括事业基金、固定基金、专用基金、结余等。

4. 收入

(1) 行政单位收入。行政单位收入是指行政单位为完成业务活动,从财政部门、上级单位或其他单位取得的收入,包括拨入经费、预算外资金收入、其他收入等。

(2) 事业单位收入。事业单位收入是指事业单位为开展业务活动,依法取得的非偿还性资金,包括财政补助收入、各级补助收入、事业收入、经营收入、附属单位缴款、其他收入和基本建设拨款收入等。

5. 支出

(1) 行政单位支出。行政单位支出是指行政单位为了完成公务活动而发生的各项资金耗费及损失。行政单位支出根据资金管理要求分为经常性支出和专项支出。

(2) 事业单位支出。事业单位支出是指事业单位开展业务及活动所发生的资金耗费和损失,以及用于基本建设项目的开支,包括事业支出、经营支出、对附属单位的补助、上缴上级支出、基本建设支出等。

(二) 会计科目

行政单位会计科目如表 7-2 所示。

表 7-2　　　　　　　　　　　行政单位会计科目表

序号	编号	账户名称	序号	编号	账户名称
一、资产类			三、净资产类		
1	101	现金	10	301	固定基金
2	102	银行存款	11	303	结余
3	103	有价证券			
4	104	暂付款	四、收入类		
5	105	库存材料	12	401	拨入经费
6	106	固定资产	13	404	预算外资金收入
二、负债类			14	407	其他收入
7	201	应缴预算款			
8	202	应缴财政专户款			
9	203	暂存款	五、支出类		
			15	501	经费支出
			16	502	拨出经费
			17	505	结转自筹基建

事业单位会计科目如表7-3所示。

表7-3 事业单位会计科目表

序号	编号	账户	序号	编号	账户
		一、资产类			三、净资产类
1	101	现金	20	301	事业基金
2	102	银行存款	21	302	固定基金
3	105	应收票据	22	303	专用基金
4	106	应收账款	23	306	事业结余
5	108	预付账款	24	307	经营结余
6	110	其他应收款	25	308	结余分配
7	115	材料			四、收入类
8	116	产成品	26	401	财政补助收入
9	117	对外投资	27	403	上级补助收入
10	120	固定资产	28	404	拨入专款
11	124	无形资产	29	405	事业收入
		二、负债类	30	409	经营收入
12	201	借入款项	31	412	附属单位缴款
13	202	应付票据	32	413	其他收入
14	203	应付账款			五、支出类
15	204	预收账款	33	501	拨出经费
16	207	其他应付款	34	502	拨出专款
17	208	应缴预算款	35	503	专款支出
18	209	应缴财政专户款	36	504	事业支出
19	210	应交税金	37	505	经营支出
			38	509	成本费用
			39	512	销售税金
			40	516	上缴上级支出
			41	517	对附属单位补助
			42	520	结转自筹基建

任务二 行政事业单位收入核算

一、行政单位收入的核算

（一）拨入经费

拨入经费是指行政单位按照经费领报关系，由财政部门或上级主管部门拨入的预算经费。

1. 经费拨付的程序

经费划拨的具体程序是：

（1）主管会计单位根据核定的年度预算和分期用款计划，填写"预算拨款申请书"，一式四联，一联留存，其余三联送交财政机关。

（2）财政机关主管业务部门审查复核后，由部门领导签章，总预算会计据以填写拨款凭证（主管会计单位在同城的，填写"预算拨款凭证"；主管会计单位在异地的，填写"银行汇款凭证"）一并送国库办理资金拨付手续。

（3）总会计签发支付令后，将"预算拨款申请书"第二联留存，第三联退主管业务部门，第四联退申请单位。

（4）国库收到拨款凭证审核无误后，在凭证有关联次上签章，预算拨款凭证第一联凭以记账，第二联、第三联转往申请单位开户行，第四联退财政机关，由总会计凭以记账。

（5）主管会计单位根据开户行的付款通知入账，并可在存款余额内直接支用或向下属单位逐级转拨经费。

2. 领拨经费的层次

领拨经费是指行政单位为了完成国家规定的行政任务，按照批准的经费预算和规定的手续，向财政机关和主管会计单位请领经费，收到拨入的款项后，再向所属单位转拨经费的行为。在经费的领拨过程中，行政单位应按行政建制，严格划分经费领拨的层次关系，不得越级或平级领拨。行政单位按其行政建制分为主管会计单位、二级会计单位、基层会计单位三级，其领拨经费的层次为：

（1）主管会计单位（简称"主管单位"），与同级财政部门直接发生经费领报关系并建立财务关系，同时负责为二级单位或基层单位转拨经费。

（2）二级会计单位（简称"二级单位"），与主管会计单位发生经费领报关系并建立财务关系，同时负责为基层单位转拨经费。二级会计单位下面没有所属会计单位的视同基层会计单位。

（3）基层会计单位（简称"基层单位"），与主管会计单位或二级会计单位直接发生经费领报关系并建立财务关系。

3. 领拨经费的依据

各级行政单位领拨经费的依据，是财政部门或主管单位审核批准后的单位预算。单位预算，是各级行政单位根据国家相关的方针政策和要求，结合单位的计划和行政任务，参照上年度单位预算执行情况和预算年度的变化数据编制的年度预算资金收支计划。各级行政单位为保证资金的合理使用，应根据年度单位预算，在季度开始前编制"季度分月用款计划表"，如表7-4所示。

表7-4　　　　　　　　　　　　　　季度分月用款计划表
编制单位：　　　　　　　　　　　20××年第二季度　　　　　　　　　　　　　　单位：

预算账户			全年与预算款	分月用款计划							
编号		名称		合计		4月份		5月份		6月份	
款	项			计划	核定	计划	核定	计划	核定	计划	核定

单位负责人　　　　　　　　　　　　　　　　会计　　　　　　　　　　　　　　指表

4. 拨入经费的核算方法

（1）会计账户设置。行政单位应设置"拨入经费"账户，用来核算行政单位按照经费领报关系，由财政部门或上级主管部门拨入的预算经费。该账户属于收入类账户，贷方登记拨来的预算经费数，借方登记缴回经费数或核销数，平时贷方余额反映拨入经费累计数。年终，将该账户贷方余额转入"结余"账户，本账户无余额。拨入经费账户应按拨入经费的资金管理要求，分别设置拨入经常性经费和拨入专项经费两个二级账户。

（2）账务处理的方法。

①拨入经费——拨入经常性经费的账务处理。

【例7-1】X行政单位发生如下有关拨入经常性经费的业务：

收到同级财政机关通过银行拨来的当月经费300 000元。会计分录为：

借：银行存款　　　　　　　　　　　　　　　　　　　　　　　300 000
　　贷：拨入经费——拨入经常性经费　　　　　　　　　　　　　　　　300 000

通过银行转拨所属单位经费10 000元。会计分录为：

借：拨出经费——拨出经常性经费　　　　　　　　　　　　　　　10 000
　　贷：银行存款　　　　　　　　　　　　　　　　　　　　　　　　　10 000

将经费7 000元交回财政机关。会计分录为：

借：拨入经费——拨入经常性经费　　　　　　　　　　　　　　　7 000
　　贷：银行存款　　　　　　　　　　　　　　　　　　　　　　　　　7 000

年终结账，将"拨入经费"账户贷方余额30 000元转入"结余"账户。会计分录为：

借：拨入经费——拨入经常性经费　　　　　　　　　　　　　　　30 000
　　贷：结余——经常性结余　　　　　　　　　　　　　　　　　　　　30 000

②拨入经费——拨入专项经费的账务处理。拨入专项经费是指财政部门或上级主管部门拨给行政单位用于完成专项工程或专项工作，并需要行政单位单独报账结算的资金。各

单位对于拨入的专项经费应根据专款专用的原则，按规定的用途和范围使用，不得挪作他用，并应按有关拨款部门的要求，定期报告使用情况。专项业务结束后，应当及时办理结算手续。

【例 7-2】 X 行政单位发生如下有关拨入专项经费的业务：

收到财政局拨来专项经费 35 000 元，会计分录为：

借：银行存款	35 000
贷：拨入经费——拨入专项经费	35 000

通过银行转拨某所属单位 20 000 元，会计分录为：

借：拨出经费——拨出专项经费	20 000
贷：银行存款	20 000

用上述专项拨款购置设备，价款 10 000 元，会计分录为：

借：经费支出——专项支出	10 000
贷：银行存款	10 000
借：固定资产——一般设备	10 000
贷：固定基金	10 000

年终结账，将"拨入经费——拨入专项经费"余额结转"结余——专项结余"账户。

借：拨入经费——拨入专项经费	5 000
贷：结余——专项结余	5 000

将"经费支出——专项支出"和"拨出经费——拨出专项经费"余额结转"结余——专项结余"账户。

借：结余——专项结余	30 000
贷：拨出经费——拨出专项经费	20 000
经费支出——专项支出	10 000

（二）预算外资金收入

预算外资金是指国家机关为履行或代行政府职能，依据国家法律、法规或具有法律效力的规章而收取、提取和安排使用的未纳入国家预算管理的各种财政性资金。

1. 会计账户设置

行政单位应设置"预算外资金收入"账户，用来核算预算外资金收入的变动情况。该账户属于收入类账户，贷方登记收到财政部门按计划拨还或按规定比例留用的预算外资金数，借方登记采用结余上缴的预算外资金管理办法，上缴财政专户资金数。平时，贷方余额反映预算外资金收入的累计数。年终，将该账户贷方余额转入"结余"账户，本账户无余额。

2. 账务处理的方法

（1）全额专户存储，财政部门按计划拨还的账务处理。

【例 7-3】 X 行政单位 6 月发生如下业务：

取得预算外应缴财政专户款 14 000 元，收存银行。会计分录为：

借：银行存款	14 000
贷：应缴财政专户款	14 000

将上述预算外资金 14 000 元，上缴财政专户。会计分录为：

借：应缴财政专户款　　　　　　　　　　　　　　　　14 000
　　贷：银行存款　　　　　　　　　　　　　　　　　　　　14 000

收到财政按计划拨还的预算外资金 25 600 元，收存开户银行。会计分录为：

借：银行存款　　　　　　　　　　　　　　　　　　　25 000
　　贷：预算外资金收入　　　　　　　　　　　　　　　　　25 000

（2）经财政部门核定按比例上缴的账务处理。

【例 7-4】X 行政单位上缴比例为 20%，假定该单位收到某项预算外资金共计 250 000 元，则会计分录为：

借：银行存款　　　　　　　　　　　　　　　　　　　250 000
　　贷：预算外资金收入　　　　　　　　　　　　　　　　　200 000
　　　　应缴财政专户款　　　　　　　　　　　　　　　　　 50 000

将应缴财政专户的预算外资金 50 000 元上缴，会计分录为：

借：应缴财政专户款　　　　　　　　　　　　　　　　50 000
　　贷：银行存款　　　　　　　　　　　　　　　　　　　　50 000

（3）按收支结余的数额定期缴入同级财政专户的账务处理。

【例 7-5】X 行政单位 7 月发生如下业务：

收到预算外资金收入 45 000 元，会计分录为：

借：银行存款　　　　　　　　　　　　　　　　　　　45 000
　　贷：预算外资金收入　　　　　　　　　　　　　　　　　45 000

用预算外资金 20 000 元支付有关费用，以银行存款付讫。会计分录为：

借：经费支出——预算外支出　　　　　　　　　　　　20 000
　　贷：银行存款　　　　　　　　　　　　　　　　　　　　20 000

经计算，应缴财政专户的预算外资金为 20 000 元，会计分录为：

借：预算外资金收入　　　　　　　　　　　　　　　　20 000
　　贷：应缴财政专户款　　　　　　　　　　　　　　　　　20 000

用银行存款将年终结余的预算外资金 25 000 元上缴财政专户，会计分录为：

借：应缴财政专户款　　　　　　　　　　　　　　　　25 000
　　贷：银行存款　　　　　　　　　　　　　　　　　　　　25 000

（三）其他收入

其他收入是指行政单位按规定收取的其他各种收入，以及其他来源形成的收入，主要包括：行政单位按规定不必上缴财政的零星杂项收入、有偿服务收入、有价证券及银行存款的利息收入、固定资产的残值变价收入。

1. 会计账户设置

行政单位应设置"其他收入"账户，用来核算行政单位拨入经费和预算外资金收入以外的收入，该账户属于收入类账户，贷方登记其他收入的增加数，借方登记冲销转出数，平时本账户贷方余额反映其他收入累计数。年终结账时，本账户贷方余额转入"结余"账户，结账后，本账户无余额。本账户可按收入的主要类别设明细账，进行明细分类核算。

2. 账务处理方法

【例 7-6】 X 行政单位发生其他收入业务如下：

收到市统计局交来的租场费现金 1 000 元，会计分录为：

 借：现金   1 000

  贷：其他收入——租场费   1 000

出售废旧物品，取得现金 220 元，会计分录为：

 借：现金   220

  贷：其他收入——废品变价收入   220

收到银行转来的存款利息 1 300 元，会计分录为：

 借：银行存款   1 300

  贷：其他收入——利息收入   1 300

收到有偿服务的收入 350 元，会计分录为：

 借：现金   350

  贷：其他收入——有偿服务收入   350

购买的国库券到期，兑换本金 10 000 元，利息收入为 2 100 元，会计分录为：

 借：银行存款   12 100

  贷：有价证券   10 000

   其他收入——利息收入   2 100

年终结账时，假定"其他收入"账户余额为 35 000 元，转入"结余"账户，会计分录为：

 借：其他收入   35 000

  贷：结余   35 000

二、事业单位收入的核算

（一）财政补助收入

财政补助收入是指事业单位按核定的预算和经费领报关系从财政部门或通过主管部门取得的各类事业经费，包括正常经费和专项资金，不包括国家对事业单位的基本建设投资。

1. 会计账户的设置

事业单位应设置"财政补助收入"账户，用来核算财政补助收入。该账户属于收入类账户，贷方登记实际收到的财政补助收入数，借方登记财政补助收入的缴回数，平时该账户的贷方余额反映财政补助收入累计数。年终结账时，将该账户的贷方余额全部转入"事业结余"账户。结账后，该账户无余额。该账户应按"国家预算收入""款"级账户设置明细账户。

2. 账务处理方法

【例 7-7】 Y 事业单位 12 月发生如下业务：

6 日收到财政部门拨来的本月事业经费 1 500 000 元，根据银行转来的"收账通知单"

等凭证填制记账凭证，会计分录为：

  借：银行存款   1 500 000
    贷：财政补助收入   1 500 000

21 日将本月多拨的事业经费 20 000 元缴回财政部门。根据有关凭证填制记账凭证，会计分录为：

  借：财政补助收入   20 000
    贷：银行存款   20 000

31 日"财政补助收入"账户的贷方余额为 230 000 元。年终转账时的会计分录为：

  借：财政补助收入   230 000
    贷：事业结余   230 000

（二）上级补助收入

上级补助收入是指事业单位从主管部门和上级单位取得的非财政补助收入，即事业单位的主管部门或上级单位用自身组织的收入或集中下级单位的收入拨给事业单位的资金。

1. 会计账户设置

事业单位应设置"上级补助收入"账户，用来核算财务主管部门和上级单位拨来的弥补事业开支不足的预算补助款。该账户贷方登记上级补助收入的增加数，平时贷方余额反映上级补助收入的累计数额。年终，贷方余额全部转入"事业结余"账户。结转后，"上级补助收入"账户应无余额。

2. 账务处理方法

【例 7-8】 Y 事业单位当年发生如下上级补助收入业务：

收到上级单位拨来的弥补事业开支不足的非财政补助收入 350 000 元，款已存银行。会计分录为：

  借：银行存款   350 000
    贷：上级补助收入   350 000

年终，将"上级补助收入"账户余额 2 500 000 元转入"事业结余"账户。会计分录为：

  借：上级补助收入   350 000
    贷：事业结余   350 000

（三）拨入专款

拨入专款是指事业单位收到的财政部门、上级单位或其他单位拨入的指定用途、专款专用，并需单独结报的专项资金，如国家拨给科研、高校、设计单位承担全国性重要科研项目的科技三项费用、科研部门的专项科研费、专项奖经费、农业部门的"丰收计划"资金等。

1. 会计账户设置

事业单位应设置"拨入专款"账户，用来核算单位实际收到的专项资金。该账户属于收入类账户，贷方登记实际收到的专项拨款数，借方登记拨入专款的缴回数。平时该账户贷方余额反映拨入专项资金累计数。年终结账时，对已完工的项目，将"拨入专款"贷方余额与"拨出专款"、"专款支出"账户对冲。对冲后的"拨入专款"账户的贷方余额为拨入专款结余数。若拨入专款结余按规定留归事业单位使用，则应将其转入"事业基金"账户;若拨入专款结余按规定缴回,则缴回原拨款单位。本账户应按资金来源和项目设置明细账,进行明细核算。

2. 账务处理方法

【例7-9】Y事业单位当年发生如下上级补助收入业务

某事业单位收到上级单位拨入某课题研究经费100 000元,会计分录为:

借:银行存款　　　　　　　　　　　　　　　　　　100 000
　　贷:拨入专款　　　　　　　　　　　　　　　　　　100 000

缴回拨款30 000元,会计分录为:

借:拨入专款　　　　　　　　　　　　　　　　　　30 000
　　贷:银行存款　　　　　　　　　　　　　　　　　　30 000

年终结账时,对已完工的项目,将该账户与"拨出专款"、"专款支出"账户对冲,会计分录为:

借:拨入专款　　　　　　　　　　　　　　　　　　50 000
　　贷:拨出专款　　　　　　　　　　　　　　　　　　40 000
　　　　专款支出　　　　　　　　　　　　　　　　　　10 000

按规定将余额留用,会计分录为:

借:拨入专款　　　　　　　　　　　　　　　　　　20 000
　　贷:事业基金——一般基金　　　　　　　　　　　　20 000

(四)事业收入

事业收入是指事业单位开展专业业务活动及辅助活动所取得的收入和财政专户核拨的预算外资金或经财政部门核准不上缴财政专户管理的预算外资金。

所谓专业业务活动,是指事业单位根据本单位专业特点所从事或开展的主要业务活动,也可以叫做"主营业务",如文化事业单位的演出活动、教育事业单位的教学活动、卫生事业单位的医疗保健活动、农业事业单位的技术推广活动等。辅助活动是指与专业业务活动相关、直接为专业业务活动服务的单位行政管理活动、后勤服务活动及其他有关活动。开展上述活动取得的收入,均作为事业收入处理。

1. 会计账户设置

事业单位应设置"事业收入"账户,用来核算单位事业收入业务。该账户属于收入类账户,贷方登记取得的收入或收到的从财政专户核拨的预算外资金,借方登记收入退回数。事业单位应根据收入种类或来源,设置明细账。需要注意的是,主管单位收到的应返还所属单位的预算外资金,应通过"其他应付款"账户核算,而不通过该账户。

2. 账务处理方法

(1)收到款项或取得收入时的会计处理。

【例7-10】M歌舞团参与某大型节目的演出,获得演出收入分成12 000元,款已存银行。会计分录为:

借:银行存款　　　　　　　　　　　　　　　　　　12 000
　　贷:事业收入——演出收入　　　　　　　　　　　　12 000

(2)经财政部门核准,预算外资金按比例上缴专户。

【例7-11】 假定某学校的学杂费收入实行按收入总额的50%上缴财政专户的管理办法。20××年9月发生如下业务:

3日收到新学期学杂费收入6 000 000元,款项当日送存银行。会计分录为:

借:银行存款　　　　　　　　　　　　　　　　　　　　　6 000 000
　　贷:应缴财政专户款　　　　　　　　　　　　　　　　　　3 000 000
　　　　事业收入——学杂费收入　　　　　　　　　　　　　　3 000 000

10日学校按规定将学杂费收入的50%计3 000 000元送存财政专户。会计分录为:

借:应缴财政专户款　　　　　　　　　　　　　　　　　　　3 000 000
　　贷:银行存款　　　　　　　　　　　　　　　　　　　　　3 000 000

(3)年终结账时,将该账户余额转入"事业结余"。

【例7-12】 某科研单位年终结算,结转事业收入余额56 000元。会计分录为:

借:事业收入　　　　　　　　　　　　　　　　　　　　　　56 000
　　贷:事业结余　　　　　　　　　　　　　　　　　　　　　56 000

(五)经营收入

经营收入是指事业单位在专业业务活动及辅助活动之外开展非独立核算经营活动取得的收入,如销售收入、经营服务收入、工程承包收入、租赁收入等。

事业单位经营活动若规模较大,应尽可能地进行独立核算,执行企业财务制度,其上缴给事业单位的纯收入,作为附属单位缴款处理。经营活动规模较小,不便或无法独立核算的,纳入经营收入核算。

1. 会计账户设置

事业单位应设置"经营收入"账户,核算各项经营收入业务。该账户贷方登记取得的经营收入,借方登记冲减的经营收入。平时贷方余额反映经营收入累计数。年终结转时,将本账户贷方余额全数转入"经营结余"账户。结转后,本账户无余额。该账户根据经营收入种类设置若干明细账,也可以同时设置若干总账科目。

2. 账务处理方法

【例7-13】 H研究院发生下列业务:

非独立核算的车队向外单位提供服务,获得收入5 000元。会计分录为:

借:银行存款　　　　　　　　　　　　　　　　　　　　　　5 000
　　贷:经营收入　　　　　　　　　　　　　　　　　　　　　5 000

销售产品一批,不含税售价为100 000元,增值税税款17 000元,收到货款转账支票117 000元。会计分录为:

借:银行存款　　　　　　　　　　　　　　　　　　　　　　117 000
　　贷:经营收入　　　　　　　　　　　　　　　　　　　　　100 000
　　　　应交税金——应交增值税(销项税额)　　　　　　　　17000

购货单位退回不合格品20件,共20 000元。会计分录为:

借:经营收入　　　　　　　　　　　　　　　　　　　　　　20 000
　　应交税金——应交增值税(销项税额)　　　　　　　　　　3 400
　　贷:银行存款　　　　　　　　　　　　　　　　　　　　　23 400

年终结算,本年度共发生经营收入 118 000 元。会计分录为:
借:经营收入 118 000
　贷:经营结余 118 000

(六) 附属单位缴款

附属单位缴款是指事业单位附属的独立核算单位按规定标准或比例缴纳的各项收入,包括附属的事业单位上缴的收入和附属的企业上缴的利润等(附属单位补偿上级单位在事业支出中垫支的各种费用,应当冲减相应支出,不能作为缴款收入处理)。

1. 会计账户设置

事业单位应设置"附属单位缴款"账户,核算附属单位缴款业务。该账户属于收入类账户,其借方登记减少数,反映其转入"事业结余"账户数以及发生的缴款退回数;贷方登记增加数,反映实际收到的款项。该账户平时余额在贷方,表示附属单位缴款的累计数,年终"附属单位上缴收入"账户余额转到有关账户后,该账户无余额。该账户应按缴款单位设置明细账。

2. 账务处理方法

【例 7-14】Y 事业单位发生如下业务:

收到所属独立核算的 X 单位缴来的利润 80 000 元。会计分录为:
借:银行存款 80 000
　贷:附属单位缴款——X 单位 80 000

年终,该事业单位"附属单位缴款"账户贷方余额为 200 000 元。结账会计分录为:
借:附属单位缴款 200 000
　贷:事业结余 200 000

(七) 其他收入

其他收入是指上述范围以外的收入,如投资收益、利息收入、捐赠收入、零星杂项收入等。

1. 会计账户的设置

事业单位为了核算其他收入,应设置"其他收入"账户,该账户属收入类账户,借方登记其他收入的退回及其期末转入"事业结余"中的数额,贷方登记取得的其他收入数额,平时贷方余额为其他收入的累计余额。年终,该账户余额全部转入"事业结余",结转以后,该账户应无余额。该账户应按收入的种类设置明细账。

2. 账务处理方法

【例 7-15】Y 事业单位发生如下经济业务:

收到到期兑付的债券投资的本息共计 11 500 元,其中利息 1 300 元。会计分录为:
借:银行存款 11 500
　贷:对外投资——债券投资 10 200
　　其他收入——利息收入 1 300

同时,按成本价调整事业基金明细账:
借:事业基金——投资基金 10 200
　贷:事业基金———般基金 10 200

收到上年度以银行存款对外投资取得的投资收益 33 000 元。会计分录为：
借：银行存款 33 000
　　贷：其他收入——投资收益 33 000
出租固定资产取得租金收入 21 000 元。会计分录为：
借：银行存款 21 000
　　贷：其他收入——固定资产出租收入 21 000
收到其他单位的捐赠收入 50 000 元。会计分录为：
借：银行存款 50 000
　　贷：其他收入——捐赠收入 50 000
年终，将"其他收入"账户贷方余额 70 000 元结转"事业结余"账户。会计分录为：
借：其他收入 70 000
　　贷：事业结余 70 000

任务二　行政事业单位支出核算

一、行政单位支出的核算

（一）经费支出

经费支出是行政单位为完成业务活动所发生的各项支出。按照用途分类，经费支出可分为人员支出（基本工资、津贴、奖金等）、公用支出（办公费、印刷费、水电费、邮电费、培训费等）、对个人和家庭的补助支出（离休费、退休费、退职费、抚恤和生活补助等）、固定资产的购建和大修理支出（建筑物购置费、办公设备购置费等）四类；按照支出的性质可分为经常性支出和专项支出，前者是指行政单位为维持正常运转和完成日常工作任务而发生的各项支出，后者是指行政单位为完成专项工作或特定任务而发生的各项支出。

1. 经费支出的报销口径

报销口径就是支出数的确认标准。行政单位的各项支出应按实际支出数额列报，不能以拨作支、以领代报，也不能按预算数列报。为了正确地核算单位的经费支出，在列报各项经费支出时，应按下列口径办理：

（1）发给个人的工资、津贴、补贴和抚恤救济等，应根据实有人数和实发金额，取得本人签发的凭证列报，不能以编制金额或预算数字列支。

（2）购入办公用品和行政用的零星材料，一般按购入数直接列为支出；数量大宗的，应通过材料核算，使用时按领用数列报支出。

（3）行政支付的工会经费和其他按规定提取的经费，按提取数由经办人员签收后列报。

（4）凡应由个人负担的罚款或其他费用，不得由单位支付。

（5）财务制度另有规定的，按财务制度规定办理。

2. 会计账户的设置

行政单位应设置"经费支出"账户，核算在业务活动中发生的各项支出。该账户属于支出类账户，其借方登记经费实际支出数，贷方登记支出收回或冲销转出数，平时借方余额反映经费实际支出累计数。年终，该账户借方余额应转入"结余"账户，转账后，该账户无余额。该账户应按经常性支出和专项支出分设二级账户，二级账户下按财政部门统一规定的"目"、"节"级支出账户设置明细账。

3. 账务处理方法

行政单位发生经费支出时，借记"经费支出"账户，贷记"银行存款"、"现金"等账户；支出收回或冲销转出时，借记有关账户，贷记"经费支出"账户。年终，该账户借方余额应转入"经费结余"账户，借记"经费结余"账户，贷记"经费支出"账户。

（1）经费支出——经常性支出的账务处理。

【例7-16】X行政单位计算发放本月职工工资。单位在职职工实有人数200人，应发基本工资总额180 000元，应发补助工资总额40 000元，另外计发离退休人员15人离退休费共计20 000元，长休人员工资400元。代扣职工水电费共计6000元，其中离退休人员水电费400元。扣住房公积金12 200元。计算本月实发工资金额：

实发在职职工工资：180 000+40 000-（6000-400）-12 200=202 200（元）

实发离退休人员工资：20 000-400=19600（元）

实发长休人员工资：400元

开出现金支票提取现金222200元（202200+19600+400），会计分录为：

借：现金 222 200
　　贷：银行存款 222 200

发放在职职工工资，同时代扣水电费及住房公积金。会计分录为：

借：经费支出——经常性支出——基本工资 180 000
　　经费支出——经常性支出——补助工资 40 000
　　贷：现金 202 200
　　　　暂存款——水电费 5 600
　　　　暂存款——住房公积金 12 200

发放离退休人员及长休人员工资，并代扣水电费。会计分录为：

借：经费支出——经常性支出——职工福利费 400
　　经费支出——经常性支出——社会保障费 20 000
　　贷：现金 20 000
　　　　暂存款——水电费 400

【例7-17】X行政单位按工资总额的14%提取职工福利费。会计处理为：

应提福利费：200 000×14%=28 000（元）

借：经费支出——经常性支出——职工福利费 28 000
　　贷：暂存款——职工福利费 28 000

【例7-18】X行政单位开出转账支票,支付本单位水电费5 000元,并将代扣个人水电费及住房公积金同日转账支付给有关部门。会计分录为:

支付水电费:
  借:经费支出——经常性支出——公务费   5 000
    贷:银行存款   5 000

支付代扣水电费:
  借:暂存款——水电费   6 000
    贷:银行存款   6 000

支付代扣住房公积金:
  借:暂存款——住房公积金   12 200
    贷:银行存款   12 200

【例7-19】X行政单位开出转账支票,购买一批办公用设备,价款30 000元。会计分录为:

  借:经费支出——经常性支出——设备购置费   30 000
    贷:银行存款   30 000
  借:固定资产   30 000
    贷:固定基金   30 000

(2)经费支出——专项支出的账务处理。

【例7-20】X行政单位领用专用工程库存材料300元。会计分录为:

  借:经费支出——专项支出——业务费   300
    贷:库存材料   300

(3)经费支出收回的核算。已经列作经费支出后又收回的款项,叫做经费支出的收回。其处理方法如下:行政单位收回本年度已列为经费支出报销的款项,冲减当年的经费支出;收回以前年度已经列为经费支出的款项,应增加上年度结余,不得冲减本年度经费支出;材料的盘盈、盘亏和变价处理的差价,一般作为减少或增加相应支出处理;固定资产按规定处理后的变价收入,应作为其他收入。

【例7-21】X行政单位专项T工程用材料4 000元,已列为经费支出,应由专项工程支出列支,现收回,会计分录为:

  借:经费支出——专项支出   4 000
    贷:经费支出——经常性支出   4 000

【例7-22】X行政单位收回以前年度已列为经费支出的2 000元,会计分录为:

  借:银行存款   2 000
    贷:结余——经常性结余   2 000

【例7-23】X行政单位对材料进行盘点时,发现盘盈甲材料20千克,每千克15元,共300元;盘亏乙材料5千克,每千克6元,共30元。上述盈亏数额,已请单位领导批准调整账目。单位会计凭批准的材料盘盈、盘亏表填制记账凭单。会计分录为:

借：库存材料——甲材料	300
贷：经费支出——经常性支出——其他费用	300
借：经费支出——经常性支出——其他费用	30
贷：库存材料——乙材料	30

【例 7-24】X 行政单位出售多余材料，其中：甲材料成本 230 元，售得现金 280 元；乙材料成本 160 元，售得现金 110 元，会计分录为：

借：现金	280
贷：库存材料——甲材料	230
经费支出——经常性支出——其他费用	50
借：现金	110
经费支出——经常性支出——其他费用	50
贷：库存材料——乙材料	160

（二）拨出经费

拨出经费是指行政单位按核定预算将财政或上级单位拨入的经费，按预算级次转拨给下属预算单位的资金。拨出经费包括拨出经常性经费和拨出专项经费两部分。

1. 会计账户的设置

行政单位应设置"拨出经费"账户，核算按核定预算拨付所属单位的预算资金。该账户属支出类账户，其借方登记对所属单位转拨经费数，贷方登记收回或冲销转出数，平时借方余额反映拨出经费累计数。年终，该账户借方余额转入"结余"账户后应无余额。该账户应按拨出经常性经费和拨出专项经费分设二级账户，并按所属拨款单位设置明细账，进行明细分类核算。

2. 账务处理方法

行政单位对其所属单位转拨经费时，借记"拨出经费"账户，贷记"银行存款"等账户；收回或冲销转出时，借记"银行存款"账户，贷记"拨出经费"账户。年终，"拨出经费"账户借方余额转入"结余"账户，借记"结余"账户，贷记"拨出经费"账户。

（三）结转自筹基建

结转自筹基建是指行政单位经批准用拨入经费以外的资金安排基本建设，其所筹集并转存建设银行的资金。

1. 会计账户的设置

行政单位应设置"结转自筹基建"账户，用于核算行政单位经批准用经费拨款以外的自筹资金安排基本建设，并转存建设银行的资金。该账户借方登记自筹的基本建设资金转存建设银行的数额，贷方登记年终转入"结余"账户的数额。年终结转后，该账户无余额。

2. 账务处理方法

将自筹的基本建设资金转存建设银行时，根据转存数借记"结转自筹基建"账户，贷记"银行存款"账户；年终结账时，应将本账户借方余额全数转入"结余"账户，借记"结余"账户，贷记"结转自筹基建"账户。

二、事业单位支出的核算

（一）拨出经费

拨出经费是事业单位按核定的预算拨付所属单位的预算资金。事业单位对附属单位拨付的非财政性补助资金以及需要单独报账的专项资金，不属于拨出经费。

1. 会计账户的设置

有附属单位的事业单位，应设置"拨出经费"。该账户属于支出类账户，借方登记事业单位实际拨出的经费数，贷方登记事业单位收回拨出经费数。该账户的借方余额反映拨出经费累计数。年终结账时，将该账户的借方余额全部转入"事业结余"账户。年终结转后，该账户无余额。该账户应按所属单位名称设置明细账。

2. 账务处理方法

（1）事业单位拨出经费的会计处理。

【例7-25】Y事业单位将财政部门拨来的经费收入中的200 000元转拨给所属甲单位。会计分录为：

  借：拨出经费——甲单位   200 000
    贷：银行存款   200 000

（2）收回拨出经费的会计处理。

【例7-26】Y事业单位收到所属乙单位缴回的多余经费30 000元。会计分录为：

  借：银行存款   30 000
    贷：拨出经费——乙单位   30 000

（3）年终，将"拨出经费"账户借方余额全数转入"事业结余"账户。

【例7-27】年终，假定Y事业单位"拨出经费"账户的借方余额为430 000元。会计分录为：

  借：事业结余   430 000
    贷：拨出经费   430 000

（二）拨出专款

拨出专款是指事业主管单位或上级单位拨付给所属单位需要单独报账的专项资金。它既包括由同级财政部门或上级单位拨入后转拨给所属单位的专项拨款，也包括本单位用自有资金对所属单位拨付的专项拨款。

1. 会计账户的设置

事业单位应设置"拨出专款"账户，用来核算拨付给所属单位需要单独报账的各项专项资金。该账户属于支出类账户，借方登记实际拨出的专项资金数，贷方登记专项拨款的收回数和所属单位报销专款支出数。平时该账户的借方余额反映所属单位尚未报销的专项拨款数。该账户应按所属单位名称或项目设置明细账，进行明细核算。

2. 账务处理方法

（1）事业单位拨出专款，会计分录为：

借：拨出专款
　　　　贷：银行存款
（2）收回拨出专款，会计分录为：
　　借：银行存款
　　　　贷：拨出专款
（3）所属单位报销专款支出，应区别情况处理。
①专项资金如系上级单位拨入的，会计分录为：
　　借：拨入专款
　　　　贷：拨出专款
②专项资金如系本单位自有资金，会计分录为：
　　借：事业基金——一般基金
　　　　贷：拨出专款

（三）专款支出

专款支出是指由财政部门、上级单位和其他单位投入的指定项目或用途，并需要单独报账的专项资金的实际支出数。专项资金的管理应符合如下要求：专款专用、按实列报、单独核算、专项结报。

1. 会计账户的设置

事业单位应设置"专款支出"账户，用来核算各种专项资金的实际支出数。该账户属于支出类账户，借方登记事业单位按指定的项目或用途实际开支的料、工等费用，贷方登记专项资金支出收回数，平时借方余额反映专项支出的累计数。该账户应按专款的项目设置明细账，进行明细核算。

2. 账务处理方法

（1）事业单位按指定的项目或用途开支工、料费时。

【例7-28】A课题组购买专用设备一台，价款650 000元，款项已付，设备已交付使用。会计分录为：

　　借：专款支出——A课题（设备购置费）　　　　　　　　　　650 000
　　　　贷：银行存款　　　　　　　　　　　　　　　　　　　650 000
　　借：固定资产　　　　　　　　　　　　　　　　　　　　　650 000
　　　　贷：固定基金　　　　　　　　　　　　　　　　　　　650 000

（2）项目完工向有关部门单独列报时。

【例7-29】A课题研究结束，全部费用为950 000元，余款20 000元，按规定留给单位使用。结账时，将已完工的专款支出向上级单独报账。会计分录为：

　　借：拨入专款——A课题　　　　　　　　　　　　　　　　950 000
　　　　贷：专款支出——A课题　　　　　　　　　　　　　　950 000

结转结余款，会计分录为：

　　借：拨入专款——A课题　　　　　　　　　　　　　　　　 20 000
　　　　贷：事业基金——一般基金　　　　　　　　　　　　　 20 000

（四）上缴上级支出

上缴上级支出是事业单位按规定的标准或比例上缴上级单位的支出。属于上级单位有经营活动的独立核算的事业单位，按规定的标准或比例上缴上级的纯收入，纳入"上缴上级支出"账户核算。

1. 会计账户的设置

事业单位应设置"上缴上级支出"账户，用来核算上缴上级支出的情况。该账户属于支出类账户，其借方登记上缴上级支出的增加数，贷方登记减少数或转入"事业结余"账户的数额。该账户平时余额在借方，反映上缴上级支出的累计数。年终，"上缴上级支出"账户余额转到"事业结余"账户后，该账户无余额。

2. 账务处理方法

（1）按照规定的定额或者比例上缴上级单位款项，会计分录为：

借：上缴上级支出
　　贷：银行存款

（2）收回款项，会计分录为：

借：银行存款
　　贷：上缴上级支出

（3）年终结转，会计分录为：

借：事业结余
　　贷：上缴上级支出

（五）对附属单位补助

对附属单位补助是指事业单位用财政补助收入之外的收入对附属单位补助发生的支出。

1. 会计账户的设置

事业单位应设置"对附属单位补助"账户。该账户属于支出类账户，借方发生额反映对附属单位拨款数，贷方发生额反映对附属单位拨款的收回以及年终结账转出数额。平时余额在借方，表示事业单位对其附属单位补助支出的累计数。年终结账后，该账户无余额。该账户按接受补助的附属单位设置明细账。

2. 账务处理方法

（1）事业单位对附属单位拨付补助款，会计分录为：

借：对附属单位补助
　　贷：银行存款

（2）收回对附属单位补助款，会计分录为：

借：银行存款
　　贷：对附属单位补助

（3）年终结账，会计分录为：

借：事业结余
　　贷：对附属单位补助

（六）事业支出

事业支出是事业单位开展各项专业业务活动及其辅助活动发生的实际支出。

事业支出可分为基本支出和项目支出。基本支出是事业单位为保障其机构正常运转和完成其日常工作任务所需的支出。项目支出是事业单位为完成特定工作任务或事业发展而发生的支出。

基本支出大体可分为：人员支出（基本工资、津贴、奖金等）、公用支出（办公费、印刷费、水电费、办公设备购置费等）、对个人和家庭的补助支出（离休费、退休费、退职费、住房补贴等）。

项目支出大体可分为：基本建设项目支出、事业性项目支出（大型修缮项目、大型会议等）、其他项目支出（如科技三项费用、农合开发资金等）。

1. 事业支出的报销口径

事业支出的报销应遵循以下规定：

（1）对于发给个人的工资、津贴、补贴和抚恤救济费等，应根据实有人数和实发金额，取得本人签发的凭证列报支出。通过银行划入职工个人账户的，应根据提交给银行的工资发放明细表及银行提供的凭证列报支出。

（2）购入办公用品、业务用品一般按购入数直接列报支出。购入事业用材料应先列入"材料"科目进行核算，领用时再列报支出。

（3）社会保障费、职工福利费和管理部门支付的工会经费，按照规定标准和实有人数每月计算提取，直接列报支出。

（4）固定资产修购基金按核定的比例提取，直接列报支出。

（5）购入固定资产，经验收后列报支出，同时记入"固定资产"和"固定基金"科目。

（6）其他各项费用，均以实际报销数列报支出。

2. 会计账户的设置

事业单位应设置"事业支出"账户，用来核算单位开展专业业务活动及其辅助活动发生的实际支出。该账户借方登记实际发生的支出数、实行内部成本核算的事业单位结转已销业务成果或产品的实际成本；贷方登记当年支出收回数。平时该账户的借方余额反映实际支出累计数或实行内部成本核算的事业单位已销业务成果及产品的实际成本数。年终，将该账户借方余额全数转入"事业结余"账户。结账后，该账户无余额。

3. 账务处理方法

（1）发生业务支出的会计处理。

【例7-30】Y事业单位收到银行转来的"委托收款"凭证，支付上月电话费13 000元，水费9 000元，电费34 000元。会计分录为：

借：事业支出——基本支出——水电费　　　　　　　　　　　　　56 000
　　贷：银行存款　　　　　　　　　　　　　　　　　　　　　　　56 000

（2）当年支出收回的会计处理。

【例7-31】学校上月发放的助学金计算错误，本月收回现金1 000元。会计分录为：

借：现金　　　　　　　　　　　　　　　　　　　　　　　　　　1 000
　　贷：事业支出——助学金　　　　　　　　　　　　　　　　　　1 000

（3）实行内部成本核算的事业单位结转已销业务成果或产品成本，按实际成本登记。

【例7-32】结转内部成本核算单位的已销业务成果，实际成本为8 000元。会计分录为：

借：事业支出　　　　　　　　　　　　　　　　　　　　　　　　　　8 000
　　贷：产成品　　　　　　　　　　　　　　　　　　　　　　　　　　　8 000

（4）年终，将"事业支出"账户借方余额全数转入"事业结余"账户。

【例7-33】年终结转"事业支出"借方余额215 000元。会计分录为：

借：事业结余　　　　　　　　　　　　　　　　　　　　　　　　　215 000
　　贷：事业支出　　　　　　　　　　　　　　　　　　　　　　　　　215 000

（七）经营支出

经营支出是指事业单位在专业业务活动及辅助活动之外开展非独立核算的经营活动时发生的各项支出。事业单位所有非独立核算的经营活动发生的全部支出，都应纳入经营支出核算反映，且经营支出与经营收入要配比。

1. 会计账户的设置

事业单位应设置"经营支出"账户，用来核算和监督单位的经营支出情况。该账户借方反映支出增加数，贷方反映支出收回数，期末借方余额反映当年经营支出累计数。年终，应将该账户借方余额全数转入"经营结余"账户。结账后，该账户无余额。经营支出账户按经营业务的主要类别设置二级科目。

2. 账务处理方法

（1）发生经营支出的会计处理。

【例7-34】Y事业单位以现金15 000元支付经营人员基本工资。会计分录为：

借：经营支出——基本工资　　　　　　　　　　　　　　　　　　　 15 000
　　贷：现金　　　　　　　　　　　　　　　　　　　　　　　　　　　 15 000

（2）实行内部成本核算的事业单位结转已销业务成果或产品成本时，按实际成本登记。

【例7-35】Y事业单位结转销售产品成本23 000元。会计分录为：

借：经营支出——产品销售成本　　　　　　　　　　　　　　　　　　23 000
　　贷：产成品　　　　　　　　　　　　　　　　　　　　　　　　　　23 000

（3）期末结账的会计处理。

【例7-36】Y事业单位结转本期经营支出69 000元，会计分录为：

借：经营结余　　　　　　　　　　　　　　　　　　　　　　　　　 69 000
　　贷：经营支出　　　　　　　　　　　　　　　　　　　　　　　　 69 000

（八）成本费用

成本费用是指事业单位在生产产品、开发项目或提供劳务过程中消耗的费用及损失。

1. 内部成本核算的方法

实行内部成本核算的事业单位，其成本项目的确定和计算分配成本的方法，必须做到一定时期内的统一性和完整性，其成本费用开支项目必须与事业支出科目相衔接。在成本核算程度和制度方面，有两种选择。

（1）单设成本账户。有关成本的支出经分配直接或间接记入成本账户，然后再将成本按要求的支出种类分解列示于收入支出表。在具体操作上，事业单位成本费用的一级明细科目可以参照企业财务制度设计为直接费用、间接费用、管理费用、财务费用等,也可以根据本单位的实际情况进行适当的简化合并;二级明细科目可按照事业支出的"目"级科目设计。这样,既能满足内部成本核算的需要,又能与国家统一规定的事业支出科目相衔接,有关成本费用就能够还原到国家统一规定的支出科目中。

(2) 不单设成本账户。有关支出直接记入相应的支出账户,而另以成本计算表计算有关产品的成本。

2. 内部成本核算的主要步骤

事业单位实行内部成本核算,主要步骤如下:

(1) 将与产品生产有关的成本费用进行归集。

(2) 产品验收入库时,按成本价转入"产成品"账户。

(3) 销售产品时,按已销产品实际成本,从"产成品"账户转入"经营支出"账户。

(4) 将归集的管理费用、财务费用等转入"经营支出"、"事业支出"账户。

(5) 年终时,将本期的"经营收入"、"经营支出"、"销售税金"转入"经营结余"账户。"经营结余"账户的贷方余额为实现的经营结余,借方余额为经营亏损。

(6) 将单位实现的经营结余全数转入"结余分配"账户,如为亏损则不结转。

3. 单设成本账户的事业单位成本费用的归集

从事产品生产的事业单位,应设置"成本费用"账户。直接材料、直接人工等能分清归属于哪种产品的直接费用,记入本账户的借方及"材料"、"应付工资"等科目的贷方。业务活动比较复杂的事业单位,可按业务活动类别设置若干个成本费用账户,如科学事业单位可设置"科研成本"、"技术成本"、"试制成本"等科目。该账户应按产品品种、服务类别、研究项目设置明细账户。

事业单位从事多项业务活动发生的支出,应正确予以归集,无法直接归集的,应按标准和规定的比例在事业支出和经营支出中进行合理分摊。

【例7-37】某研究机构所属的非独立核算的工厂生产甲、乙两种产品,2月发生如下业务:

车间生产甲产品领用A材料30吨,单价1000元/吨,B材料10吨,单价600元/吨。会计分录为:

  借:成本费用——直接费用(其他费用)(甲产品)   36 000
   贷:材料——A材料   30 000
     材料——B材料   6 000

发放本月生产工人工资:基本工资30 200元,其中车间管理人员基本工资2 700元,甲产品生产工人基本工资27 500元;津贴7200元,其中车间管理人员津贴900元,甲产品生产工人津贴6 300元。扣收住房公积金1 500元,其中车间管理人员住房公积金150元,甲产品生产工人住房公积金1 350元。开出现金支票,提取现金发放工资,当日发清。会计分录为:

  借:现金   36 100
   贷:银行存款   36 100
  借:成本费用——直接费用(基本工资)(甲产品)   27 500
    成本费用——直接费用(津贴)(甲产品)   6 300

贷：现金　　　　　　　　　　　　　　　　　　　　　　　　　32 450
　　　　其他应付款　　　　　　　　　　　　　　　　　　　　　　 1 350
借：间接费用（基本工资）　　　　　　　　　　　　　　　　　　　2 700
　　间接费用（津贴）　　　　　　　　　　　　　　　　　　　　　　900
　　贷：现金　　　　　　　　　　　　　　　　　　　　　　　　　 3 050
　　　　其他应付款　　　　　　　　　　　　　　　　　　　　　　　 150
开出转账支票支付本月水电费6 000元，会计分录为：
借：间接费用（公务费）　　　　　　　　　　　　　　　　　　　　6 000
　　贷：银行存款　　　　　　　　　　　　　　　　　　　　　　　6 000
期末，本次投料的甲产品制造完工，结转其成本。本期甲、乙两种产品耗用工时分别为200小时和100小时。
期间费用分配率＝当期间接费用总额÷当期作业量
　　　　　　　＝（2 700+900+6 000）÷300＝32（元/小时）
甲产品分摊的间接费用：200×32＝6 400（元）
其中：基本工资＝2 700÷300×200＝1 800（元）
　　　津贴＝900÷300×200＝600（元）
　　　业务费＝6 000÷300×200＝4 000（元）
根据"间接费用"分配表编制记账凭证，会计分录为：
借：成本费用——甲产品　　　　　　　　　　　　　　　　　　　 6 400
　　贷：间接费用——基本工资　　　　　　　　　　　　　　　　　1 800
　　　　间接费用——津贴　　　　　　　　　　　　　　　　　　　 600
　　　　间接费用——业务费　　　　　　　　　　　　　　　　　　4 000
对入库的产成品，凭有关凭证编制记账凭证，会计分录为：
借：产成品——甲产品　　　　　　　　　　　　　　　　　　　　76 200
　　贷：成本费用——甲产品　　　　　　　　　　　　　　　　　 76 200
其中，结转金额为甲产品成本费用的借方余额：
36 000+27 500+6 300+6 400＝76 200（元）
甲产品对外出售，取得销售收入200 000元。确认收入并结转其成本。会计分录为：
借：银行存款　　　　　　　　　　　　　　　　　　　　　　　200 000
　　贷：经营收入　　　　　　　　　　　　　　　　　　　　　 200 000
借：经营支出　　　　　　　　　　　　　　　　　　　　　　　 76 200
　　贷：产成品——甲产品　　　　　　　　　　　　　　　　　　76 200

（九）销售税金

销售税金是指事业单位提供劳务或销售产品应负担的税金及附加，包括资源税、营业税、城市维护建设税及教育费附加。

1. 会计账户的设置

事业单位应设置"销售税金"账户，用来核算提供劳务或销售产品应负担的各种税金。该账户属于支出类账户，借方登记单位应负担的各种销售税金及附加。期末，将借方余额全数转入"经营结余"或"事业结余"账户，结转后，该账户无余额。该账户应按照产品类别或品种设置明细账户。

2. 账务处理方法

具体处理方法与企业会计类似。

任务四　行政事业单位净资产核算

一、行政单位净资产的核算

（一）固定基金

固定基金是指固定资产所占用的基金。行政单位固定基金体现国家和行政单位对固定资产的所有权。主要包括行政单位用国家拨入或单位自有的资金购建、上级主管部门调入、接受捐赠的各项固定资产所占用的基金。

固定资产随着不断使用，其价值是不断减少的，国家和行政单位所拥有的固定基金数额也是逐年减少的。但是，由于行政单位固定资产不计提折旧，所以，账面上固定基金的数额和固定资产的数额始终是相等的。

1. 会计账户的设置

行政单位应设置"固定基金"账户，用来核算和监督固定基金的增减变动及结存情况。该账户属于净资产类账户，贷方登记固定基金增加数，借方登记减少数。其贷方余额表示拥有的固定基金总值。该账户的期末余额与"固定资产"账户的期末余额应保持相对应的关系（有融资租入固定资产的除外）。

2. 账务处理方法

行政单位增加固定基金时，借记"固定资产"账户或有关账户，贷记"固定基金"账户；减少固定基金时，借记"固定基金"账户，贷记"固定资产"账户。

（二）结余

结余是行政单位各项收入与支出相抵后的余额，一年计算一次。

行政单位结余分为当年结余和历年滚存结余。当年结余是当年各项收入减去当年各项支出后的余额。历年滚存结余包括年初结余和本年结余。

行政单位结余一般由两部分构成：一部分是经常性经费收支相抵后的余额，即经常性结余；另一部分是专项经费收支相抵后的余额，即专项结余。经常性结余的多少，可表明公务活动过程中收入保证支出的程度，是结余的主要部分。结余一般没有限定用途，可用于行政单位公务活动的各个方面，但主要是用于弥补行政单位以后年度收不抵支。

1. 会计账户的设置

行政单位应设置"结余"账户，核算年度各项收支相抵后的余额。该账户属于净资产账户，借方登记年终各支出账户余额的转入数，贷方登记年终各收入账户余额的转入数。该账户贷方余额为行政单位滚存结余。

2. 账务处理方法

年终，将"拨入经费"、"预算外资金收入"和"其他收入"账户的余额转入"结余"账户的贷方，借记"拨入经费"、"预算外资金收入"、"其他收入"账户，贷记"结余"账户；将"经费支出"、"拨出经费"和"结转自筹基建"账户的余额转入"结余"账户借方，借记"结余"账户，贷记"经费支出"、"拨出经费"、"结转自筹基建"账户。有专项资金收支的单位，应将非专项的收支分别转入结余账户的"经常性结余"明细账户中，将专项收支分别转入结余账户的"专项结余"明细账户中。

二、事业单位净资产的核算

(一) 事业基金

事业基金，是指事业单位拥有的非限定用途的净资产，分为一般基金和投资基金。其来源主要包括以下四个方面：

(1) 各年收支结余的滚存数，是事业基金的主要来源。

(2) 已完项目的拨入专款结余，按规定留给本单位使用的，转入事业基金。

(3) 单位年终结账后，发生以前年度会计事项调整或变更，涉及以前年度结余的，一般应直接转入或冲减事业基金，但国家有规定的，从其规定。

(4) 对外投资时，投出资产的评估价或合同、协议确定的价值与账面价值的差额，直接计入或冲减事业基金。

1. 会计账户的设置

事业单位应设置"事业基金"账户，用来核算单位拥有的非限定用途的净资产。本账户贷方登记"结余分配"账户转入数或其他原因引起的增加数，借方登记冲减数。本账户贷方余额反映单位实际拥有的非限定用途的净资产。本账户应按核算的业务内容下设"一般基金"和"投资基金"两个明细账户。"一般基金"主要用于核算滚存结余资金；"投资基金"用于核算对外投资部分的基金。

2. 账务处理方法

(1) 期末结转"结余分配"的余额形成的事业基金。年终，事业单位应将当期未分配结余转入"事业基金"账户，借记"结余分配"账户，贷记"事业基金——一般基金"账户。

(2) 已完工项目拨入专款结余形成的事业基金。对于项目已经完工的拨入专款结余，按规定留归本单位使用的，转入"事业基金"账户核算，借记"拨入专款"账户，贷记"事业基金——一般基金"账户。

(3) 对外投资形成的事业基金。用固定资产对外投资，应按评估价或合同、协议确定的价值，借记"对外投资"账户，贷记"事业基金——投资基金"账户；同时，按固定资产账面原价，借记"固定基金"账户，贷记"固定资产"账户。

(二) 固定基金

固定基金是指事业单位占有或使用的各项固定资产所占用的基金。固定基金的内容按其形成的方式不同可分为如下几个方面：

(1) 事业单位新建固定资产而形成的固定基金。

(2) 事业单位购入、调入固定资产而形成的固定基金。

(3) 事业单位自制固定资产而形成的固定基金。

(4) 融资租入固定资产而形成的固定基金。
(5) 接受捐赠的固定资产而形成的固定基金。
(6) 接受其他单位投资转入的固定资产而形成的固定基金。
(7) 盘盈固定资产而形成的固定基金。

1. 会计账户的设置

事业单位应设置"固定基金"账户，用来核算和固定基金的增减变动及结存情况。该账户属于净资产类账户，贷方登记固定基金增加数，借方登记减少数，其贷方余额表示事业单位所拥有的固定基金总值。该账户的期末余额与"固定资产"账户的期末余额应保持相对应的关系（融资租入固定资产的除外）。

2. 账务处理方法

（1）固定基金增加的核算。固定基金增加的业务主要有：调入固定资产、国家拨款购建固定资产、自有资金购建固定资产及固定资产盘盈。

注意：在通常情况下，"固定资产"和"固定基金"账户的数额是相等的。融资租入固定资产，按照制度规定的核算方法核算，两者并不相等。因此在编制有关报表时，应注明形成此差额所包含的明细内容。

（2）固定基金减少的核算。固定基金减少的业务主要有：有偿调出或变卖固定资产、毁损或报废固定资产、盘亏固定资产以及对外投资转出固定资产。

（三）专用基金

专用基金是指事业单位按规定提取或者设置的专门用途的资金。事业单位提取或设置的专用基金主要有：修购基金、职工福利基金、医疗基金和住房基金。

专用基金按规定一般不直接参与业务经营活动，其运动过程具有相对独立的特点：一是专用基金的取得均有专门的规定。如修购基金和医疗基金是根据一定的比例或数额提取，在相关支出中列支后转入的；职工福利基金则是根据结余的一定比例提取转入的；其他基金的提取和设置也都有专门的规定。二是各项专用基金都规定有专门的用途和使用范围，除财务制度规定可以允许合并使用以外，专用基金一般不得互相占用、挪用。三是专用基金的使用均属一次性消耗，没有循环周转，不可能通过专用基金支出直接取得补偿。

1. 会计账户的设置

事业单位应设置"专用基金"账户，用来核算单位规定提取、设置的有专门用途的资金的收支及结存情况。该账户的贷方登记单位按规定收入、提取或设置的基金，借方登记基金的使用或冲减数。该账户贷方余额为单位专用基金结存数。该账户应按专用基金的种类设置明细账。

2. 账务处理方法

（1）提取医疗基金，借记"事业支出——社会保障费"、"经营支出——社会保障费"等账户，贷记"专用基金——医疗基金"账户。

（2）提取修购基金，借记"事业支出——修缮费、设备购置费"或"经营支出——修缮费、设备购置费"账户，贷记"专用基金——修购基金"账户；清理报废固定资产残值变价收入转入，借记"银行存款"科目，贷记该科目；支付清理报废固定资产所发生的清理费用时，借记该科目，贷记"银行存款"科目。

（3）年终，事业单位按规定比例从当年结余计提职工福利基金，借记"结余分配——职工福利基金"等账户，贷记"专用基金"科目各明细账户。

（4）事业单位收到各项住房基金收入（不包括个人缴纳的住房公积金），借记"银行存款"账户，贷记"专用基金——住房基金"账户。对于个人住房公积金缴存情况，单位应设置辅助账进行登记并核算其缴纳、使用及余存情况。

（5）使用专用基金，借记"专用基金"科目相关明细科目，贷记"银行存款"等有关科目。

（四）结余分配

结余，是指事业单位在一定期间各项收入与支出相抵后的余额。由于事业单位实行各项收入与支出的统一核算、统一管理，事业单位的结余是"大结余"，包括"事业结余"和"经营结余"。

1. 事业结余的核算

事业结余是事业单位为开展专业业务活动及其辅助活动所获得的收入扣减相关支出后的余额，是事业单位一定期间除经营收支和专项收支以外的各项收支相抵后的余额。而对于中央级事业单位来讲，事业结余是中央级事业单位在一定期间除经营收支和财政拨款结转以及结余外其他各项收支相抵后的余额。

（1）会计账户的设置。事业单位应设置"事业结余"账户，用来核算和监督一定期间经营收支外的结余。该账户贷方反映从有关收入账户转入数，借方反映从有关支出账户转入数，余额一般在贷方，反映事业单位当年收入大于支出的结余数。如果余额在借方，则反映事业单位当年支出大于收入的亏损数。年末，转账后该账户无余额。

（2）账务处理方法。在会计期间的期末，应将"财政补助收入"、"上级补助收入"、"事业收入"、"附属单位缴款"、"其他收入"等账户的余额转入该账户，即借记上述账户，贷记该账户；将"拨出经费"、"事业支出"、"上缴上级支出"、"销售税金"（非经营业务）、"对附属单位补助"等账户余额转入该账户，即借记该账户，贷记上述有关账户；将事业结余全数转入"结余分配"账户，即借记该账户，贷记"结余分配"。

2. 经营结余的核算

经营结余是事业单位开展非独立核算的经营活动所实现的结余，是事业单位在一定期间各项经营收入与经营支出或费用相抵后的余额。

（1）会计账户的设置。事业单位应设置"经营结余"账户，用来核算和监督一定期间经营收支的结余。该账户贷方登记经营收入账户转入数，借方登记经营支出账户转入数和属于经营收入负担的销售税金。余额一般在贷方，反映事业单位当年经营收入大于支出的结余数。如果余额在借方，则反映事业单位当年经营支出大于收入的亏损数。年末，转账后该账户无余额。如为亏损，则不结转，等以后年度用盈余弥补。

（2）账务处理方法。期末，计算经营结余时，应将"经营收入"账户余额转入该账户，借记"经营收入"账户，贷记该账户；将"经营支出"、"管理费用"、"销售税金"等账户余额转入该账户，借记该账户，贷记上述账户。年度终了，单位应将实现的经营结余全数转入"结余分配",借记该账户,贷记"结余分配"账户。

3. 专项结余的核算

专项结余是专项工程和专门项目的拨入专款与专项支出之间的差额。将专项结余单独核算有利于单独揭示专项资金的收支与结存情况。

(1) 设"专项结余"账户情况下的核算。年末结账时,将"拨入专款"账户的数额全部转入该账户,借记"拨入专款",贷记该账户;将已经完成的专项工程支出及其他专项工程支出从"专项支出"账户转入该账户,借记该账户,贷记"专项支出"账户。未完工的专项收入、支出在期末不进行结转,分别留在"拨入专款"、"专项支出"账户中,在期末资产负债表中分别以"未完专项支出"、"专项结存"项目列示在资产方和负债方。

年终结账时,完工项目的专项结余应按规定进行分配。如规定留归本单位使用,则转入"事业基金"账户,借记该账户,贷记"事业基金"账户;如规定缴回原拨款单位,则借记账户,贷记"银行存款"账户。

本账户与"拨入专款"、"专项支出"等账户一样,应按专款使用项目的种类设置明细科目。

(2) 不设"专项结余"账户情况下的核算。在不设"专项结余"科目的情况下,很多核算都是相同的,只是在年终结账时,对于已完成的项目,将"拨入专款"账户与"拨出专项款"、"专项支出"等账户对冲,借记"拨入专款"账户,贷记上述账户。拨入专款的结余数额如规定留归本单位,则借记"拨入专款"账户,贷记"事业基金"账户;如规定缴回原拨款,则借记"拨入专款"账户,贷记"银行存款"账户。未完成项目的专项资金留在"拨入专款",待项目完成时再进行结算。

任务五　行政事业单位会计报表

一、行政单位会计报表

行政单位会计报表,是根据日常核算资料,通过整理、汇总而编制的用以反映会计主体一定时期的财务状况和预算执行结果的书面文件。包括资产负债表、收入支出总表、支出明细表、其他收入明细表和基本数字表等。

(一) 资产负债表

1. 资产负债表的内容

资产负债表是反映行政单位在某一特定日期(月末、季末、年末)财务状况的报表。它是行政单位最基本、最重要的报表。它提供的资料包括行政单位在某一特定日期的资产、负债、净资产以及收入、支出等。

资产负债表分为左右两方。左方是资产部类,具体包括资产类和支出类科目;右方为负债部类,具体包括负债类、收入类和净资产类科目。左右两方总额平衡,即"资产+支出=负债+收入+净资产"。其格式如表 7-5 所示。

表 7-5　　　　　　　　　　　　　　**资产负债表（参考格式）**

编表单位：　　　　　　　　　　　　　　年　月　日　　　　　　　　　　　　　　单位：元

科目编码	资产部类	年初数	期末数	科目编码	负债部类	年初数	期末数
	一、资产类				二、负债类		
101	现金			201	应缴预算款		
102	银行存款			202	应缴财政专户款		
103	有价证券			203	暂存款		
105	库存材料			211	应付工资（离退休费）		
106	固定资产			212	应付地方（部门）津贴补贴		
107	零余额账户用款额度			213	应付其他个人收入		
123	财政应返还额度						
	五、支出类						
501	经费支出				三、净资产类		
502	拨出经费			301	固定基金		
503	结转自筹基建			303	结余		
	支出合计：				其中：经常性结余		
					专项结余		
					四、收入类		
				401	拨入经费		
				404	预算外资金收入		
				407	其他收入		
	资产部类总计：				负债部类总计：		

年度终了，由于行政单位将有关收入和支出科目全数转入结余科目，年报中收入和支出项目没有余额（具体格式略）。

2. 资产负债表的编制方法

（1）本表中的"年初数"按上年末资产负债表的期末数填列。"期末数"应根据不同时间报出的资产负债表区别对待，若是月报，则按截至报告月份止各总账账户的期末余额填列；若是年报，则按年末转账后各总账账户的年末余额填列。

（2）主管单位汇总本表时，必须把本级会计报表与所属单位会计报表之间的重复数字，即本单位"拨出经费"与所属单位"拨入经费"所列数字相互抵消，其余账户都根据本级和所属单位的报表数字直接相加汇编。

（二）收入支出总表

1. 收入支出总表的内容

收入支出总表是反映行政单位年度收支总规模的报表。该表分为上下两部分，上部分为收入和支出部分，下部分为结余部分。其中上部分又分为左右两小部分，左方为收入，右方为支出。其格式如表7-6所示。

表7-6　　　　　　　　　　　　　　　收入支出总表
编制单位：　　　　　　　　　　　　　年　月　日　　　　　　　　　　　　　单位：

收入			支出项目			结余
项目	本月数	本年累计	项目	本月数	本年累计	
拨入经费			拨出经费			结转当年结余
其中：专项经费			经费支出			其中：专项结余
预算外资金收入			其中：经常性支出			以前年度结余
其中：专项经费			专项支出			
其他收入						
			结转自筹基建			
收入总计			支出总计			累计结余

2. 收入支出总表的编制方法

收入支出总表按本单位实有各项收支项目汇总列示。本表设有"本月数"和"本年累计"两栏，分别根据有关收入、支出账户的"本月合计数"和"本年累计数"填列，并且在该表中计算出收入总计、支出总计，最后再计算出累计结余。

在编制该表时，应注意两点：一是该表中的专项经费、专项支出以及专项结余应单独列示；二是主管单位汇总编制该表时，应将"拨出经费"与所属单位"拨入经费"汇总数对冲后填列。

（三）支出明细表

1. 支出明细表的内容

支出明细表是反映行政单位在一定时期内预算执行情况的报表。支出明细表的项目，应当按"国家预算支出科目"列示。对于财政拨款和预算外资金收入安排的支出应按支出的用途分别列示。其格式如表7-7所示。

表 7-7　　　　　　　　　　　　　　　　**经费支出明细表**
编制单位：　　　　　　　　　　　　　　年　　月　　日　　　　　　　　　　　　　　　　单位：

项　目	合计	基本工资	补助工资	其他工资	职工福利费	社会保障费	助学金	公务费	设备购置费	修缮费	业务费	其他费用	备注
列次	1	2	3	4	5	6	7	8	9	10	11	12	13
经费支出													
经常支出													
其中：财政拨款支出													
预算外资金支出													
专项支出													
其中：财政拨款支出													
预算外资金支出													

2. 支出明细表编制方法

（1）支出明细表"经费支出"中的"预算外资金支出"是指行政用预算外资金收入安排的支出（不包括预算外资金收入中的专项安排的支出）。行政单位在填列本栏时可根据核定的预算及资金使用情况填列，对于难以准确划分支出项目的，可采用比例估算或其他的方法填列。

（2）支出明细表"专项支出"是指用拨入经费和预算外资金收入中的专项资金安排的支出。本栏根据"经费支出"账户的"专项支出"二级账户填列。其"预算外资金专项支出"按实有项目汇总填列。

（3）支出明细表按"款"填列，每"款"填一张报表。

（四）基本数字表

基本数字表是反映行政单位定员定额执行情况的报表。基本数字表的项目，按财政部门和上级主管部门规定的项目列示。基本数字表是财政部门或上级单位考核实有数额、考核开支标准以及掌握预算拨款的重要依据。基本数字表是根据统计资料并按年初数、期末数和全年累计数分别填列的。其格式如表 7-8 所示。

表 7-8　　　　　　　　　　　　　　　　**基本数字表**
编制单位：　　　　　　　　　　　　　　年　　月　　日

款	项	项目名称	单位	年初数	年末数	全年平均或累计数	备注
		行政支出					
		行政机关经费					
		机构数	个				

续表

款	项	项目名称	单位	年初数	年末数	全年平均或累计数	备注
		工作人员总数	人				
		工资月开支人数	人				
		12月份工资数	元				
		公务费开支	元				
		其中：办公费	元				
		邮电费	元				
		会议费	元				
		取暖费	元				
		差旅费	元				
		机动车船燃料费	元				
		器具设备车船保养费	元				
		修理费	元				
		……					
		……					
		……					
		……					
		机动车数	辆				

单位负责人：　　　　会计主管：　　　　复核：　　　　制表：

（五）报表说明书

报表说明书是对会计报表的一种补充说明。行政单位在报送月报、季报、年报时都必须编写报表说明书，包括报表编制技术说明和报表分析说明。报表编制技术说明主要包括：采用的主要会计处理方法，特殊事项的会计处理方法，会计处理方法的变更情况、变更原因，以及对预算收支情况和结果的影响等。报表分析说明应根据会计报表分析的结果，填写表格中不能直接反映的分析性文字、说明。一般包括：影响预算执行、资金活动的原因，经费支出、资金活动的趋势，管理中存在的问题和改进措施，对上级会计单位工作的意见和建议等。

二、事业单位会计报表

事业单位会计报表是反映事业单位财务状况和收支情况的书面文件，是财政部门和上级单位了解情况、掌握政策、指导单位预算执行工作的重要资料，也是编制下年度单位财务收支计划的基础。

事业单位会计报表主要包括资产负债表、收入支出表、附表及会计报表附注和收支情况说明书等。对于有专款收支业务的单位，应根据财政部门或主管部门的要求编报专项资金收支情况表。

（一）资产负债表

1. 资产负债表的内容

资产负债表是反映事业单位一定时点财务状况的报表。它是根据资产、负债、收入、支出、净资产之间的相互关系，按照一定分类标准和一定顺序，把事业单位在一定日期的资产、负债、收入、支出、净资产各项目予以适当排列后编制而成的。

资产负债表可分为账户式和报告式两种。账户式资产负债表，是资产类列在报表的左方，负债类列在报表的右方。报告式资产负债表，是将资产、负债类科目自上而下排列。我国事业单位会计制度规定资产负债表格式如表7-9所示。

表7-9 资产负债表

编制单位：　　　　　　　　　　年　　月　　日　　　　　　　　　　　　　　单位：

科目编号	资产部类	年初数	期末数	科目编号	负债部类	年初数	期末数
	一、资产类				二、负债类		
	流动资产			201	借入款项		
101	现金			202	应付票据		
102	银行存款			203	应付账款		
105	应收票据			204	预收账款		
106	应收账款			207	其他应付款		
108	预付账款			208	应缴预算款		
110	其他应收款			209	应缴财政专户款		
115	材料			210	应交税金		
116	产成品				负债合计		
117	对外投资						
120	固定资产				三、净资产类		
124	无形资产			301	事业基金		
	资产合计				其中：一般基金		
					投资基金		
				302	固定基金		
				306	事业结余		
				307	经营结余		
					净资产合计		
	五、支出类						
501	拨出经费				四、收入类		
502	拨出专款			401	财政补助收入		
503	专款支出			403	上级补助收入		
504	事业支出			404	拨入专款		
505	经营支出			405	事业收入		
509	成本费用			409	经营收入		
512	销售税金			412	附属单位缴款		
516	上缴上级支出			413	其他收入		
517	对所属单位补助						
520	结转自筹基建				收入合计		
	支出合计						
	资产部类合计				负债部类合计		

2. 资产负债表的编制方法

资产负债表各项目都设有两栏，即"年初数"和"期末数"。其中，"年初数"即上年年末数，按上年决算后结转本年的各总账科目年初数填列。如果本年度的项目与上年末各项目的名称和内容不一致，则应调整后填入。"期末数"表示报告期末的状况，因而应根据截至报告月份的各项目的总账科目期末余额填列。具体填列时应注意以下几点：

（1）"银行存款"项目，根据事业单位"银行存款"总账科目的期末余额填列。事业单位的外埠存款、银行汇票存款、银行本票存款和在途资金都包含在该项目中。

（2）"应收票据"项目，根据"应收票据"科目的期末余额填列。单位已向银行贴现的应收票据，不包括在本项目中，但应在报表附注中对贴现票据进行说明。

（3）"应收账款"项目，应根据"应收账款"科目的有关明细科目的期末借方余额合计填列。如果"预收账款"科目有关明细账有借方余额，应填入本项目。"应收账款"有关明细账如有贷方余额，则应将其剔除，记入"预收账款"项目中。

（4）"预付账款"项目，根据"预付账款"科目的期末余额或"应收账款"科目的有关明细账借方余额填列。如果"应付账款"的有关明细科目有借方余额，也应包括在本项目内，但"预付账款"有贷方余额的，应填入"应付账款"项目。

（5）"固定资产"项目，根据"固定资产"科目余额填列，包括单位融资租入的产权尚未确定的固定资产，但应在附注中加以说明。该项目与"固定基金"项目填列数字一般情况下应该一致，但有可能不一致。

（6）"应付账款"项目，根据"应付账款"有关明细科目的期末贷方余额合计填列。但如果"预付账款"科目所属明细科目有贷方余额时，也应填入本项目；"应付账款"的明细科目有借方余额时，将其填入"预付账款"项目中。

（7）"预收账款"项目，根据"预收账款"明细科目贷方余额合计数填列。如果"应收账款"所属明细科目有贷方余额的，也填入本项目。如果"预收账款"所属明细科目有借方余额时，将其填入"应收账款"项目。

除以上项目外，表中其他项目的填列直接根据对应的总账科目的期末余额填列即可。

另外，须注意，上级单位或主管单位在编制汇总的"资产负债表"时，应将上下级之间的对应科目数字冲销后，才能逐级汇总上报。上下级之间的对应科目为：上级单位的"拨出经费"、"拨出专款"、"对附属单位补助"、"附属单位缴款"科目分别与下级单位的"财政补助收入"、"拨入专款"、"上级补助收入"、"上缴上级支出"科目对应。

（二）收入支出表

1. 收入支出表的内容

收入支出表是反映事业单位在一定期间的收支结余及其分配情况的报表。本表由收入、支出、结余及分配三部分组成。该表的项目按收支的构成和结余分配情况分别揭示。通过收入支出表，可以判断事业单位的经营成果，评价业绩，预测未来发展趋向。该表分为左右两部分，左半部分反映收入及结余情况，右半部分反映支出及结余分配情况。其格式如表7-10所示。

表 7-10　　　　　　　　　　　　　　　收入支出总表
编表单位：　　　　　　　　　　　　　　　　　　　　　　　　　　　　　　　　单位：

	收　　入				支　　出		
行次	项　目	本月数	本年累计	行次	项　目	本月数	本年累计
	拨入专款				专项资金支出		
	财政补助收入				拨出经费		
	上级补助收入				拨出专款		
	附属单位缴款				上缴上级支出		
					对附属单位补助		
	事业收入				事业支出		
	其中：				其中：		
	预算资金收入				财政补助支出		
	预算外资金收入				预算外资金支出		
	经营收入				经营支出		
	1.				1.		
	2.				2.		
	其他收入				结转自筹基建		
	收入总计				支出总计		
	结余				结余分配		
	1. 事业结余				1. 应交所得税		
	2. 经营结余				2. 提取专用基金		
					3. 转入事业基金		
					4. 其他		
	转入事业基金						

2. 收入支出表的编制方法

（1）本表事业收入与事业支出、经营收入和经营支出栏下的项目按单位的主要业务收支类类别分类填列。上述各项收入或支出没有分开设账核算的，可不分项填列。

（2）事业支出项下的财政补助支出和预算外资金支出，事业单位可以采用统计方法填列。

（3）当年没有完成的专项工程或专项业务，其发生的支出及其相关的收入当年不予结转。

（4）主管会计单位汇总编制本表时，应将拨出经费、拨出专项资金与所属单位拨入经费和拨入专款科目汇总数对冲；将附属单位缴款、对附属单位补助与所属单位的上交上级支出、上级补助收入科目汇总数对冲。具体要求是：

①主管会计单位在决算汇总后，首先要核对拨出经费与所属事业单位汇总的财政补助收入是否一致，即汇总的"财政补助收入"数减去"拨出经费"数等于本单位财政补助收入数，核对一致后进行对冲。如有差额，必须查明原因，调整一致后，再进行对冲。

②要核对拨出专款与所属单位汇总的拨入专款是否一致，即汇总的"拨入专款"数

减去"拨出专款"数等于本单位财政专项拨款数,核对一致后进行对冲。如有差额,必须查明原因,调整一致后,再进行对冲。

③核对对附属单位补助支出与所属事业单位汇总的上级补助收入是否一致,即汇总的"上级补助收入"数等于"对附属单位补助"数,或汇总的"上级补助收入"数减去"对附属单位补助"数等于对本级的"上级补助收入"数,核对一致后进行对冲。如有差额,必须查明原因,调整一致后,再进行对冲。

④核对附属单位上缴收入与所属事业单位汇总的上缴上级支出是否一致,即汇总的"上缴上级支出"数等于"附属单位缴款"数,或汇总的"上缴上级支出"数减去"附属单位缴款"数等于对本级的"上缴上级支出"数,核对一致后进行对冲。如有差额,必须查明原因,调整一致后,再进行对冲。

报表中"本月数"栏反映各项目的本月实际发生额,在编制年度报表时,应将"本月数"栏改成"上年数"栏,并填列上年全年累计实际发生数。如果上年度表中的项目名称与本年度表不相一致,应对上年度报表项目的名称与数字按本年度规定进行调整,填入报表中的"上年数"栏。报表中的"本年累计数"栏反映各项目自年初起至本月末止的累计实际发生数。年报中"本年累计数"栏的数字应与月报中 12 月份的此栏数字相一致。

(三)附表

附表是指收入支出表的附表,主要包括事业支出明细表、经营支出明细表和基本数字表。此处介绍前两种附表。

1. 事业支出明细表

(1)事业支出明细表的内容。事业支出明细表是反映一定时期事业支出的具体支出项目情况的报表。通过该表,可以了解掌握事业单位各项支出的具体用途和支出结构是否合理。其格式见表 7-11:

表 7-11 事业支出明细表

编制单位:　　　　　　　　　　年　月　日　　　　　　　　　　单位:

项目	合计	基本工资	补助工资	其他工资	职工福利	社会保障	助学金	公务费	设备购置费	修缮费	业务费	其他费用	备注
列次	1	2	3	4	5	6	7	8	9	10	11	12	13
事业支出													
其中:													
1. 财政拨款支出													
2. 预算外资金支出													
合计													

(2)事业支出明细表编制方法。该表根据事业支出明细账填列。具体办法按财政部或各省财政部门的有关规定填列，也可参照以下办法进行：

①按指定用途填列。对于财政补助收入、事业收入中预算外资金部分，财政部门指定专门用途的，按指定用途分解到有关"目"级科目。

②按核定的事业单位综合预算及其"目"级科目明细账并参照预算执行结果填列。事业单位在编制单位综合财政计划时，应对其中的财政补助收入、事业收入中的预算外资金部分安排到"目"，然后参考事业单位预算执行结果，填报事业单位支出明细表。

③采用比重法填列。首先确定本单位全年财政补助收入和事业收入中预算外资金部分各占财政补助收入、上级补助收入、事业收入、附属单位缴款、其他收入的全年预算总额的比重。财政拨款支出、预算外资金支出合计数以及支出"目"级科目，相应按各自所占的比重与事业支出数、"目"级科目支出数之积，分别填列。

2．经营支出明细表

(1)经营支出明细表的内容。经营支出明细表是反映一定时期经营支出的具体支出项目情况的报表。本表根据经营支出明细账填列，如表 7-12 所示。

表 7-12　　　　　　　　　　　　　经营支出明细表

编表单位：　　　　　　　　　　　　年　月　日　　　　　　　　　　　　单位：

项目	合计	基本工资	补助工资	其他工资	职工福利	社会保障	助学金	公务费	设备购置费	修缮费	业务费	其他费用	备注
列次	1	2	3	4	5	6	7	8	9	10	11	12	13
经营支出													
1.													
2.													
合计													

补充资料：

实行内部成本核算的单位应填列以下成本费用的补充资料。

未结转到经营支出的成本费用：

其中：基本工资：　　　　职工福利费：　　　　设备购置费：

补助工资：　　　　社会保障费：　　　　修缮费：

其他工资：　　　　公务费：　　　　　　业务费：　　　　其他费用：

(2)事业支出明细表编制方法：

①本表经营支出栏下可按经营业务的种类分类填列。

②事业单位除编制以上报表外，还应根据实际需要编报"专项资金收支情况表"、"基建投资表"、"基本数字表"等。

③经营支出一般应按基本工资、补助工资、其他工资、职工福利费、社会保障费、助学金、公务费、业务费、设备购置费、修缮费和其他费用进行明细核算，并据此编制经营支出明细表。实行内部成本核算的事业单位，其经营支出的一级科目可以参照企业财务制度设计为设置，也可以根据实际情况进行简化合并，但二级科目要按照国家预算支出的"目"级科目设置。

（四）会计报表附注

会计报表附注是为了帮助理解会计报表的内容，而对报表有关项目等所作的解释。一般应就以下几个方面的问题进行说明：①所采取的主要会计处理方法；②会计处理方法变更情况；③会计报表中有关重要项目的明细资料；④其他应说明的事项等。

课 后 练 习

一、单项选择题

1. 下列属于行政单位净资产类的账户有（　　）。
   A. 固定基金　　　B. 结余　　　C. 固定资产　　　D. 行政结余

2. 下列属于行政单位资产类账户的是（　　）。
   A. 现金、银行存款、基金
   B. 有价证券、暂付款、固定资产
   C. 库存材料、现金、结余
   D. 拨入经费、现金、银行存款

3. 下列属于事业单位净资产类账户的是（　　）。
   A. 事业基金、经营结余
   B. 结余分配、现金
   C. 事业结余、事业收入
   D. 专用基金、固定资产

4. X行政单位收到拨款的账务处理正确的是（　　）。
   A. 借：银行存款
      贷：拨入经费
   B. 借：拨入经费
      贷：银行存款
   C. 借：银行存款
      贷：实收资本
   D. 借：现金
      贷：资本公积

5. X行政单位将预算外资金收入全额专户存储的账务处理正确的是（　　）。
   A. 借：银行存款
      贷：预算外资金
   B. 借：预算外资金
      贷：银行存款
   C. 借：银行存款
      贷：应缴财政专户款
   D. 借：银行存款
      贷：预算外资金收入

6. X行政单位将预算外资金收入按比例上缴的账务处理正确的是（　　）。
   A. 借：银行存款
      贷：预算外资金
          应缴财政专户款
   B. 借：预算外资金
      贷：银行存款

C. 借：应缴财政专户款　　　　　　　D. 借：预算外资金收入
　　　　贷：银行存款　　　　　　　　　　　贷：应缴财政专户款
7. X 行政单位发生经费支出时的账务处理正确的是（　　）。
　　A. 借：经营支出　　　　　　　　　　B. 借：事业支出
　　　　贷：银行存款　　　　　　　　　　　贷：银行存款
　　C. 借：经费支出　　　　　　　　　　D. 借：经费支出
　　　　贷：拨入专款　　　　　　　　　　　贷：银行存款
8. X 行政单位发生拨给下属单位经费的账务处理正确的是（　　）。
　　A. 借：拨入经费　　　　　　　　　　B. 借：拨入经费
　　　　贷：银行存款　　　　　　　　　　　贷：拨出专款
　　C. 借：拨出经费　　　　　　　　　　D. 借：银行存款
　　　　贷：银行存款　　　　　　　　　　　贷：拨出经费
9. Y 事业单位开展业务活动获得收入的账务处理正确的是（　　）。
　　A. 借：经营收入　　　　　　　　　　B. 借：事业收入
　　　　贷：银行存款　　　　　　　　　　　贷：银行存款
　　C. 借：银行存款　　　　　　　　　　D. 借：现金
　　　　贷：事业收入　　　　　　　　　　　贷：业务收入
10. Y 事业单位拨出经费的账务处理正确的是（　　）。
　　A. 借：银行存款　　　　　　　　　　B. 借：拨出经费
　　　　贷：拨出经费　　　　　　　　　　　贷：银行存款
　　C. 借：经营收入　　　　　　　　　　D. 借：事业支出
　　　　贷：银行存款　　　　　　　　　　　贷：银行存款

二、多项选择题

1. 行政事业单位的会计要素有（　　）。
　　A. 资产　　B. 负债　　C. 净资产　　D. 收入　　E. 支出　　F. 所有者权益
2. 行政单位收入包括（　　）。
　　A. 拨入经费　　B. 预算外资金收入　　C. 基建拨款　　D. 其他收入
3. 事业单位收入包括（　　）。
　　A. 财政补助收入　　B. 上级补助收入　　C. 拨入专款　　D. 事业收入
　　E. 经营收入　　　　F. 附属单位缴款
4. 行政单位支出包括（　　）。
　　A. 经费支出　　B. 拨出经费　　C. 结转自筹基建　　D. 管理费用
5. 事业单位支出包括（　　）。
　　A. 拨出经费　　B. 专款支出　　　　C. 上缴上级支出　　D. 事业支出
　　E. 对附属单位补助　　　　　　　　F. 经营支出
6. 行政单位净资产包括（　　）。
　　A. 固定基金　　B. 结余　　C. 专用基金　　D. 利润
7. 事业单位净资产包括（　　）。

A. 事业基金　　　　B. 专用基金　　　　C. 结余　　　　　D. 固定基金

8. 行政单位会计报表包括（　　）。
　　A. 资产负债表　　　B. 经费收入支出总表　C. 经费支出明细表
　　D. 基本数字表　　　E. 报表说明书　　　　F. 现金流量表

9. 事业单位会计报表包括（　　）。
　　A. 事业支出明细表　B. 经营支出明细表　　C. 基本数字表
　　D. 资产负债表　　　E. 收入支出总表

10. 行政单位会计、事业单位会计的业务活动内容、具体会计任务与企业会计的不同点主要包括（　　）。
　　A. 会计主体不同　　　B. 会计核算对象不同　C. 会计记账基础不同
　　D. 会计要素不同　　　E. 会计等式不同　　　F. 资金来源不同

三、业务题

1. 某事业单位20××年发生经济业务如下：
（1）收到财政投入的事业经费补助200 000元。
（2）收到上级用其自有资金拨入的补助款15 000元。
（3）收到财政部门拨入的大型修缮款150 000元。
（4）收到预算外资金收入17 000元。该单位预算外资金采用按收入总额50%比例上缴财政专户的管理办法。
（5）收到所属独立核算单位通过银行上缴的款项20 000元。
（6）开展生产活动，对外销售产品一批，价款10 000元，增值税1 700元，该批产品成本为5 000元，款项通过银行划转收到。
（7）收到专业活动取得的收入60 000元，存入银行。
（8）开展专业辅助活动取得收入30 000元，按规定应交纳营业税900元，款项已存入银行。
（9）收到上级通过银行转来的财政专户返还款5 400元。
（10）开展非专业业务活动，取得收入20 000元，按规定交纳营业税600元。
　　要求：根据上述经济业务编制会计分录。

2. 某事业单位20××年发生经济业务如下：
（1）签发转账支票购买办公用品、用具等共计3 000元，当即使用。
（2）转拨给下属单位本月经费13 000元。
（3）通过银行上缴本单位利润分成款给上级单位20 000元。
（4）通过银行拨付所属单位非预算资金35 000元。
（5）经批准，动用预算外资金建造办公楼，将自筹到的500万元基建款转存建设银行。
（6）开展经营活动，取得应税收入30 000元，适用的营业税率为3%，收入已存入银行。
（7）从仓库领用材料一批，价款55 000元，用于A产品生产。
（8）以现金支付生产A产品工人工资4 000元，计提固定资产修购基金1 000元。

(9) A产品完工验收入库,成本为65 000元。

要求:根据以上经济业务编制会计分录。

3. 某事业单位20××年年终有关账户余额如下:

账户名称	年终余额（元）	账户名称	年终余额（元）
财政补助收入	2 100 000	上缴上级支出	100 000
上级补助收入	350 000	事业支出	1 700 000
事业收入	650 000	经营收入	600 000
其他收入	55 000	经营支出	450 000
拨出经费	750 000	销售税金（经营性）	50 000

该事业单位所得税税率为25%,职工福利基金按20%提取。

要求:根据上述经济业务编制会计分录,并计算出该年度应转入事业基金的结余数。

4. 某行政单位20××年发生经济业务如下:

(1) 收到财政部门从银行拨来的专项大型修缮费用150 000元。

(2) 该项修缮工程共花费145 000元。按规定余额留归本单位使用。

(3) 收到银行利息收入通知,本期利息收入1 500元。

(4) 国库券到期收回本息,本金30 000元,利息4 200元,存入银行存款户。

(5) 出售废旧报纸杂志,收到现金320元。

(6) 按有关规定收取预算外收入300 000元,已存入银行。

(7) 将收取的预算外资金根据国家规定60%上缴财政,40%留归本单位使用。

(8) 用预算外资金购入维修材料,价款50 000元。

要求:根据以上经济业务编制会计分录。

5. 某行政单位20××年度期末余额有关资料如下:

账户名称	年终余额（元）	账户名称	年终余额（元）
现金	20 000	结余	60 000
银行存款	60 000	拨入经费	57 000
有价证券	25 000	预算外资金收入	35 000
暂付款	20 000	其他收入	12 000
应缴预算款	75 000	经费支出	33 000
应缴财政专户款	23 000	拨出经费	45 000
暂存款	25 000	结转自筹基建款	15 000
固定基金	62 000	固定资产	100 000
库存材料	31 000		

要求：编制年末结转前的资产负债表。

资产类	年初	年末	负债类	年初	年末
一、资产			二、负债		
现金			应缴预算款		
银行存款			应缴财政专户款		
有价证券			暂存款		
暂付款					
库存材料					
固定资产					
小计			小计		
五、支出			三、净资产		
经营支出			固定基金		
拨入经费			结余		
结转基建自筹					
小计			小计		
			四、收入		
			拨入经费		
			预算外资金收入		
			其他收入		
			小计		
资产类合计			负债类合计		

参考文献

1. 新华会计网策划，本书编写组. 新编行政事业单位会计核算与实务操作 [M]. 北京：中国商业出版社，2010.
2. 彭浪. 行政事业单位会计 [M]. 北京：中国财政经济出版社，2009.
3. 李海波，刘学华. 新编预算会计 [M]. 上海：立信会计出版社，2007.
4. 文莉. 行政事业单位会计入门 [M]. 上海：立信会计出版社，2009.

全国高等会计职业教育系列规划教材

会计基础（第二版）
会计基础技能训练（第二版）
会计基础综合实训（第二版）
出纳实务（第二版）
财务会计实务（第二版）
财务会计技能训练（第二版）
财务管理实务（第二版）
财务管理技能训练（第二版）
成本会计实务（第二版）
成本会计技能训练（第二版）
纳税实务（第二版）
纳税技能训练（第二版）
审计实务（第二版）
审计技能训练（第二版）
会计综合实训（第二版）
会计信息化实务（第二版）
Excel在会计中的应用（第二版）
财经法规与会计职业道德（第二版）
行业会计实务（第二版）
经济法

欢迎广大教师和读者就系列教材的内容、结构、设计以及使用情况等，提出您宝贵的意见、建议和要求，我们将为您提供优质的售后服务。

联系人：柴 艺　　E-mail: charcoalchai@126.com

武汉大学出版社（全国优秀出版社）